丛书主编／乔 力 丁少伦

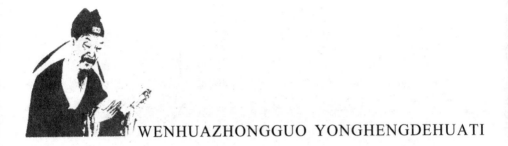

WENHUAZHONGGUO YONGHENGDEHUATI

文　济南出版社　化　永恒的话题　中　（第四辑）　国

杜甫

儒风侠骨铸真情

孙玲玲／著

总　序

乔力　丁少伦

　　如果仅只一般意义上的泛泛之言，那么，文化，特别是较偏注于精神层面的历史—文化类，便容易生出些与现实中社会经济发展进程相疏离的印象，以致它们那份作为生命价值衡定和终极追求的根基，或者伴随原生点所特具的恒久坚持品格，就往往被世俗间浮躁浅陋的表层感觉相遮蔽误读。其实，庄子早就在尊崇着"无用之大用"的绝佳境界，而海德格尔（Heidegger）从另外的角度着眼，也曾经说过"语言是存在的家园"的话头；如此看来，这种类型的人文—文化，很有可能会筑构起人类世界的精神家园，是极力追逐着速效与实用的现代人那匆促焦灼的人生之旅中的一片绿荫，是抚慰芸芸众生的缕缕清凉气息……

也许，简单推引东西方先贤高哲的理论来作譬喻依归，或许强赋它们以过度严肃严重的功能，将使之疲于担当；而新文学家朱自清《经典常谈》里的观点则是颇有意思的参照："在中等以上的教育里，经典训练应该是一个必要的项目。经典训练的价值不在实用，而在文化。有一位外国教授说过，阅读经典的用处，就在教人见识经典一番。这是很明达的议论。"此言诚不虚也！佐之以别样异类的眼光，则使我们更多元、更宽阔地领略体会到这"一番"：那种智慧的激荡、视野的开张，所带给人心灵的愉悦舒畅。

所以，长时间以来，读书界似乎总在期望着能够以广阔的大文化视野去引领统摄，凭借知识门类的交叉综融而打通人为壁垒的割裂，借助畅达明朗消解枯涩僻奥，既有机随缘地化合学术于趣味之中，又仍然坚守高品味格调的那一种境界——也正是基于上述考量，从我们擘画构想大型丛书系列《文化中国》初始，便明晰了相关选题取向定位和通体思路走向，即"兼纳文史，综融古今"的开放性观照角度与充溢着现代发现目光的"话题"式结构形态；而二端皆出之以寓深以浅、将熟作新的"文化解读型"的活泼清新的叙述风格，是谓异质同构。若申言之，则兼纳综融者成就其框架，设定了特具的内容实体，解读者则属它那有机的贯通连接的具象方式、形态。故此，于遵循一般性历史史实文献叙述规则的同时，还须得特别注重大众可读性，凸显文字的充分文学性趋势。

顺便说明的是，总体上应该变换已经凝滞固型的惯常思维模式，而移果就因、将反换正，另由逆向方面重新审查中国社会历史中既然的现象、人物、事件，有可能寻找、开启别一扇不被熟知的门扉。那里面或许藏蕴了无限风光不尽胜境，等待被发现、辨识尚

未迸发出的生命热情与现代活力，给予现在意义上的形态描述和价值评断。新月派诗人闻一多说："一般人爱说唐诗，我却要说'诗唐'——懂得诗的唐朝，才能欣赏唐朝的诗。"借鉴这种自我作古的论辩意味，我们引申出关于"文化"的终极关怀，充分确认了自己的独立研究发端和把握范畴，明晓这并非单纯的中国文学史、哲学史、政治史，或者相关历史、宗教、审美、教化等等所拼接装合的读本。

至于《文化中国》丛书之第一系列《永恒的话题》，我们则不曾有过任何张皇幽眇、搜剔梳罗早已被岁月尘埃埋没的碎琐资料、荒僻遗存以自诩自足的计划：我们之所多为注目留心者，只是那类于漫长的社会历史——文化演进行程中，曾经产生过推动、催变或滞碍、损毁等诸般巨大作用，拥有广泛、深刻的影响力，又为普世民众感兴趣，每每引作谈资以伴晨夕诵读、茶余饭后的"话题"。无论对其揄扬臧否，这里面都应当含蕴包纳了可供人们纵横反复地探讨评骘、上下考量的丰繁内容，能够重新激荡起心灵波纹的感应——这些即是我们选择的参照系，对于"永恒"的理解和定义。

依前所述，虽然本系列关注的重点在于社会历史运动进程中，那些起到支配主导作用的部分，阐释多种文化现象里的主流内容，力求明晰描绘出那些关键环节与最璀璨绚丽的亮色；但不应忽略的是，造成这些"话题"演变的原因、结果往往是多义性的，其运程经过更可能呈现出多元化的展露、一种异常纷杂繁复的构成形态，而极少见到的是那严格意义上的唯一性。故而，与其强调它们的关系属于决定论，倒不如主张为概率式的，才更切合实际，也更需要一种远距离、长时间的"大历史"理念和宽视界、全方位的"大文

化"框架去作重新检讨。两者其实是互补而相辅相成的。如果将这个方法提升成范式，则很可能显示出同以往传统惯常的观点、结论并不总是趋同的独到之处。这也是我们所希望得到的东西。

以上已明了《文化中国：永恒的话题》丛书系列的缘起和总体立意命思，随后就它们的具体撰写旨趣与大致结构特点略予说明。

首先是关于丛书的。本系列要求必以全面、凿实的史料文献作为立言根基，却主张采取清畅流丽而富于文采意趣的散文体笔调去表述，以实现对诸"话题"的多元考量与文化透视。也就是说，意味着从文化的特定视角来重新解读，并非简单、直接地面对某些重大社会历史文化的主题；而给出的现代反思和阐释，也折射、反映着一定的时代文化精神。从这里出发，我们尽管极力求取更多的知识信息含量，但却不是一般化的知识读物；虽然以深厚谨严的学术品格做前提，但非同那种纯粹的学院派学术论著。我们力推有趣味的可读性，却绝对排斥、摒弃那种纯为娱乐而违背史实随意杜撰编排的"戏说"故事；强调现代发现和个人创见，又拒绝只求新异别调的无根游言及华而不实的浮夸笔墨。总归一句话，丛书所要的只是浓郁的文化观照、历史反思和新见卓识，即新的观点、视角和表述方式方法。

后者是关于本系列的。本次的 5 种为其第 4 辑。如果依然采用以类相从取所近者而归纳于同一范畴的方式的话，则这 5 种可是本系列已经出版过的数十种里未曾有过的类型，这反倒与另一个系列《边缘话题》的第 3 辑相似，皆属于"纯文学性"的题材。只不过那些都是作品，以对中国古典戏曲巅峰制作的 5 种文本（元人《西厢记》，明人《琵琶记》、《牡丹亭》，清人《长生殿》、《桃花扇》）

来展开叙说述评，敷衍成书；而本系列的 5 种则通为作家了——他们无不是高高矗立在中国文学史极顶上的人物，贯穿着开端到结尾，永远标志了那几千年漫长岁月里所可能臻达的辉煌。

顺便提一下，运作本辑的动念竟有点偶然：因着当代小说家莫言获诺贝尔文学奖事，国人生发出浓郁的"诺奖情结"，热议：设若也为中国古代文学家立项的话，那么谁能够得此殊荣？迭经作家学者们讨论、网友几番票选，百余名有幸获提名者中最居前端的便是本辑的 5 位：真可谓众望昭昭，实至名归。下面就依照其所处时代的顺序先后，列出虚拟颁奖辞，并略缀数语为之说明补充。

《屈原：乡土元音奏典范》："处身于黑暗无序的政治环境里，他却孤独地坚守光明有序。他将极具个性化的楚风楚调之蛮荒神秘转化成为纯美绚丽的艺术世界，虽与中原先民的群体歌唱情韵殊异，然皆为华夏文学文化的源头和经典。"

屈原是战国末期的楚贵族，曾参与过政治最高层，然终遭贬黜斥逐，国家也走向了彻底衰败。作为中国历史上的第一位纯文学作家，他是浪漫的诗人。不过，这种浪漫不重在意志与渴念，也不讲排弃原则的反讽，而是以人为本，张扬人的灵性，将人格与自然的两美蕴含在一起，主客融化，物我成一体，构建起独特的审美形式。屈原之浪漫，每以飞翔的想象、不竭的动力作为外在表现，而内在则支撑充盈以他那独特的理想人格，才铸就了他的精神境界：卓伟高洁，痛快淋漓。

《李白：梦里游客竟未归》："一个终生'在路上'而无所归属的追梦者。由于他气骨高举、豪迈不羁的诗歌所创造出的非凡艺术力量，在不适合幻想的人世里，诠释证明了人格自由和人的价值。"

他名播四海，但生命中却从未得有真正深度介入现实政治的机会，终究以一介平民身份弃世。可他心头总是装着许许多多的梦想，如求道寻仙之梦，任侠仗义之梦，出将入相之梦，拥抱自由之梦……而实际上，李白的这些梦想，并未圆满筑构成，也断难筑圆。不过，他仍然不断地为践行理想奔走，努力探寻他那个世界，给盛唐天空镶嵌上熠熠闪光的星星。就像古代神话中的夸父逐日——夸父尽管"道渴而死"，未能达到目的，但他所留下的手杖，业已化作绚烂如火般热情的桃花林：这便是永远青春盛开的李白，真乃太白金星之精魄也！

《杜甫：儒风侠骨铸真情》："等到身后才被历史发现、认同，尊奉为'诗圣'，享千秋盛誉。他将家国民生之深思大忧融进诗歌，又将诗歌注入生命深处，变移了古典诗风走向，尝试并构建起人工胜天然的新美学范式，遂挈领后世诗坛潮流。"

他总是揣着满满的儒者情怀，忧国忧民，也曾几度任职于朝廷和地方政府，危难时刻仍坚守理想；同时又受到洋溢了青春精神、生命活力的盛唐气象与任侠之风的熏染影响，思想作风时常迸射出侠义光芒。而这些，都根基于他的一片真情、"民胞物与"的大爱情怀。故无论"伤时挠弱，情不忘君"，或者对人间亲友、自然万物，"杜甫是当得起'情圣'这一封号的"。所有种种诸般，都活现在他为之付出毕生心血、直相伴到人生途程之最后的诗歌里，乃至成就为历史的永恒："善陈时事，律切精深，至千言不少衰，世号'诗史'。"或许，杜甫是幸运的，生当这个数千年难得一遇的、国家盛衰转捩的关键；他也是无愧的，圆满完成了自己的诗人使命。

《苏轼：率性本真总不移》："尽管多历跌宕忧患，他仍笑对人

生，将儒、释、道综总融作高远旷达。作为不世出的天才全才，他标志着被视为中国历史上最高度发达成熟的那个文化时代的辉煌。"

苏轼本着以儒济世报国、以道处世为人、以佛治心养气的理念，综融贯通了儒、释、道三教，进而给自己的人生和事业打下"外儒内释"的深深印痕。他才华横溢，学识渊博，极富创造力而成就卓绝不凡。他虽广泛涉猎于文学艺术乃及文化的诸领域，然多能自成一家，"别开生面，成一代之大观"。这也与那个在开明宽松的国家政策和稳定和平的社会环境下，思想文化呈现出历代罕见的大繁荣，造就了发展鼎盛期的时代背景所应合，遂得成巍巍高峰。苏轼的文艺创作崇尚自然，主张创新，别立标格，注重自由写"意"与真实情感的抒发。无论在朝为帝王师抑或出任地方牧守，甚至是屡遭斥逐的艰窘岁月，他都每每以率性本真之面目待人处世，不改其超迈清旷、高绝俗浊之气。

《曹雪芹：从忆念到永恒》："繁华旧梦已化灰，他据之创造出经典的艺术大厦。这是由于他对真理的热情和探索，对思想的贯通能力，对社会的广阔观察，以及他在一部作品中辩解并阐述那种理想主义的人生哲学时，所表现出来的坚执与热忱。"

他一生只写了这一部小说，自称是"自怜幽独，伤心人别有怀抱"之作，藉以表达对宇宙、人生和社会、历史的探讨，散发出悲天悯人的巨大思想精神力量——曹雪芹和《红楼梦》已经紧密地融化为一体。准确说来，《红楼梦》是曹雪芹以自己的亲身经历、见闻为基础，通过典型塑造、虚构提高等诸多艺术加工所成的，带有浓厚自传色彩的稀世杰作。在其间，关于失败贵族青年痛恨前非的忏悔，对忆念想象中曾闻见的优秀女性那瑰丽形象与超群智慧，以

及精湛广博的中国文化的表现，都在曹雪芹笔下被赋予了永远的生命活力。

　　总括言之，《文化中国：永恒的话题》强调"可操作性和持续发展的张力"，即足够的灵活性和巨大的包容性。作为一个长期的品牌选题，视具体情况，分为若干辑陆续推出，以期完成对"文化中国"的重大历史—社会文化主题的另样解读，自然希望能得到更多读者朋友的关注。倘蒙你们慨然指出不足谬误之处，相互切磋商酌，那便是传递出一份浓浓的友情，而我们的欢迎和感念之情，当是不言自明的。

2014 年季冬之月于济南

目 录

前　言

在世界几千年的文明长河中，总有一些伟大的灵魂是无论何时都不会被人们忘记的。他们的思想犹如漫漫黑夜里划破长空的一道闪电，为那些找不到方向的人们指点迷航；他们的人格犹如矗立在大地上的伟岸山峰，"高山仰止，景行行止"，让那些卑微的生命寻觅到仰慕的对象。但是，在有生之年，他们却独自忍受着人世间的孤独与忧伤，正如法国作家罗曼·罗兰所说：

　　对真正的艺术家来说，重要的不是永远锁居在内心的世界不再出来，也不是一直躲在仅容自己藏身的安全场所。重要的是，艺术家必须从内心的世界汲取新的力量，然后重返行动的世界。……

　　伟大的灵魂就像高峰一般，忍受着风吹云遮。然而，也只有在高峰上，才能饱满地呼吸。那儿清新的空气足以洗尽心中的污浊，而且在风消云散之后，还可以俯视所有的人类。我不

认为有很多人可以在顶峰上生存，但是我祈祷每年能有一天可以登上山顶巡礼，在那儿，我的肺脏里的气息与血管里的血液，便能够畅通苏醒……①

作为"欧洲的良心"，罗曼·罗兰在他的《名人传》中分别为贝多芬、米开朗琪罗还有托尔斯泰这三个"伟大的灵魂"作传，让全世界的读者感受到西方艺术家的人格魅力。不过，在中国——这片古老而神奇的东方大地上，同样不缺乏这样伟大的灵魂，他们是春秋末年的孔子，战国时期的屈原，西汉的司马迁，唐代的李白、杜甫，宋代的苏轼，元代的关汉卿，清代的曹雪芹，还有太多太多。

杜甫

我们这本书的主人公名叫杜甫（712～770），字子美，号少陵野老，又号杜陵野客、杜陵布衣，出生在河南巩县，曾创作出著名的"三吏"、"三别"，是中国历史上伟大的现实主义诗人。相信每一个中国人对以上这段叙述都再熟悉不过了，除此之外，我们还知道，他有一个"诗圣"的桂冠，他的诗歌被称作"诗史"，他曾经住过的草堂如今成为享誉海内外的风景名胜——"成都草堂"……可是，当我们拨开这些历史的迷雾，还原一个真实的杜甫时，就会发现原来他的生前曾那么凄凉，除了青壮年时期有过一段快乐而短暂的漫游之外，其余时间，他基本上都是在漂泊与不如意中度过的。出生在一个"奉儒守官"家庭中的杜甫，终生都把

---

① ［法］罗曼·罗兰:《伟大的灵魂》。

"致君尧舜上，再使风俗淳"当作自己的最高理想，可反讽的是，终其一生他都沉沦下僚。从八品下的左拾遗是他所能谋取到的最高官职，可是两年之后，他便因政治斗争而不得不辞官了。从此，他便离开了长安，也离开了曾经居住过的故乡洛阳，开始了漂泊西南、居无定所的生活。有时，他和家人竟会穷困到无一粒米下锅的悲惨境地，可他还不得不拖着羸弱的身体在大雪天里寻觅食物；然而"屋漏偏逢连夜雨"，饥饿的同时，他还要忍受肺病、疟疾、风痹、消渴症等各种疾病的折磨。看到这里，我们不禁要为这位可怜的诗人捏一把汗，心想："这一次，他能挺过去吗?"

然而每一次，杜甫都用他的实际行动向世人证明"他可以"。在一颗坚强而伟大的心灵的支撑下，无论现实多么残酷，无论梦想如何被摧残，他都不改自己忠君爱国、忧国忧民的本心。杜甫的伟大正在于此。每次他"从自己的内心世界汲取完力量后，就又重返行动的世界"，所以，当他过的是"残杯与冷炙，到处潜悲辛"的艰辛生活时，他仍不忘为底层百姓发出"朱门酒肉臭，路有冻死骨"的强烈呼喊；当他的茅屋为秋风所破，屋漏如注时，却仍要说出"安得广厦千万间，大庇天下寒士俱欢颜"的豪言壮语。杜甫不是吹嘘，也不是自大，而是真的有一种民胞物与的大胸怀，所以宋代黄彻说："东坡问老杜何如人? 或言似司马迁，但能名其诗耳。余谓老杜似孟子，盖原其心也。"[1] 将杜甫比孟子，确切之至。

法国史学家、艺术批评家丹纳在他的著作《艺术哲学》一书中曾说过这样的话：

---

① ［宋］黄彻：《巩溪诗话》。

艺术家本身，连同他所产生的全部作品，也不是孤立的。有一个包括艺术家在内的总体，比艺术家更广大，就是他所隶属的同时同地的艺术宗派或艺术家家族。……

这个艺术家庭本身还包括在一个更广大的总体之内，就是在它周围和它一致的社会。因为风俗习惯与时代精神①对于群众和对于艺术家是相同的；艺术家不是孤立的人。我们隔了几世纪只听到艺术家的声音；但在传到我们耳边来的响亮的声音之下，还能辨别出群众的复杂而无穷无尽的歌声，像一片低沉的嗡嗡声一样，在艺术家四周齐声合唱。只因为有了这一片和声，艺术家才成其为伟大……他们都有同样的习惯、利益、信仰、种族、教育、语言，所以在生活的一切重要方面，艺术家与观众完全相像。②

我们当然不是"环境决定论者"，但是丹纳的这段话却非常敏锐地指出了这样一个现象，那就是任何伟大的艺术家或艺术现象的产生都不是孤立的，而是与他所处的那个时代以及他周围的艺术家有着千丝万缕的联系。16世纪英国的戏剧繁荣是如此，而在中国，盛唐诗的出现，以及一大批优秀诗人的出现同样如此。所以，要想对杜甫有一个更加全面的了解，就必须先了解他所处的那个时代——唐代，究竟具有怎样的特征。它的政治是怎样的？它的经济政策如何？它如何以诗赋取士？它都产生了哪些著名的艺术家？等等等等。这些问题，都将在本书的第一章为读者一一解答。

---

① 按：傅雷先生指出，"时代精神"即某个时代大多数人的思想感情。

② ［法］丹纳：《艺术哲学》，傅雷译，敦煌文艺出版社1994年版，第18～19页。

　　孟子曰："诵其诗，读其书，不知其人，可乎？是以论其事也。是尚友也。"① 这句话告诉我们，一个诗人的生平遭际与他的创作是天然不可分的，故"欲知其诗文，必先知其人"。这便是该书第二章的创作宗旨。综合各方面因素，我们将杜甫的一生分成了四个时期。第一个时期是快乐无忧的童年，主要讲述杜甫的家世和他所受的家庭教育。杜甫出生在一个"奉儒守官"的家庭中，他的十三世祖是晋代当阳侯杜预，他的祖父是武后一朝的著名诗人杜审言。如果说远祖杜预的功业激起了杜甫的功名心的话，那么祖父的文学则无疑为他的诗歌创作奠定了良好的"家风"。终其一生，杜甫都是在这两个方向上努力奋进的。受唐朝漫游风气的影响，杜甫从 20 岁到 34 岁左右，曾有过一段快意的漫游，先是游吴越，接着游齐赵，然后是梁宋、齐鲁等地。漫游生活不仅开阔了他的眼界，也让他结识了许多莫逆之交，如苏源明、高适、张玠，当然还有李白，这便是杜甫人生的第二个阶段——漫游时期。漫游结束后，杜甫来到了长安，开始了将近十年的求仕生活。这十年是他思想和诗歌创作发生重大转变的十年，他不仅认清了统治阶级的丑恶嘴脸，也看透了官场的尔虞我诈。经过一系列复杂的思想斗争，他终于选择站在人民的立场上，为底层百姓摇旗呐喊。天宝十四载（756），安史之乱爆发，在时代风云的裹挟下，杜甫的命运也发生了剧变，从此，"居无定所"、"萍梗飘零"成了他人生的代名词，从奉先到鄜州、从长安到凤翔、从秦州到成都……直至最后漂泊潇湘，客死舟中。在这长达十几年的漂泊生活中，杜甫又遭遇了哪些人和事？他的思

----

　　① 孟子：《孟子·万章下》。

想又将会发生怎样的变化？该书的第二章将会为您一一揭晓。

　　说起杜甫的思想，人们往往会大论特论其儒家的部分。诚然，这的确是他思想中最核心、最主要的部分，但是除此之外呢？难道唐代盛行的游侠风气，就没有给予他一丁点儿的影响吗？恐怕不是。无论是"放荡齐赵间，裘马颇清狂"①，还是"杀人红尘里，报答在斯须"②，这些似乎都在说明他曾经的游侠身份。其实，从"侠义精神"的起源来看，其与儒家精神颇有相似之处，故以儒立身的杜甫，其思想行为中包含有许多"侠义因子"，无论是为救朋友敢于两肋插刀，还是重然诺、轻生死，都是其侠义精神的表现。而杜甫之所以能将儒、侠精神完美地结合于一身，归根结底在于一个"情"字。鲁迅先生说："无情未必真豪杰，怜子如何不丈夫。"真正的大丈夫不是冷血无情，而是深情脉脉。对妻子，他是个知冷知热的丈夫；对儿女，他是个谆谆教导的慈父；对弟、妹，他是个手足情深的兄长；对朋友，他是个生死与共的知己。看到强者以强凌弱，他会为弱者打抱不平，看到生灵涂炭、万物凋零，他心中会有无限的悲伤。杜甫就是这样一个"多情"的大丈夫，故梁启超先生说他是当得起"情圣"这一封号的。该书第三章，就将着重论述杜甫身上的"儒风"、"侠骨"与"真情"。

　　最后一章，是关于杜甫的文化意义。"千秋万岁名，寂寞身后事"③，当杜甫用这句话称赞好友李白时，他也许怎么都没有想到，多年之后，这句话竟也传奇般地适用于他。杜甫在世时，他的诗歌

_____

① 杜甫：《壮游》。
② 杜甫：《遣怀》。
③ 杜甫：《梦李白》其二。

并不被人看好，甚至在他去世后的很长一段时间内，杜诗都无人问津。在著名的《河岳英灵集》、《箧中集》、《中兴间气集》等唐人选唐诗的选本中，杜甫全部"名落孙山"。然而，随着时代的转变，他的价值终于被人们一点一滴地发掘了出来，从中晚唐诗人的模拟杜诗，到宋代文人将他逐步地"圣化"，直至后来出现"千家注杜"的文学奇观，杜甫终于不再是那颗被湮没的真金，而是成为人们心目中的"诗圣"，他的诗歌也被称作"诗史"。作为中国优秀传统文化的一个重要组成部分，杜甫的价值早已不只限于诗歌领域，而是冲出"文坛"，走向"文化"。在成都，我们有专为杜甫设立的博物馆——成都草堂，在杜甫的出生地——河南巩县瑶湾村，还有杜甫的故里纪念馆。此外，在杜甫曾经到过的其他地方，相关的人文景观也不下十多处。人们在凭吊这些历史遗迹的同时，也向这位文化先贤表达了最诚挚的敬意。

随着中国综合国力的增强，杜甫的影响力也在跨出国门，走向世界，无论是日本、韩国、越南等亚洲国家，还是德、法、美等欧美国家，关于杜甫的研究已蔚为大观，这些研究著作将杜诗学推向了一个新的高潮。1961 年 12 月 15 日，杜甫被世界和平理事大会评为次年将要纪念的"世界文化名人"，次年，世界各地纷纷举办各种纪念活动来表达对这位世界文化名人的追慕之情。可见，杜甫——这道璀璨、亮丽的文化之光，不只是中国的，更是世界的！相信，关于杜甫的研究，今天不会停止，将来也不会停止，它必将是一个永恒而常新的文化话题！

第一章

梦回大唐

第一节　盛世唐朝："开放"与"浪漫"的国度

一、"以人为本"与"任人唯贤"

在中国历代的帝王中，唐太宗李世民是一位难得的有远见、有谋略、有气魄的封建统治者。在他在位的二十多年中，唐朝政清人和、国泰民安，出现了继汉朝"文景之治"后的又一个治世——"贞观之治"。美国著名学者威尔·杜兰特（1885～1981）在《世界文明史·东方的遗产》卷中说：

中国之所以能够再迈进一个伟大的时代，部分是由于与匈奴血统的混合，部分是由于佛教的传入而引起的精神上的刺

激，再一部分是由于中国最伟大的帝王之一太宗的贤明。①

而太宗之"贤明"最主要的体现就是坚持"以人为本"的治国思想和"任人唯贤"的用人制度。他曾反复对臣下讲："凡事皆须务本。国以人为本，人以衣食

唐太宗

为本，凡营衣食，以不失时为本。"② 正因为意识到人民才是国家的根本，所以太宗施行了一系列宽刑罚、薄赋敛的抚民安民政策。

与隋代的严刑峻法相比，唐朝的律法是很宽大的："凡定律五百条，立刑各二十等，比隋律减大辟九十二条，减流入徒者七十一条，凡削烦去蠹，变重为轻者，不可胜纪。"③ 为了防止司法机关滥用刑讯，造成"屈打成招"的冤案，太宗下令严禁对罪人进行"鞭背"，违反者将被处以"杖六十"的刑事处分；如果有执法者"恐迫"致犯人死，则将以"过失杀人罪"论处。此外，他还"新览冤狱"，"亲录囚徒"，对死罪的判处非常慎重。据说贞观四年（630），唐朝仅判处死罪者29人，"几致刑措"，至今仍被传为美谈。

对待罪犯如此，对待遵纪守法的普通百姓更要宽容有加。太宗常对臣子说："民之所以为盗者，由赋繁役重，官吏贪求，饥寒切身，故不暇顾廉耻耳。"为了避免重蹈隋朝的覆辙，他先后施行了

---

① ［美］威尔·杜兰特：《世界文明史·东方的遗产》，华夏出版社2010年版，第515页。

② 《贞观政要·务农》。

③ 《唐律》。

一系列轻徭薄赋的政策，减轻人民的负担。高祖武德九年（626），刚刚登上皇位的太宗就下诏减免关中地区两年的租税，全国的成丁也可免去一年的徭役。贞观六年（632），山东地区大旱，他又立即下令免去山东诸州当年的各项租税；贞观七年（633），山东、河东三十州遭遇大水，太宗不仅减免了受灾地区的租税，还遣使赈灾抚恤。凡此种种，不胜枚举。

俗话说"民以食为天"，在中国这样一个传统的农业大国中，在位者能否很好地落实"以农为本"的政策与国家的兴衰成败有很大关系。虽然统治者大都懂得这个道理，但是真正能将"农本"政策落到实处的却少之又少，为了满足一己之私，他们不惜实行扰农伤农的政策。太宗李世民则不然，他不仅

筒车示意图

懂得"国以民为本，人以衣食为命。若禾黍不登，则兆庶非国家所有"①的道理，而且还积极施行了一系列"重农兴国"的政策。首先，他大力推行均田令，将人多地少的狭乡之民迁往人少地多的宽乡之地，甚至还将国家闲散的苑囿苗圃分给无地的农人耕种，这就使得大量无地或少地的农民获得了土地。其次，积极劝课农桑。为此，太宗恢复了废弃数百年已久的"藉田仪式"。据《旧唐书·礼仪志》记载，贞观三年的正月，太宗"亲祭先农，躬御耒耜，藉于

---

① 《贞观政要·务农》。

千亩之甸"。此举一出，举国上下莫不"骇悦"，百姓重农务农的热情重新高涨。劝课农桑的同时，太宗还明白"不违农时"的道理。贞观五年（631），皇太子要举行冠礼，礼部官员援引阴阳家的吉日说建议在二月举行，可是太宗想到二月正是春耕农忙的时节，就力排众议将冠礼改在了秋后农闲的十月。太宗本人很喜欢狩猎，但是为了不妨碍农时，他也多把狩猎时间选在十月、十一月这样的农闲时节。太宗这一系列"重农贵农"的努力没有白费，贞观十六年（642），大唐帝国的农业获得全面丰收。据史书记载，当时全国的米价每斗只需五枚钱，最贱的地方每斗只要三枚钱。贞观末，全国的人口也由唐初的 200 多万户增加到 380 万户，人口总计达 2660 万之多。随着人口的增加，大唐帝国的版图也逐渐扩大，它北达贝加尔湖，东到大海，南接林邑（今越南中南部），西至葱岭（今帕米尔高原一带），总面积达 1250 多万平方公里，是当时首屈一指的世界大国。

魏　征

当然，太宗这一系列辉煌帝业的实现离不开他背后那个巨大的智囊团。这个智囊团的成员有善谋略的房玄龄，善决断的杜如晦，敢于直谏的魏征，有勇有谋的长孙无忌，还有秦叔宝、尉迟敬德等智勇双全的武将，此外像高士廉、李靖、萧瑀、刘弘基、虞世南等同样是不可多得的治世之才。而太宗之所以能将这么多的贤能之士收入麾下，与他"任人唯贤"、不拘一格的用人制度有很大

关系。他常说："为政之要，惟在得人，用非其才，必难致治。今所任用，必须以德行、学识为本。"① 为此，他选人用人一不避亲仇，二不避士庶，三不避汉夷。魏征本是太子李建成的心腹，甚至还向李建成献过谋杀李世民的计策，"玄武门事变"后，沦为了李世民的阶下囚。但是，让魏征意想不到的是，继承皇位的李世民不但没有治他的罪，反而对他加倍重用。为了报答太宗的知遇之恩，魏征也积极献言献策，甚至不惜"犯言直谏"，为太宗的帝业立下了汗马功劳。故魏征死后，太宗登楼"望哭尽哀"，叹曰："魏征殁，朕亡一镜矣!"② 贞观七年（633），太宗准备任命长孙皇后的哥哥长孙无忌为司空兼掌门下省、尚书省，大臣高士廉以"外戚立三公，嫌议者谓天子以私治家"③ 为由加以劝阻，长孙无忌也坚决推辞不就，不料太宗却说："吾为官择人，惟才是与，苟或不才，虽亲不用……如其有才，虽仇不弃……今日之举，非私亲也。"④ 听完这些话，长孙无忌只好接受任命，成为太宗治国中的左膀右臂。

在太宗重用的大臣中，除了长孙无忌、高士廉这样的士族子弟外，还有诸如房玄龄、马周、张亮等出身寒微的庶族子弟。为了便于更多的庶人进入仕途，太宗不仅建立起了太学、州学、县学的官学体制，让广大的寒门子弟获得了平等的受教育机会，此外，他还通过科举取士的方式使得更多的庶族人才进入仕途。科举制度本创立于隋朝，但由于隋朝国运短祚，科举制并没有得到很好的发展。

---

① 《贞观政要·崇儒学》。
② 《资治通鉴》卷一百九十六。
③ 《新唐书·长孙无忌传》。
④ 《资治通鉴》卷一百九十四。

贞观时期，太宗"盛开科举"，在隋代进士科的基础上又增加秀才、明经、明法、明书、明算五种考试科目。考试科目的增加，大大提高了人才的录取率。这种通过考试选拔人才的方式，使得真才实学成为唯一重要的因素，门第出身则退居其次。故终唐一代，庶族地主拜相者竟有142人，士族地主拜相者也不过125人。可见，科举取士的确为庶族寒士架起了一座进入权利高层的直通桥。

太宗不仅从汉族中选拔人才，也经常从少数民族中选拔人才。在他的麾下，有出身于鲜卑族的屈突通、尉迟恭，有任河道行军总管的突厥人阿史那社尔，还有勇冠三军的镇军大将军靺鞨族人李谨行，凡此种种，不一而足。正是由于这种"任人唯贤"、不拘一格的用人制度，故太宗一朝内有治世之能臣，外有御边之骁将，真可谓"人才济济"，出现"贞观之治"也就不足为奇了。

太宗之后，大凡能坚持这种"以人为本"、"任人唯贤"基本国策的统治者，其政绩都颇为可观。武后在位期间，奖励农耕、兴修水利，并通过减免租税的方式"与民休息"。此外，她也十分重视人才的选拔工作，"诗赋取士"就是武后改革科举的大手笔。她还首创了"殿试"制度。通过这些大刀阔斧的改革，武后的确发现与提拔了不少人才。玄宗在位之初，重用姚崇、宋璟两位贤相，积极推进科举取士，并设立集贤院这一招揽天下英才的中央机构，故开元年间，人才之盛况不减贞观时。此外，玄宗还采取了灭蝗、遣返僧尼还乡、劝课农桑等"农本"措施，使得大唐经济得以继续保持高速的发展趋势。在"重视人才"与"以农为本"双管齐下的政策影响下，开元年间最终出现了"稻米流脂粟米白，公私仓廪俱丰实"的全盛局面。

二、开放的唐朝

1. 四通八达的海陆交通

交通工具的进步使得今天的人们出国旅行变得非常简单，只要有充足的时间和资金，人们完全可以想去哪儿就去哪儿。那么一千多年前的唐朝人是怎样与外国人交流的呢？他们有没有便利的交通条件出国旅行呢？翻开史书我们就会发现，原来唐朝的交通路线十分畅通，用"四通八达"来概括一点也不为过。唐朝人与外国人交流的广度、深度与今天比起来毫不逊色。如同今天的北京、上海、广州一样，唐朝的长安、洛阳、扬州、广州等地在当时也是全国乃至全世界最重要的交通枢纽。

陆路交通以长安、洛阳为中心，可以向外辐射出东、西、南、北四条主干线：向东可以到达今天的朝鲜、韩国，向北可达回鹘、黠嘎斯，向南可通往天竺（今印度）、骠国（今缅甸）等南亚、东南亚国家，向西就是著名的"丝绸之路"了。出河西走廊，就可以到达地中海、波斯湾和印度洋一带，这条路线的发展延伸使得唐帝国和东罗马帝国的交流成为可能，两国之间互通有无，保持着良好的合作关系。出生在沿海地区的唐朝人同样可以"周游列国"，从山东半岛的登州出发，渡渤海海峡，沿着辽东半岛、朝鲜半岛的西海岸航行，可以到达新罗、日本，这要比陆路更为快捷。从扬州出发，横渡中国东海，经冲绳群岛也能到达日本。从南方的广州出发，到达的地方就更多了，向西南方航行可到今天的新加坡、爪哇岛，向西则可达今天的苏门答腊、斯里兰卡。如果可以继续沿着印度半岛西岸前行的话，就能到达今天的波斯湾等地。由于唐朝去往各国

的船只上装满了上等的中国丝绸，所以这些海上交通要线又被称为"海上丝绸之路"。

2. 怀柔以远的对外政策

文成公主与松赞干布

贞观二年（628）六月，唐太宗颁布了这样一条命令："诸蕃使人娶得汉妇女为妾者，并不得将还蕃"。看到这里也许很多人会以为在唐朝异族通婚是被禁止的，其实并非如此。大量的史书记载表明，唐朝并不禁止外族与汉族通婚，如《新唐书·卢钧传》中就说："蕃僚与华人杂居，相婚嫁"，如突厥、粟特、契丹、沙陀等都与汉族长期保持着通婚关系。唐朝的"和亲"政策也说明了这一点。据史书记载，唐高祖有19位女儿，其中就有7位嫁给了胡族，而太宗的21女中也有8位招了异族驸马，玄宗的30位女儿中5位嫁给了胡族的大臣。说起"和亲"，最著名的当然就是文成公主与松赞干布的联姻。义成公主的亲生父亲乃是高祖李渊的堂侄李道宗，他因战功被封为任城王，其女就诞生在任城（今山东济宁）。贞观十四年（640），唐太宗将李道宗女从任城召至长安，并封其为文成公主，于是文成公主便以太宗宗室女的身份嫁给了吐蕃松赞干布。文成公主进藏后，带去了汉人的种植、纺织技术，她亲自教当地百姓如何播种、灌溉、施肥，如何种桑养蚕，同时，她还将中原的音乐、绘画等艺术传入进去，这些都大大促进了吐蕃的经济文化发展。从此，吐蕃与唐朝一直保持着亲密、友好的民族关系。

"葡萄美酒夜光杯，欲饮琵琶马上催。醉卧沙场君莫笑，古来征战几人回。"王翰的这首《凉州词》中所提到的"葡萄酒"、"夜光杯"其实并非中原土产，而是来自西域。唐朝开放的民族政

唐代花式面点

策、便利的交通条件，使得异族、异域的商品货物大量地传入进来，如传自西域的葡萄酒，来自波斯国的"波斯草"（即菠菜），还有籽实硕大、香甜可口的朝鲜松子，以及印度、阿拉伯商人传入的各种香料等等。它们在极大地丰富了唐人日常生活的同时，也为唐诗提供了充足的题材。白居易有诗曰："胡麻饼样学京都，面脆油香新出炉。"这充分表明"胡食"已成为唐人不可或缺的一道日常主食。

除了饮食，外国的异族服饰同样大受欢迎，史书曰："太常乐尚胡曲，贵人御馔尽供胡食，士女皆竞衣胡服"，可见当时的人们把穿着胡服当成一种时尚，而来自波斯、印度的步摇、巾帔等佩饰同样成为流行风尚。在物质文明传入中原的同时，异域的音乐、舞蹈、绘画、宗教等精神文明也同时传入。太宗时新编的《十部乐》除了《燕乐》、《清商乐》是汉族

《反弹琵琶》敦煌莫高窟112窟

乐舞外，其余的《西凉乐》、《天竺乐》、《龟兹乐》、《疏勒乐》、《康国乐》、《安国乐》、《高丽乐》、《高昌乐》八部乐都是来自于少数民族和国外的乐舞。琵琶、竖箜篌、羯鼓、筚篥等异域乐器也从波斯、印度等地传入。著名的《霓裳羽衣舞》就是唐玄宗李隆基充分吸收了印度的《婆罗门曲》编创的，菩萨蛮舞、醉浑脱等同样是中外文化交流的结晶。大量的外国艺人也来到唐朝长安寻求发展机会，如来自曹国的琵琶名手曹保保、曹善才、曹纲，来自安国的舞蹈家安叱奴、安万善、安辔新，以及善于舞婆罗门的米国人米嘉荣、米和郎父子等。唐朝的画坛不仅有我们熟知的阎立本、吴道子、李思训、王维、展子虔等中原人士，还有擅画佛教人物像的于阗画家尉迟跋质那，其子尉迟乙僧则是凹凸画派的开创者。康国画家康萨陀笔下的初花晚叶可谓变态多端，异兽奇禽则是千态万状。唐代对外来宗教的传播也不加严厉限制，这一时期活跃的宗教除了原有的佛教、道教外，还有被称为"三夷教"的景教、摩尼教和祆教等外来宗教。唐朝对"三夷教"曾采取颇为宽容的态度，这使得它们在长安城风靡一时，极大地丰富了唐朝的宗教文化。

经济的强大，文化的繁荣以及开放的政策使得唐朝成为当时世人梦寐以求的国度，一批批外国学子不惜跋山涉水、远渡重洋来到中国留学，其中以高丽、百济、新罗、日本等国的留学生居多。唐朝给予留学生的待遇十分优厚，不仅补助他们的日常生活费用，四季发放被服，而且还允许他们在国子监太学、四门学等一流学校读书。为了照顾外国和其他民族的学生，唐朝还特设"宾贡进士"以区别之。在这一政策的激励下，不少外国留学生都学有成就，如日本人阿倍仲麻吕、吉备真备、僧空海，新罗人崔致远、金云卿、金

夷吾、崔慎之、崔利贞，以及大食
人李彦升，渤海国人高元固、乌炤
度、乌光赞等。其中新罗人崔致远
12 岁时就来到唐朝学习中国文化，
经过 6 年艰苦的求学生涯后，在 19
岁时考取了唐宾贡进士并入仕做
官，曾官至侍御史、内供奉。这些
远道而来的留学生们，不仅将唐朝
的文化传播到世界各地，同时也带
来了他们独有的异域文化，这使得
唐朝成为世界艺术文化的集散中
心。唐帝国的国际化色彩愈加浓厚。

鉴真坐像。鉴真（688～763），
唐朝僧人，江苏扬州江阳县人，日
本佛教律宗开山祖师，著名医学家。
曾六次东渡到日本，为中日文化交
流做出重要贡献

三、浪漫的唐朝

1. 爱美的唐人

在唐朝人看来，"浪漫"与"美"
天生有着不解之缘，他们坚信"每一个
女子都可以美到极致"，所以不管是不是
为了"悦己者"，唐代的女性们都要把
自己最美的一面展现出来。无论在发式
还是在面部妆容上，她们都不断翻新出
奇。乌黑光亮的秀发如果不好好加以修

饰的话，是不是很可惜？唐人们是绝对不会允许这种情况发生的。
他们充分发挥自己的想象力和创造力，制造出各式各样的发型，并

给它们取了好听的名字，如有以花命名的"百合髻"、"牡丹髻"，有两髻抱面的"抛家髻"，发式蓬松散乱的"扫闹髻"，还有借助假发梳成的"义髻"。李白有诗云："黄头奴子双鸦鬟，锦囊养之怀袖间。"这里的"鸦鬟"也可写作"丫鬟"，指的是一种发髻形式，大概是把青丝发盘梳在头顶左右两边，多为未成年女子或奴婢的发式，所以后世就用它来指称女孩或丫头。

唐朝女子陶俑，可见当时女子的服饰、发髻

有了得体的发型，接下来就是面部妆容了。先说化妆吧，唐代女性的化妆品名目很多，但是主要的有用作美白的铅粉、染红脸颊的胭脂和画眉的黛墨，当然还有类似于今天唇膏的"口脂"。唐朝的女性们尤其注重画眉，在她们看来，眉目是最能传神的，所以李白说"眉语两目笑"，温庭筠诗曰"眉语柳氅氅"，眉居然可以说话传情。盛唐时曾流行"蛾眉妆"，还有一种淡而细长的薄眉，美其名曰"远山黛"或"小山眉"。

据说唐玄宗时曾命画工描绘"十眉图"，它们分别是鸳鸯眉（又称八字眉）、小山眉（又名远山眉）、五岳眉、三峰眉、垂珠眉、却月眉（又名月棱眉）、分梢眉、涵烟眉、拂云眉（又曰横烟眉）和倒晕眉，眉的样式种类繁多由此可见一斑。

另外，女性们还喜欢在两眉当额之处贴上一种叫做"花钿"的装饰物来增加自己的姿色。据说脸部贴花钿的化妆术最早起源于南朝宋武帝的女儿寿阳公主。一个冬日的午后，寿阳公主倦卧在含章

殿檐下，一朵梅花恰巧落在她的眉心处并染上颜色，花色一时难以洗却，于是公主的额间便留下了梅花的痕迹。后妃宫娥们觉得这朵额间的梅花使寿阳公主显得更加妩媚动人，于是竞相仿效，制成花子贴面，于是"梅花妆"便流行开来。到了唐朝，花钿的图案也增多了，不仅有梅花，还有牛角形、扇面妆、桃子样等等。"花钿"之外，还有一种被称为"妆靥"的化妆术，具体方法就是用丹青、朱红等颜色在面颊两旁点出似线、似星、似弯月等形状，它可以增加脸部的彩晕，使女性显得更加美色娇艳。唐人就有许多咏赞"妆靥"的诗句，如元稹诗"醉圆双媚靥，波溢两明瞳"，温庭筠诗"绣衫遮笑靥，烟草粘飞蝶"，《花间词》"一双笑靥嚬香蕊"，"浓蛾淡靥不胜情"等等，这些都是咏叹"靥"的美艳动人。

虽然说"清水出芙蓉，天然去雕饰"的自然美是最好的，但是对于大部分女性来说，化妆与否却是有天壤之别的。唐代崔令钦的《教坊记》记载了这样一则故事，说当时著名歌舞艺人庞三娘虽然年老色衰，但却善于通过化妆来修饰自己。一天，州中官员请三娘出场表演，不料三娘此时刚刚卸掉妆容，人们看到后便问："三娘在哪里?"庞三娘急中生智，回答道："三娘是我外甥女，她现在外出

[唐] 周昉《簪花仕女图》中的唐朝女子

了，你们明天再来吧。"第二天，三娘用自己独有的美容配方化好了妆，并穿上漂亮的衣裳，瞬间变得容光艳丽，宛若少女。化妆前

后的差别如此之大，这也难怪唐代的女性们如此注重在面部做文章了。

2. 唐人与酒

唐三彩酒卮

唐人的浪漫与酒是分不开的，无论是四时八节、婚嫁吉庆还是生辰忌日、祭祀天地，酒都是唐人餐桌上的必需品。唐人爱喝酒，故其酿酒的方式也多种多样，如郢州的富水所产的"富春酒"，乌程若下之酒名曰"若下春"，还有荥阳的"土窟春"，富平的"石冻春"，剑南的"烧春"，杭州的"梨花春"，以及传自西域的"三勒浆"、"葡萄酒"等等。

［明］尤求《饮中八仙图卷》

由于酿造酒的食材不同，酒的颜色、味道也大不一样。以酒色而言，就有红、黄、绿、白、青、紫。据《杜阳杂编》载，宪宗时乌弋国曾献上一种"龙膏酒"，这种酒的颜色居然是黑色的，但饮之却醇香无比，令人心旷神怡。酒的味道也不只是我们想象得那样单调，从唐人的记载来看，它们有醇烈、甘辛、浓淡、清浊之别。杜甫有诗曰"不放香醪如蜜甜"，说的就是那种略带甜味的酒。

　　酒在给予唐人以味觉刺激的同时，也激发了他们天才的想象，杜甫的《饮中八仙歌》就生动再现了这样八位颇得"酒"之神力的艺术大师。"知章骑马似乘船，眼花落井水底眠。""饮中八仙"中第一位出场的就是被称为"四明狂客"的贺知章。作为"吴中四士"之一，贺知章不仅生性放达，而且还善于谈笑，除了能诗能书之外，他人生的最大喜好就是喝酒，即使是出外游春，也不忘饮上一壶。有一次，他到郊外赏春，看到一户人家的园林布置颇为精妙，便登门拜访。园林主人正不知该用何物招待他时，他就解下腰间钱袋，提议让主人沽酒共饮，并作诗云：

　　　　主人不相识，偶坐为林泉。莫谩愁沽酒，囊中自有钱。

——《偶游主人园》

　　据说，贺知章醉后创作出的章草尤其好，但因为只书十数字，故世人争传以为宝。

　　"汝阳三斗始朝天，道逢麹车口流涎，恨不移封向酒泉。""饮中八仙"的第二位就是汝阳王李琎。作为唐玄宗长兄宁王李宪的长子，为了避免玄宗的猜忌，李琎就经常纵酒自昏，与贺知章、褚庭诲等结为诗酒之交。在"饮中八仙"中，李琎对酿酒之术颇为精通，故他称自己为"酿王"。据郎廷极《胜饮篇》载："（李琎）兼曲部尚书，家有酒法，凡四方风俗，诸家材料，无不毕具。"

贺知章（659～744），字季真，号石窗，晚年号四明狂客，唐代越州永兴（今浙江萧山）人，著名诗人

由此可见，他对酒的喜爱程度。

"左相日兴费万钱，饮如长鲸吸百川，衔杯乐圣称避贤。"这里的"左相"指的就是"饮中八仙"的第三位——李适之。他是衡山王李承乾的孙子，其父李象被封为郇国公。天宝元年（742），李适之代替牛仙客为左相。作为"饮中八仙"中政治地位最高的人物，他的酒量颇为惊人，据说他"饮五斗不乱"①，酒毕后还能复与宾客谈话赋诗。

李白（701～762），字太白，号青莲居士，唐代著名诗人。其诗歌天马行空、浪漫飘逸。他被后世称为"诗仙"，与杜甫合称"李杜"

饮中第四仙的崔宗之乃是吏部尚书、齐国公崔日用之子，为人颇有风度，尤其饮酒之后，直有玉山倾倒之风，故杜甫在诗中称他是"宗之潇洒美少年，举觞白眼望青天，皎如玉树临风前"。第五仙的苏晋，曾历任户部侍郎、吏部侍郎等职，也是位嗜酒如命之人。"苏晋长斋绣佛前，醉中往往爱逃禅。"杜甫的这两句诗讲述了他"醉中逃禅"的逸事。第八仙焦遂，虽是布衣出身，但他的嗜酒程度丝毫不亚于那些王公贵族们，据说他饮酒"五斗"方才焕发精神。又据《唐史拾遗》记载，焦遂平时口吃，对客不能出一言，但是醉后却能酬答如流，故时人谓之"酒吃"。"焦遂五斗方卓然，高谈雄辩惊四筵"说的正是此事。

---

① 《旧唐书·李适之传》。

另外，还有两仙是我们不得不说的，那就是"诗仙"李白和"草圣"张旭。"李白斗酒诗百篇，长安市上酒家眠。天子呼来不上船，自称臣是酒中仙。"于是，"诗仙"之外，李白又多了一个"酒仙"的绰号。李白与酒天生有着不解之缘，他豪放、洒脱、浪漫的天性恰是对酒最好的注脚，故他的诗中有酒，生活中有酒，交朋友离不开酒，就连他的死也与酒有着斩不断的联系。正如余光中先生所言：

> 酒入豪肠，
>
> 七分酿成了月光，
>
> 还有三分啸成剑气，
>
> 秀口一吐，
>
> 就是半个盛唐。

张旭草书《心经》

"张旭三杯草圣传，脱帽露顶王公前，挥毫落纸如云烟。"这几句说的就是"草圣"张旭。张旭，字伯高，吴郡（江苏苏州）人，初任常熟县尉，为人性情奇逸、豪迈不羁，颇具名士风流。据《旧唐书》记载，张旭每每喜欢在喝酒大醉后号呼狂走，然后索笔挥洒，写山的草书"变化无穷，若有神助"，故时人称之为"张颠"。那么张旭醉后的草书究竟出神入化到何种程度呢？从后人的评价中，我们或许可以略知一二。韩愈称之为："变动犹鬼神，不可端倪。"[1] 苏东坡则说："长史

---

① 韩愈：《送高闲上人序》。

（张旭）草书，颓然天放。略有点画处，而意态自足，号称神逸。"

这"饮中八仙"，虽然身份各不相同，有的是王公宰相，有的是诗坛领袖、艺术大家，还有的是平民布衣，但是因着对酒的喜爱，他们走到了一起。从他们身上，我们看到了浪漫的唐人与酒那天生的不解之缘。

第二节　安史之乱：一首由盛而衰的"变奏曲"

如果没有安史之乱，唐朝也许会这样一路高歌地走下去，但历史总喜欢给人个措手不及，这场惊变就这样毫无征兆地发生了。但果真毫无征兆吗？

一、祸乱之始

安禄山（703～757），本姓康，名轧荦山，营州柳城（今辽宁朝阳）人。母阿史德氏，父为昭武九姓的粟特人。母为突厥巫师，信仰祆教

安禄山之所以能够迅速发迹，与他胆子大，而且善于伪装和溜须拍马是分不开的。安禄山本姓康，他出生不久父亲就去世了，他的母亲——突厥女巫阿使德氏便带着他改嫁给突厥人安延偃，从此改名为安禄山。长大后的安禄山膀阔腰圆、满脸胡须，为人阴险狡诈、凶狠毒辣，但是他却精通"六番之语"，而且善于揣摩别人心思。说他胆子大一点也不假，一次，安禄

山在偷羊时被抓，时任幽州节度使的张守珪下令将他乱棍打死，这时的安禄山非但没有被吓倒，反而大声喊道："将军你难道不想消灭奚、契丹吗？我可以为你效力啊！为什么要杀掉禄山呢？"张守珪看着他身材魁梧的样子，又很欣赏他的胆量，于是就放了他，并留他在军中做了"捉生将"。由于对当地的地理形势非常熟悉，又加上作战勇敢，安禄山从军不久便屡建奇功。而与胆大相比，安禄山哗众取宠、阿谀奉承的功夫更是一等一的，这些都使得张守珪对他颇为赏识，甚至收他为义子。于是不到三年的时间，安禄山就升任为平卢讨击使、左骁卫将军。

安禄山善于伪装、溜须拍马的功力到底如何呢？以下几个小故事或许可以让我们领教一二。安禄山长得非常肥壮，史书上说他有"三百三十斤"，尤其是他的大肚子，竟然"腹垂过膝"。如此硕大的肚子使得再普通不过的穿衣变成了一件难事，据说每次穿衣时，都需要有两三个人抬起他的肚子，然后再由一个名叫李猪儿的侍从用头顶着，这样安禄山才能把腰带系上。杨贵妃就很喜欢拿安禄山的肚子开玩笑。一次，贵妃笑着问安禄山："你的肚子这么大，里面鼓鼓囊囊的，到底装了些什么呀？"玄宗在一旁听了也哈哈大笑。安禄山非但没有慌张，还反问道："你们猜猜看？"杨贵妃说："还能有什么呀？不就是些肝脏之类的东西吗？"一向惟贵妃之命是从的安禄山这时却神秘地摇了摇头，说："里面鼓鼓囊囊的，却只装了一样东西，那就是一颗对陛下的赤诚忠心呀！"此言一出，玄宗、贵妃怎能不喜欢呢？

还有一次，玄宗让安禄山拜见太子李亨，但是见到太子后，安禄山却故意不拜，在左右侍卫的催促下，他只是对李亨拱了拱手，

然后故作愚态地说道："臣本是胡人，不懂得朝廷礼节，请问太子什么官职？"玄宗信以为真，就向他解释道："太子就是朕的继承人，朕百年之后，他就是天下的君王。"安禄山听后，便慌忙跪下，说："臣愚蠢，只知陛下，不知储君，该死，该死。"这样一来，玄宗非但没有怪罪他，反倒被他的"忠心"所感动，安禄山的伪装再次得逞。

为了迎合玄宗好大喜功的心思，安禄山不顾生民的死活，不断地对东北地区的少数民族发动战争。此时，恰好有一件事情让玄宗感到非常头疼，那就是契丹和奚族屡降屡战，反复无常。安禄山得知后，就使用阴谋诡计诱骗坑杀了成千上万的奚族和契丹人，他们有的被押送进京作为俘虏献上，有的甚至被割下头颅作为报捷之用。有一次，安禄山一下子就带来了八千多名奚族的俘虏。此事一出，玄宗立即对他的军事才能刮目相看，竟将他视为镇守东北边防的"万里长城"。除了向玄宗屡屡"示忠"之外，安禄山还极力讨好"三千宠爱在一身"的杨贵妃。一次，安禄山进宫拜见玄宗，恰逢贵妃娘娘也在，安禄山就先拜了贵妃，然后才拜玄宗。玄宗说道："礼仪错了。"安禄山便回答道："我们胡人的习俗就是先拜母亲再拜父亲，儿臣不知道天朝的礼仪是怎样的。"从此，杨贵妃便多了一个比自己大十六岁的干儿子。安禄山知道杨贵妃喜欢奢侈享乐，便到处搜刮和掠夺各种珍禽异兽、山珍海味以及珠玉宝石，以讨得杨贵妃的欢心。

安禄山的伪装、溜须拍马果然没有白费，唐玄宗不但在京城为他营造了极其奢华的府第，而且还赐给他享有赦免特权的铁券，并加封他为东平郡王，使得他成为唐朝将帅中第一个获得王爵的胡族

将领。如果说玄宗赐予安禄山的仅仅是府第、官爵这些身外之物的话倒也无所谓，可问题的关键是玄宗把全部的信任都交给了他。所以，每次有人上奏安禄山有谋反之心时，玄宗都充耳不闻。甚至到了天宝十四年（755）十一月初九日，安禄山果真在范阳反叛的这一天，玄宗仍然持着一种半信半疑的态度，认为安禄山是不可能造反的。直到十一月十五日，也就是范阳起兵的第七天，玄宗才不得不在大量证据面前接受了安禄山谋反这一事实。那一刻，玄宗的震惊与愤怒可想而知，但是后悔已经来不及了。

二、大唐惊变

在今天陕西兴平县西，有个名叫马嵬镇的地方，在镇西有一座用青砖包彻、呈半球型、高3米的墓冢，墓后有一尊高约6米的大理石雕像，从相貌衣着上我们可以判断出这尊雕像刻

杨贵妃香消玉殒

的应该就是杨贵妃。没错，这座墓穴的主人自然也是杨贵妃了。据说当地每逢农历三月初三的时候，成群结队的姑娘们便来到贵妃墓这里玩耍，临走时还不忘抓一把墓上的黄土，这把黄土和家里的白面掺和后就成了"贵妃粉"。当地人相信擦拭这种"贵妃粉"不仅会使皮肤变白，而且容颜也会变得更加美丽。当年缢死在此的贵妃无论如何也想不到自己死后竟然还能对后世有所泽惠，这多少也算是对她生前罪过的一种弥补吧。

"红颜祸水"大概是我们能想到的对杨贵妃最恰当的评价了，可是作为一国之君的玄宗、当朝宰相的杨国忠，还有满朝的文武大臣们，难道就没有一点过错吗？世人怎么能将责任全都推卸到一个女子身上呢？相比于太平公主，唐中宗的妻子韦后以及女儿安乐公主来说，杨玉环的确不是一个懂得政治权术的女人，她最多不过是善于争宠罢了。正所谓"一人得道，鸡犬升天"，杨玉环得宠后，杨家满门也跟着富贵起来。她的父亲被追封为齐国公，母亲为凉国夫人，叔父杨玄珪被提升为光禄卿，亲哥哥杨铦升任鸿胪卿，她的三个漂亮姐姐也分别被封为韩国夫人、虢国夫人和秦国夫人。就连她的远房表哥杨钊，一个市井无赖，也得到玄宗重用，被赐名国忠，接替李林甫成为宰相。所以当时民间流传着这样的歌谣："生女勿悲酸，生男勿欢喜"；"男不封侯女作妃，君看女却为门楣"。杨贵妃的得宠竟然差一点颠覆了当时的价值观，可见其影响之大。不过，"泰极否来"、"祸福相依"，富贵来得太突然的话，失去得也会很突然，杨家就是如此。安史之乱的突如其来让玄宗措手不及，来不及考虑太多，天宝十五年（756）六月的一天，玄宗就带着杨氏姐妹、太子、亲王、公主以及亲信宦官和一些大臣们离开了皇宫，准备逃往四川。

天还未亮，他们就出了宫门，中午时分，玄宗一行人等到达了咸阳的望贤宫，可是却没有一个人来接驾，原来负责打前站的宦官和县令早已逃得不见了踪影。此时，玄宗已经饥肠辘辘了，杨国忠只得亲自到街市上买了几个胡饼献给玄宗充饥。还有一些老百姓送来了混杂着豆子的粗糙麦饭，锦衣玉食惯了的王公大臣们此时也顾不得什么形象了，都争着抢着用手抓饭吃，瞬间把饭食抢得精光。

皇帝大臣们是勉强填饱了肚子，可是随从的将士官兵却什么也没有吃到，这可不是一个好兆头，而晚上发生的另一件事则让事情变得更加糟糕。那就是玄宗接见了从潼关败逃下来的王思礼，他向玄宗报告了潼关失守的真相，就连大将哥舒翰也被叛军俘虏了。此消息一经传开，不少随从官员竟然纷纷逃离，扈从将士的情绪也变得更加激愤，他们把矛头纷纷指向了宰相杨国忠。

逃亡的第二天，玄宗一行继续西行，来到马嵬驿时已是中午时分，此时将士们已经饿了快两天了，可是仍然没有找到可以充饥的食物。又累又饿的禁军将士们终于按捺不住心中的怒火，一场哗变即将来临。或许是早有预谋，此时恰好有几个吐蕃使者拦住了坐在马上的杨国忠，抱怨没有伙食供应。话还没说几句，只听到将士们大喊一声："杨国忠和胡人谋反啦。"于是大家蜂拥而上把他包围了起来。此时的杨国忠还没有意识到问题的严重性，振振有词地说道："安禄山这个叛徒已经害得皇上落难了，你们难道想仿效他吗？"将士们答道："真正的叛贼恐怕是你吧，还想诬陷别人。"话音刚落，一名骑士就用箭将杨国忠射下了马。为了保命，杨国忠爬起来就向驿站内跑去，可是还没跑几步，他就被追上的军士们一刀砍死了。有的人觉得还不解气，又在他身上一阵乱砍，并割下他的首级挂在驿门外示众。杨国忠的儿子户部侍郎杨暄、杨贵妃的大姐韩国夫人

唐明皇与杨贵妃

也被杀死。可是，将士们的怒气并未就此平息，他们将驿站团团围住。此时的玄宗才知道发生了什么，但是想到逃亡的路上还要依靠这些将士们，玄宗也只好无奈地接受了这一事实，并向将士们表示慰问。可是将士们并没有归队，而是一动不动地站在那里，原来他们还有一个"心愿"未了：那就是要求玄宗赐死杨贵妃。

玄宗当然不愿答应，他替贵妃辩解说："贵妃一直处在深宫，她怎么会知道杨国忠谋反的事情呢？"不过玄宗的话并没有奏效，扈从将士仍然不肯退去，双方就这样僵持着。宦官高力士一看这样的场面如果持续下去的话，玄宗恐怕会有性命之忧，于是就劝玄宗："贵妃即使没有罪，可是杨国忠已经被将士们杀死，贵妃如果还留在您身边的话，众将士怎么会心安呢？请陛下三思呀！"听了此话，玄宗沉默良久，高力士的话句句在理，可是杀死自己心爱的女人又不忍心，玄宗的内心矛盾极了。终于，经过一番激烈的思想斗争后，玄宗说服了自己，为了自保，他决定牺牲掉贵妃。于是他命令高力士把贵妃带到佛堂，将其缢死。随着杨贵妃的香消玉殒，马嵬坡的这场哗变才平息下来，气焰熏天的杨氏满门最终落了个家破人亡的下场。

可是安史之乱并没有结束，玄宗来到成都后，就把国家大权陆续交给了太子李亨。天宝十五年（756），李亨在灵武即位，即唐肃宗，改年号为至德，遥尊唐玄宗为太上皇。那个曾经亲手缔造了开元盛世的帝王就这样从权力顶端退了下来，从此，唐肃宗担负起平定安史之乱的重任。之前由于过于轻敌，玄宗任用的大将封常清、高仙芝和哥舒翰都纷纷败退，封常清、高仙芝被玄宗赐死，哥舒翰则被叛军俘虏，这大大挫败了唐军的士气。肃宗决定重用大将郭子

仪、李光弼，希望可以扭转不利的战争局面。二位大将果然不负众望，纷纷传来捷报。至德二载（757）二月，李光弼击败叛军将领蔡希德，杀敌七万余人，取得了太原保卫战的胜利。几乎同时，郭子仪率兵大败崔乾佑，杀敌四千，俘虏五千，平定了河东。接着唐军又借回纥兵力，先后收复了西京长安、东京洛阳，虽然此后洛阳又被叛军夺去过几次，但是这一次的胜利无疑大大鼓舞了唐军的士气。

话说到此，我们还应该提及几个人物的名字，虽然他们没有在正面战场与叛军作战，但是他们却一样誓死守卫着唐朝领土，与叛军进行着殊死搏斗，成为牵制叛军的一支重要力量，他们中的杰出代表就是血战睢阳的张巡、许远。张巡，蒲州河东人，从小聪敏好学，博览群书，尤其精通兵法，为人特别讲义气，乐善好施。安史之乱爆发时，他正好担任真源（今河南鹿邑）县令一职。天宝十五年（756），叛军来袭，张巡拒绝了顶头上司谯郡太守杨万石向叛军投降的命令，率领一千名精兵与单父（今山东单县）县尉贾贲会合，共同保卫了雍丘。接着，他又指挥两千多唐军打退了敌将令狐潮率领的四万多叛军。许远，杭州盐官人，曾祖父许敬宗是高宗朝宰相。他为人宽厚，精通吏治，安史之乱爆发后，他被任命为睢阳太守，抗击叛军。睢阳告急时，许远向张巡请求支援。张巡分析了战况后，便带着三千将士前去与许远会合，共同守卫睢阳。虽然二人合起来的兵力也不过六千人，但是他们却凭借着纪律严明、吃苦善战和有勇有谋抗击了敌人的十三万大军，坚守睢阳九个月之久。张巡还曾用计射伤了叛军大将尹子奇，差点将其活捉。但是，张、许二人终因孤立无援而战败，至德二年（757）的十月份，睢阳陷

落。张巡、许远被叛军逮捕，尹子奇还试图劝说张巡投降，不料却遭到张巡的严厉训斥。恼羞成怒的尹子奇下令将张巡、雷万春、南霁云等全部杀害，许远也在被押送洛阳的途中惨遭杀害。张巡、许远的事迹在当时就已广为流传，成为激励人们抗击叛军的精神动力。

大将郭子仪

在叛军与唐军进行激烈交战的同时，安史集团的内部矛盾也日益尖锐，于是发生了父子相残、以下犯上的一系列内讧。先是至德二年（757）正月的一晚，安禄山被自己的亲生儿子安庆绪杀死，从此安庆绪掌握了叛军的大权。但是安庆绪此人却更加昏庸无能，每天只知道饮酒作乐，根本不理政事。他手下的大将也因争权夺利而互相陷害，最后将士们能逃则逃，留下来的也不听他指挥。乾元元年（758）九月，郭子仪率领大军包围了邺城，安庆绪出战不利被郭子仪打得大败，于是他不得不向史思明求救。可是，史思明在心里却打着自己的如意算盘，他先是派十三万军前来援救邺城，结果把唐军打得溃不成军，这就取得了安庆绪对他的信任。接着史思明诱骗安庆绪说要和他结为兄弟之国，与唐朝三足鼎立。安庆绪不知是计，就带了三百骑兵到了史思明的营帐。不料刚一进帐，安庆绪等人就被事先埋伏好的刀斧手砍下了首级。于是，史思明又自称"大燕皇帝"，成了叛军首领。正当史思明得意之时，却不料祸患的种子早已埋下。

史思明的长子史朝义，为人谨慎，善于笼络人心，在叛军中颇

有威望。可是史思
明却不喜欢这个儿
子，常常想杀掉他
以立小儿子史朝清
为"太子"，史朝义
为此常常提心吊胆。
一次，史朝义因为
连续吃了几次败仗

安史之乱形势图和藩镇割据图

就遭父亲破口大骂，史思明还极为生气地说："等攻下陕州后，一定要杀了你这贼。"听了这话，史朝义再也无法忍受了。一天晚上，史朝义的几个亲信买通了史思明的心腹曹将军，在鹿桥驿将史思明逮捕，随后将其绞死。于是史朝义当上了叛军皇帝，改元"显圣"。叛军经过这几次内讧，实力已经大大削弱，他们再也无力向唐军发动大的进攻。宝应元年（762），唐肃宗驾崩，太子李豫即位，是为唐代宗。代宗任命其子雍王李适为天下兵马元帅，仆固怀恩为副元帅，向叛军发起了最后的猛攻。只剩下残兵败将的史朝义根本不是唐军的对手，宝应二年（763），走投无路的史朝义在范阳兵败自杀。至此，长达八年的安史之乱终于结束了。

可是，叛乱带给唐王朝的影响却远没有结束。经历了安史之乱的唐朝元气大伤，政治清明、文化昌盛、经济繁荣、开放浪漫的大唐盛世已经成为一个遥远的过去，人们面前呈现的是一个哀鸿遍地、人烟稀少、满目疮痍的烂摊子。不要说重建盛世，就连勉强维持国家的运转都难。首先，人口大量减少。安史之乱前，唐朝有900万户、5000多万人口，而战后却只剩下293万户、1699万人。

人口的减少意味着劳动力的不足，唐朝想要在短时间内恢复生产看来是不可能的了。其次，文化转型。经历了安史之乱的诗人们再也吟诵不出"仰天大笑出门去，我辈岂是蓬蒿人"的豪言壮语，他们或转向现实主义创作，或一味地追求瘦硬奇险的创作风格，总之与浪漫诗风再无瓜葛。而更严重的是，安史之乱严重削弱了唐朝的国力，这使得周边的少数民族有机可乘，回纥、吐蕃不断地骚扰唐朝的西北边境，而西南地区的南诏也让唐朝不得安宁。相对于外患来讲，宦官专权、藩镇割据以及党争之祸则成为唐朝后期无法摆脱的顽疾。

不可否认，唐代后期的一些君主还是想有所作为的，他们在削藩、打击宦官以及平息党争上也做过努力，但不知是不是"天意弄人"，每次都以失败告终。唐德宗李适试图削藩，不料却发生了"泾原兵变"，致使德宗狼狈逃往奉天，长安一度失陷。顺宗李诵虽有革新之志，支持王叔文等领导的"永贞革新"，但却因为身体健康的每况愈下而宣告失败，还酿成了"二王八司马事件"。唐文宗李昂决定铲除宦官势力，于是重用李训、郑注，刚开始事情进行得很顺利，但后来却因为李训的急于求成而发生了震惊朝野的"甘露之变"，结果李训、郑注等大臣惨遭杀害，文宗也被软禁起来，宦官气焰更加嚣张。这一幕幕"弄巧成拙"的历史事件无疑加快了唐朝灭亡的速度，纵然后来有唐武宗的平定泽潞，宣宗时的收复河西，但是这些都无法从根本上改变唐王朝颓败的大趋势。宣宗之后的懿宗、僖宗、哀帝更加昏庸无能，天祐四年（907）四月，朱温废掉唐哀帝，正式称帝，改国号为梁，改年号为开平，建都开封，史称后梁。至此，延续了二百八十九年的唐王朝宣告结束，中国历

史进入了五代十国的混乱时期。

第三节　唐朝星光璀璨时

唐王朝虽然就这样结束了，但是它留给后人的艺术财富却是无穷无尽的。唐朝用它的开放与浪漫孕育出的一大批文化艺术大师，如同满天的繁星，把中国艺术的殿堂点缀得灿烂辉煌。

一、经学、史学之星

唐朝科举取士以经学为基础，所以从唐初开始，政府就十分重视对经学的整理和著述。政府的鼓励和支持，不仅使得有唐一代产生了像《五经正义》、《经

《五经正义》

典释文》这样的经学著作，而且还涌现出一批经学大家。如主持编撰《五经正义》的孔颖达、颜师古、司马才章、王恭、王琰五人均以精通五经闻名于世，此外，撰成《周礼疏》、《仪礼疏》的太学博士贾公彦，著有《谷梁传疏》的四门博士杨世勋，《公羊传疏》的作者徐彦等都是"学有专攻"的经学大家，在以上几人的共同努力下，"九经"的注疏工作终于得以完成。配合注疏，国子博士陆德明的《经典释文》则从音韵、训诂的角度对"九经"、《孝经》、《论语》、《老子》、《庄子》以及《尔雅》诸书的音句做出解释。此书历来被学者誉为"经注毕详，训义兼辩"，它的著者陆德明则成

为贞观"十八学士"之一。

唐代的史学也很发达，贞观时期就先后完成了《晋书》、《梁书》、《陈书》、《北齐书》、《周书》、《隋书》以及《北史》、《南史》等八朝历史的修纂。如此迅速的修史速度当然离不开一批史学大家的努力，这里有编撰《梁书》、《陈书》的姚思廉，《北齐书》的著者李百药，还有编修了《南史》、《北史》的李延寿等等。唐人对前代史书的注解极为重视，《史记》、《汉书》、《后汉书》尤其受到史学家们的关注。著名的"史记三家注"就有两家出自唐人之手，它们分别是开元年间润州司马司马贞的《史记索隐》和率府长史张守节的《史记正义》。颜师古不仅是经学大师，同时还是史学大家，他撰成的一百二十卷《汉书注》对《汉书》进行了去伪存真、删芜补阙、纠诡正误的全面整理工作，他也因此被称为《汉书》的功臣。高宗之子章怀太子李贤还与其幕僚张大安、刘讷言、许叔牙共同纂注了《后汉书》，后人对此书评价甚高，认为其价值

刘知几，唐代史学家。永隆年间（680）以弱冠举进士，历任著作佐郎、中书舍人、著作郎，又撰起居注，兼修国史二十余年

刘知几所著《史通》，是中国第一部史学理论专著

不减颜师古的《汉书注》。此外，唐朝还诞生了中国古代第一部史评著作《史通》，它的作者刘知几一生"三为史臣，再入东观"，做了长达三十年的史官。丰富的史学知识和长期的修史经验使得他对历史有自己独到的见解，无论是对待历代史书还是杂记小说，他都能做到"恣情披阅"、"钻研穿凿、尽其利害"，堪称史学奇才。

二、书法之星

相对于经学、史学来说，唐朝的艺术领域更是群星云集。比如书法界，唐朝在国学中就设有书学，置书学博士教授生徒，可见政府对书法的重视。唐太宗李世民就是一位忠实的书法爱好者，他尤其喜欢二王（王羲之、王献之）之书。传说太宗为得到王羲之的兰亭真迹，不惜命监察御史萧翼用巧计赚夺来。太宗在书法上也颇有造诣，张彦远称他"工隶书飞白，行草得二王法，尤善临古帖，殆于逼真"。《温泉铭》、《晋祠铭》是太宗的代表作品。正所谓"上有所好，下必甚焉"，在太宗的大力提倡下，书法在唐朝进入了一个巅峰时期，涌现出一批书法名家。

唐初有欧阳询、虞世南、褚遂良、薛稷组成的"初唐四大家"，这四家风格迥异、各有所长。欧阳询"八体尽能，笔力劲险"；虞世南"气秀色润，意和笔调，外柔内刚"；褚遂良则"美人婵娟，不胜罗绮"；薛稷书法遒丽俊美，人称"殊矜质朴，耻夫绮靡"。"四家"之后，盛唐时又有李邕、孙过庭、贺知章、张旭、郑虔以及怀素等名家。李邕因官至北海太守而被称为"李北海"，他尤其擅长行草，风格劲健飞动，李阳冰称他为"书中仙手"。孙过庭师法二王，不仅工于楷、行，更以草书闻名，他的书法理论著作《书谱》就有草书墨迹传世。宋代米芾赞曰："孙过庭草书《书谱》，甚有右军法。""凡唐草得二王法，无出其右。"贺知章不仅是位著名的诗人，更是一位成就颇高的书法家，他擅长草隶，有草书《孝经》传世，窦臮在《述书赋》中称他"与造化相争，非人工所到也"。

"张旭三杯草圣传，挥毫落纸如云烟"，这是杜甫在《饮中八仙歌》中称赞张旭的诗句。张旭人称"张长史"，为人豪放不羁，性嗜酒，醉后则用头发蘸墨书写，往往落笔成书，呼走狂叫，故被称为"张颠"。与张旭颇为相似的是僧怀素，他同样嗜酒如命，也同样擅长草书，据说他酒后所书之字有龙蛇飞走之势，故书法史上有"颠张醉素"之称。郑虔学识广博，诗书画样样精通，其草书《大人赋》气势豪迈，丰神秀绝。可见，草书在盛唐已经发展到了一个登峰造极的境界，后世想要超越它可谓难上加难。所以，盛唐之后的书法家们逐渐改变路数，从其他书体入手，如肃宗、代宗时的李阳冰就以篆隶而独步天下，其书圆淳瘦劲，代表作品有《城隍庙碑》、《般若台铭》、《清凉寺碑》等等。

颜真卿《多宝塔碑》

颜真卿是一位融通各家、诸体兼长的书法大家，他曾向张旭学过草书，他的行书豪迈洒脱，《争座位帖》与《兰亭序》合称"双璧"。他的楷书则一反初唐之风，化瘦硬为丰腴雄浑，骨力遒劲、大气磅礴。除了楷书之外，颜真卿的行书造诣也颇高，代表作品有《多宝塔感应碑》、《东方画

赞碑》、《郭家庙碑》等。柳公权亦以楷书驰名于世，他的书法骨力深注、爽利快健，线条瘦硬劲挺，故与颜真卿有"颜筋柳骨"之称，其代表作有《玄秘塔碑》、《金刚经碑》、《神策军碑》等。其实，唐代书法名家辈出，以上所举难免挂一漏万，不过由此我们对唐代书法的繁盛景象也可以有个大致了解。

三、绘画之星

绘画与书法天生有着不解之缘，擅长书法的唐人们在绘画领域同样不甘示弱。唐朝绘画题材日趋丰富，不仅有人物画，还有山水画、花鸟画。人物画中不仅

阎立本《步辇图》。阎立本（约 601 ~ 673），唐代著名画家，善画道释、人物、山水、鞍马，尤以道释人物画著称

可以画帝王大臣、佛道神仙，还可以画闺阁妇女、僮仆侍婢、牧人车夫；山水画不仅有山水树石，更有宫殿庙宇、亭台楼阁；花鸟画同样如此，花卉草虫、飞禽走兽无不可以入画。唐朝画家中，有"术业有专攻者"，更有众体兼通者，如擅长人物画的阎立德、阎立本兄弟。阎立德的作品有《文成公主降蕃图》、《玉华宫图》、《王绘图》等，但均不见流传。其弟阎立本更以擅画闻名于世，在他的笔下人物都变得栩栩如生，如《历代帝王图》、《步辇图》中帝王们派气十足，帝王气象被表现得淋漓尽致。据说，他还奉太宗之命画有《凌烟阁功臣二十四人图》，可惜这些画作没有流传下来。

玄宗时的宫廷画师张萱、大历年间的画家周昉也以擅画人物著称。张萱的代表作有《贵公子夜游图》、《明皇纳凉图》、《捣练

李思训《江帆楼阁图》

图》、《虢国夫人游春图》等。周昉善画贵游人物，代表作有《明皇骑从图》、《五陵游侠图》、《游春仕女图》、《簪花仕女图》等。擅长山水画的有李思训、王维、张藻等。李思训因开元初做过右武卫大将军而被称为"大李将军"，他的山水画运笔遒劲细密，能将潺湲的流水、缥缈的烟霞描绘得形象逼真。他的画因为多着彩色，所以往往金碧辉映，人们称之为"金碧山水"，其子李昭道亦有画名。

与李思训不同，王维以清淡的水墨山水驰名于世，他还开创了"破墨山水"的画法，或先上浓墨，用淡墨破，或先上淡墨，以浓墨破，使得浓墨和淡墨互相渗透，以达到墨色丰富、滋润鲜活的效果。《辋川图》配上《辋川绝句》真正让我们领会了"诗中有画，画中有诗"的绝妙境界。稍晚于王维的张藻以画山水松石见长，他的画以墨为主，不贵五采，画风豪放诡奇，《画断》称"其山水之状则高低秀绝，咫尺深重，石突欲落，泉喷如吼"。"松石山水，并居神品"。唐代擅长花鸟画的名家也不在少数，如"初唐四大家"之一的薛稷就善于画鹤，他能把鹤飞、鸣、饮、啄的姿势，羽毛的浓淡乃至嘴的长短、膝的高下都生动地描绘出来，代表作有《啄苔鹤图》、《顾步鹤图》等。之后的边鸾亦是花鸟画的大家，他笔下的草木、蜂蝶、雀蝉无不精妙传神，据南宋周密记载，边鸾所画的《五色葵花》竟引得数蜂误以为是真花，攀花久久不去。此外，玄

宗时的韦无忝、曹霸、陈闳则擅画牛、马，中唐以后，这类题材的绘画渐渐受到欢迎，如韩幹的《牧马图》，戴嵩的《斗牛图》，德宗朝的宰相韩滉亦精牛马，代表作有《归牧图》、《乳牛图》和《五牛图》等。

吴道子（约 680～759），又名道玄，阳翟（今河南禹州）人，唐代著名画家。擅佛道、神鬼、人物、山水、鸟兽、草木、楼阁等，尤精于佛道、人物，长于壁画创作

吴道子《送子天王图》

有"画圣"之称的盛唐画家吴道子可谓众体兼长、无所不能，他创出了一种波折起伏、错落有致的"莼菜条"式的笔法，其笔下人物的衣袖、飘带往往有迎风飘拂之感，故被称为"吴带当风"。他尤其擅画佛道鬼神，

［唐］韩幹《牧马图》

先后在长安、洛阳两京的寺院内留下了大量的壁画创作，其神情相

貌，各不相同。作为玄宗时的宫廷画师，他的山水画"非有诏，不得画"。最有名的就是他奉玄宗之命在大同殿壁上所画的嘉陵江三百余里山水，据说他只用了一天时间就全部完成，而同样以山水画著称的李思训则用了几个月才完成，可见其才思功力的不俗。吴道子的代表作有《明皇受篆图》、《十指钟馗图》、《五圣图》、《地狱变相》、《送子天王图》等等。

四、乐、舞之星

在中国传统文化中，诗、乐、舞是不分家的，作为"诗的国度"的唐朝，其乐、舞艺术的发展也达到了巅峰。唐朝音乐有雅乐、俗乐之分，雅乐就是传统的庙堂音乐，主要用于帝王举行的宗庙、五郊、朝会等典礼上，由于它适用范围狭窄、脱离实际生活，所以其生命力远不如俗乐。俗乐以燕乐（即宴乐）为主要表现形式，它的题材丰富多样，演唱形式活泼、不拘一格，所以上至王公大臣，下至黎民百姓，都对它喜爱有加。

与音乐相配，唐朝的舞蹈从内容上讲有文舞、武舞之分，文舞主要表现文德，武舞主要表现武功。若从舞姿上分，则有漫步轻盈的软舞和跳跃矫健的健舞。宫廷中多流行场面宏大、形式华丽的大型乐舞，而在民间则盛行浑脱舞、胡旋舞和集体踏歌等。唐朝乐舞艺术的发展造就了一批技艺超群的乐舞

舞伎图

艺人，如李龟年、李彭年、李鹤年三兄弟，善弹琵琶的曹宝、曹善才、曹纲祖孙三代，以吹奏笛子闻名的李谟、李舟、王六六，善歌的则有玄宗时的莫才人、许永新、沧州歌伎何满子，武宗时的孟才人，还有生卒年不详的歌女刘采春，甚至连姓名都不知的教坊乐人任智方的四个女儿等等。由于伶人的社会地位卑贱，所以人们对他们往往存有偏见，很多乐舞艺人的生平事迹大都不详。但不可否认的是，因为有了他们的存在，唐朝的艺术世界才变得更加丰富多彩，他们同样是璀璨群星中的组成部分。

图中舞伎面庞丰腴，身材高挑。她高挽发髻，额间描有雉形花钿，身穿黄蓝相间的半臂衣衫，下穿红色长裙，与画上方一只高飞的白鸟两相呼应。

五、文学之星

文学可谓是唐朝文艺界的重头戏，因为此时的文学不仅样式繁多，而且人才辈出。就散文创作而言，唐初的陈子昂力纠浮华，其政论散文《上蜀川安危事》、《上西蕃边州安危事》、《谏政理书》等揭露时弊、辨析事理，语言质朴简洁，气势宏丽流畅。之后，李华、萧颖士、元结、梁肃、独孤及、李舟、柳冕等亦提倡古文写作，到了中唐则有古文大家韩愈、柳宗元。晚唐时期，由于政治腐败，社会矛盾日益加深，针砭时弊的古文更发挥出自己独特的价值，出现了罗隐、皮日休、陆龟蒙等积极倡导者。

唐传奇是小说发展到唐朝出现的一种创作样式，它的故事多取材于社会中的神怪、奇异传闻，有书写男女情爱的，有记叙士人生活的，还有描写侠义行为的。唐传奇虽没有后来明清小说的复杂情节，但是却字字珠玑，篇幅虽短却感情至深，弥漫着一种"诗"的

元稹《莺莺传》

气质。知名的传奇作者有张文成（著有《游仙窟》），李朝威（著有《柳毅传》），元稹（著有《会真记》），白行简（著有《李娃传》），蒋防（著有《霍小玉传》），沈既济（著有《枕中记》），李公佐（著有《南柯太守传》），裴铏（著有《传奇》）等等。

词在唐朝中后期已经开始兴起，像张志和、刘禹锡、韦应物、戴叔伦、王建等都有过新词创作，最著名的当然还是晚唐文人温庭筠，他精通音律，洞晓曲调，词风浓艳绮丽，成为花间词派的重要代表。"一代有一代之文学"，提起唐代，人们自然会想起唐诗。诗歌在经过了先秦、两汉、魏晋南北朝的发展之后，到了唐朝终于迎来了自己的全盛期，唐诗不仅题材广泛、流派纷呈，而且名家云集，各有特色。这里有"初唐四杰"王、杨、卢、骆，还有边塞圣手岑参、高适、王昌龄，山水田园诗人孟浩然、储光羲、祖咏、裴迪，更有"诗仙"李白、"诗佛"王维、"诗狂"贺知章、"诗魔"白居易、"诗鬼"李贺以及"小李杜"李商隐与杜牧。其中有位诗人，他一生历尽坎坷，虽未出将入相却始终心忧天下、心系百姓，在政治上他希望"致君尧舜上，再使风俗淳"，对艺术他要求"语不惊人死不休"。没错，他就是我们这本书的主人公——被称为"千年诗圣"的杜甫。

第二章

杜甫的人生四部曲

第一节 "开口咏凤凰"——早慧的童年

公元 712 年，是中国历史上不平凡的一年，这一年唐玄宗李隆基刚刚取得一场宫廷政变的胜利，成功登上了皇位，从此唐朝迎来了自己崭新的一页。而就在同一年，我们伟大的诗人杜甫在河南巩县城东的瑶湾村诞生了。历史就是这样的巧合，有时我们甚至怀疑，这种巧合莫非是上天有意的安排。杜甫 59 年的人生岁月虽算不上长，但是他却见证了大唐由兴盛到惊变、再到衰落的整个过程，若不是诗人用蘸着血泪的诗笔将这些事情一一记录下来，那段历史又怎能如此鲜活地保存至今？由此，我们不禁想起了一则关于杜甫的传说：

> 杜子美十余岁，梦人令采文于康水。觉而问人，此水在二十里外，乃往求之，见峨冠童子告曰："汝本文星典吏，天使汝下谪，为唐世文章海，九云诰已降，可于豆垄下取。"甫依其言，果得一石，金字曰：'诗王本在陈芳国，九天扪之麟篆熟，声振扶桑享天福。'后因佩入葱市，归而飞火满堂，有声曰："邂逅秽吾，令汝文而不贵。"

看来，人们也愿意相信杜甫的降生是应了上天旨意的，虽然故事编得俗气了点，但是其中隐含的对杜甫怀才不遇的深切同情却是显而易见的。不过要想了解一个真实的杜甫，这些民间传说还是不足信的。

其实，童年的杜甫与其他的孩子一样，喜欢嬉戏玩耍，虽然诗人时常体弱多病，但是只要病一好，他就与小伙伴们疯玩起来了。"忆昔十五心尚孩，健如黄犊走复来。庭前八月梨枣熟，一日上树能千回。"（《百忧集行》）那时的杜甫就像头健硕的小黄牛，一天到晚不停地跑来跑去，为了能摘到树上的梨子、枣子吃，他竟然可以上树下树无数次，这样的孩子不是很活泼很可爱吗？不过，除了这份天真烂漫外，与别的孩子相比，杜甫似乎又多了一颗"早慧"的心灵。"七龄思即壮，开口咏凤凰"，看来诗人七岁时就开始作诗了。也许有人会说这没什么了不起，的确，身为"诗唐"的子民从小就会作诗算不上什么新鲜事，骆宾王不也是七岁时就写出了《咏鹅》诗吗？不过，这里有一个细节却是值得我们注意的，那就是杜甫歌咏的不是它物，而是"凤凰"。

相信对中国传统文化有所了解的人，都会明白"凤凰"所代表的特殊文化含义。许慎在《说文解字》中说："凤，神鸟也。……

见则天下大安宁。"在古人的心目中，被誉为"百鸟之王"的凤凰，是"吉祥安宁"的象征。传说当天下太平、政治清明时，天空就会出现所谓的"百鸟朝凤"的瑞相：无数的奇珍异鸟围绕着带有五彩翎毛的凤凰翩翩起舞，天空中响起悦耳动听的祥

凤　凰

乐。据说，黄帝在位时就曾出现过这样的瑞相。而当政治衰败、民不聊生时，凤凰就会死去，所以生于春秋乱世的孔子会慨叹："凤鸟不至，河不出图，吾已矣夫！"（《论语·子罕》）表面上孔子是在悲叹凤凰的不出现，但实际上他是在感慨自己生不逢时。孔子之后，很多文人的笔下都出现了"凤凰"的意象。他们或在诗中咏叹凤凰，表达对清明政治的渴望；或以凤凰自比，昭示自己高洁的品性。明白了这些，我们再回过头来看杜甫"七岁咏凤凰"这件事时，就会对诗人的"出口不凡"刮目相看了。原来，"凤凰"在这里就是诗人政治理想的象征。一个七岁孩童何以能有如此非凡的抱负呢？除了杜甫天资聪颖外，其家世以及幼年所受的家庭教育也是不容忽视的重要因素。

正如杜甫在《进雕赋表》中所说的那样，杜氏家族是一个"奉儒守官"，"未坠素业"，有着悠久传统的官僚世家。自杜甫的第十三世祖杜预开始，直至唐代，历代都有人做官。杜预就曾做到征南大将军，杜预的三子杜耽为凉州刺史，杜耽之子杜顾则为西海太守。只是入隋之后，杜氏家族逐渐衰微，官职也越来越小，多是县

令、县尉或者员外郎之类的小官（像杜甫的祖父杜审言曾为膳部员外郎，杜甫的父亲杜闲做过兖州司马、奉天令等）。出生在这样一个世代为官，却又家道中落的家庭中，杜甫身上无疑肩负了重振家门、光宗耀祖的重任。想必从小，杜甫就从父亲那里听到了许多关于祖辈们的故事，其中十三世祖杜预的丰功伟绩尤其让他难以忘怀。

生于西晋时期的杜预，可以说是中国历史上少有的全才式人物。他不仅是位杰出的政治家、军事家，同时还是历法家、水利工程家以及学者。他深谙政治之道，在西晋那个风云变幻的时代，杜预凭借着自己的聪慧机警成功地躲过了许多政治迫害，但他并不是个腹黑的阴谋家，而是一个"在其位、谋其政"的实干家。在杜预担任度支尚书的七年间，他先后向朝廷提出五十多项治国治军的建议，例如谷价的调整、盐运的管理、课调的制定以及边防的建制等等。杜预的军事才能更是卓尔不群，荆州都督羊祜病重时，就特意

杜预（222～285），字元凯，京兆杜陵（今陕西西安东南）人，西晋时期著名的政治家、军事家和学者，灭吴统一战争的统帅之一。历官曹魏尚书郎、河南尹、度支尚书、镇南大将军、当阳县侯，官至司隶校尉

向晋武帝举荐杜预接替自己。后来杜预果然不负重托，在西晋灭吴、统一全国的战争中立下汗马功劳。晋武帝为了嘉奖他的功绩，封他为当阳县侯，并增食邑至九千六百户。此外，杜预在科学技术上也很有天赋，由他修订出的《二元乾度历》纠正了当时历法的差舛处，因而更加科学、准确；在机器发明方面，他也很有研究，据说那久已失传的灌溉机器——欹器就是在他的手下复制成功的；杜预还是个水利工程

家，在他的主持下，富平津大桥的修建工程顺利完成，成功解决了洛阳交通不便的难题。杜预对《左传》研究也情有独钟，一次，晋武帝问他："你常说王济有马癖，和峤有钱癖，那么你有什么癖好呢？"杜预不假思索地回答到："臣有《左传》癖。"由此可见他对《左传》的痴迷程度。灭吴成功之后，杜预便功成身退，在家潜心著书，著有《春秋左传经传集解》、《春秋释例》等研究著作，为《左传》研究做出了重大贡献，被后世称为"《左传》功臣"。

杜氏远祖的精神感召使得"出将入相"、"建功立业"的思想在杜甫年幼的心中逐渐生根发芽，因此七岁的诗人"开口咏凤凰"也就不难理解了。除了杜预外，杜氏家族的另一个人也是我们不得不提起的，那就是杜甫的祖父杜审言。杜审言（约645～708），字必简，唐高宗咸亨元年（670）进士，担任过县尉、县丞以及膳部员外郎之类的官职。虽然他在仕

杜审言（约645～708），字必简，高宗咸亨进士，与李峤、崔融、苏味道齐名，称"文章四友"

途上没有取得像杜预那样显赫的功绩，但是在诗歌领域，他却颇有成就。我们知道，律诗从萌芽到最终定型经历了一个较长的发展过程，南朝时以沈约为代表的永明诗人，讲究四声（平、上、去、入），避免八病（平头、上尾、蜂腰、鹤膝、大韵、小韵、正纽、旁纽），较严格地按照声韵格律进行创作，为唐代格律诗的产生和发展奠定了坚实的基础。虽然，律诗最终定型于武后时期的沈佺期、宋之问之手，但是在这之前的许多诗人也做出了自己应有的贡

献，其中以杜审言、李峤、崔融以及苏味道为代表的"文章四友"就是关键一环。而杜审言又是"四友"中成就最突出的一位，在他仅存的四十三首诗中，五言律诗就有二十八首之多，这在当时的诗人中是不多见的，故明人许学夷称他为"律诗正宗"①。杜审言虽也是"台阁诗人"，但由于他长期得不到重用，在外游宦时间长于闲处宫廷，因而他的诗歌真情实感的成分更多，如那首著名的《和晋陵陆丞早春游望》：

> 独有宦游人，偏惊物候新。
>
> 云霞出海曙，梅柳渡江春。
>
> 淑气催黄鸟，晴光转绿苹。
>
> 忽闻歌古调，归思欲沾巾。

此诗让我们感受到了诗人那颗敏感弱质的心灵，其中颔联、颈联对仗工整，音韵和谐，即使放到盛唐诗中也毫不逊色，难怪明人胡应麟将此诗称为初唐五律的扛鼎之作。不仅是五律，杜审言的七律、七绝也写得很好，如七律《大酺》：

> 毗陵震泽九州通，士女欢娱万国同。伐鼓撞钟惊海上，新妆袨服照江东。
>
> 梅花落处疑残雪，柳叶开时任好风。火德云官逢道泰，天长地久属年丰。

"大酺"是中国古代封建帝王为表示欢庆而特许民间举行的大型会饮，这首诗显然是首"歌功颂德"的应制诗。不过，假若抛开这些不谈，这首诗在格律、对仗上还是十分严谨的，尤其是第三联"梅

---

① ［明］许学夷：《诗源辨体》。

花落处疑残雪，柳叶开时任好风"，不仅音律和谐、对仗工整，而且风物描写也十分细腻、动人。再如他的七绝《渡湘江》：

> 迟日园林悲昔游，今春花鸟作边愁。
>
> 独怜京国人南窜，不似湘江水北流。

这首诗大约作于诗人被流放峰州的途中，在渡湘江时，他听到了南国鸟儿的鸣唱，这不禁勾起了他对京华旧园的思念。此时的诗人多么希望自己能像这眼前的湘江水一样向"北流"去，然而现实却是自己那无法改变的"南窜人"的身份。相信没有亲身体会过流放滋味的人，是写不出这样的诗句的。

除了诗歌，杜审言在书法上也颇有造诣，他曾说："吾笔当得王羲之北面。"以杜审言恃才傲物的个性，我们不排除这句话含有夸张的成分，但是从宋代蔡居厚的言论来推断，杜审言精于书法应该是可信的。据南宋胡仔《苕溪渔隐丛话》所引《蔡宽夫诗话》，蔡居厚曾说："杜子美《李潮八分小篆歌》云：'书贵瘦硬方通神。'予家有其父闲所书《豆卢府君德政碑》，简远精劲，多出于薛稷、魏华，此盖自其家法而言。"[①] 杜闲所祖的"家法"大概就是其父杜审言的所传吧，难怪杜甫说："九龄书大字，所作成一囊。"看来从小就练习大字是杜家的一个优良传统。

聪明早慧、家学深厚，再加上后天的勤学苦练，杜甫很快就少年成名，十四五岁的他便在文坛上崭露头角：

> 往昔十四五，出游翰墨场。斯文崔魏徒，以我似班扬。
>
> ——《壮游》

---

① ［南宋］胡仔：《苕溪渔隐丛话》。

这里的"崔魏徒"指的是崔尚、魏启心，他们都是比杜甫大二三十岁的前辈，虽然二人在文坛上算不上什么大名士，但是从他们都做过"刺史"这一点来看，崔、魏二人也必非等闲之辈。能得到这些前辈的赏识，杜甫的诗才一定很出色。此时的杜甫可谓自信满满、斗志昂扬，一般的人物他是不放在眼里的，"饮酣视八极，俗物多茫茫"[①]。这个"开口咏凤凰"的少年已经急不可耐地想要飞出去，看看外面的世界到底有多精彩。于是他迎来了自己的下一个人生部曲——漫游时代。

第二节　"裘马颇清狂"——漫游的青年

在理想主义与浪漫主义高昂的唐朝，"仗剑去国，辞亲远游"的漫游生活几乎是每一个士子不可或缺的人生经历。我们所熟知的盛唐诗人几乎个个都是漫游家：田园诗人孟浩然一生游历无数，北京、洛阳、扬州、长沙、杭州甚至遥远的南国广西都留下过他的足迹；"诗佛"王维也到过常州、苏州、宣州以及浙西一带；边塞诗人高适、岑参，更是"一身戎装"，随军走天涯，不管是黄沙滚滚的塞外，还是风光秀丽的江南，他们都曾驻足停留过；"一生好入名山游"的李白就更不必说了，从少年时代开始，他那漫游天下的脚步就再也没有停下。

漫游之风在唐朝如此盛行，除了与人们应举入幕、交游干谒的主观愿望有关外，还离不开当时良好的客观环境。首先，唐朝

---

① 杜甫：《壮游》。

尤其是盛唐经济繁荣，物价便宜，社会安定。据相关史书记载，长安、洛阳二都的米价一直维持在 15 钱至 20 钱左右，其他地方的米价、谷价也十分低廉，看来杜甫在《忆昔二首》中所说的"稻米流脂粟米白，公私仓廪俱丰实"并非虚言。其次，水陆交通十分便利。正如卢照邻在《长安古意》写到的那样："长安大道连狭斜，青牛白马七香车。"其实不仅是长安，唐朝的各大都市里都修有笔直宽阔的街道，而且城市与城市之间也有大道相连，官府还派有专门的大员负责巡检这些大道。水路方面，以洛阳为中心的京杭大运河，不只给北京、杭州两地的人们带来了便利，像天津、沧州、德州、洛阳、镇江、苏州等依临此线的城市也受益颇多，人们要想乘船远行也不再是难事。据《新唐书·食货志》记载："道路列肆，具酒食以待行人。店有驿驴，行千里不持尺兵。"看来，当时的私营旅店都备有专供旅客租用的驿驴，以方便旅客出行。正是在这样的时代背景下，杜甫从十九岁（开元十八年，公元 730 年）首游郇瑕开始，直到三十四岁（天宝四载，公元 745 年）自鲁郡归还洛阳，完成了他长达十五年之久的漫游生活。

一、避难郇瑕

杜甫第一次出门远行是在十九岁那一年，所到之处是一个叫做郇瑕的地方（即今天的山西临猗县）。至于杜甫为什么会来到离家乡二百多公里以外的这里，我们不得而知，不过据冯至先生考证，原因可能是这样的："那年洛水、瀍水泛滥成灾，冲毁洛阳的天津桥、永济桥，沉溺许多扬州等地开来的租船，千余户居民的住房也

都倒塌了，杜甫一度到郇瑕，可能是躲避水灾。"① 如果真是为了躲避水灾，那么杜甫的这次出门远行也就没有多少的兴奋快乐可言，不过好在他在这里结识了韦之晋、寇锡两位朋友，这为他的此次旅行多少增添了一些乐趣。多年之后，杜甫与这二位好友在湖南重逢，在赠给好友的诗中他还念念不忘此事，说：

> 凄怆郇瑕地，差池弱冠年。丈人叨礼数，文律早周旋。

——《哭韦大夫之晋》

> 往别郇瑕地，于今四十年。来簪御府笔，故泊洞庭船。

——《奉酬寇十侍御锡见寄四韵复寄寇》

物是人非、世事难料，时间就是这样地无情。

二、漫游吴越

相对于郇瑕之游，杜甫开始于弱冠之年的吴越之游则要轻松、快乐得多，因为这次没有了逃难的背景，而且所游之地还是山清水秀、风光旖旎的江南水乡。

太湖之畔、钱塘之滨的吴越之地，自古以来就是中华大地上最柔软、最多情的一个部位。这里自然条件优越，肥沃的土壤、充足的水源养肥了稻米、鱼虾，于是"鱼米之乡"成为了它的另一个代名词。这里有张岱笔下的"湖心亭看雪"，还有戴望舒诗中那"寂寥的雨巷"，更有金庸小说中汹涌澎湃的"钱塘江大潮"。吴越地区的文化底蕴同样深厚，从春秋末年的吴越争霸，到三国时的孙吴政权，南北朝时期的宋齐梁陈，这里一直都是兵家必争之地。在政治

---

① 冯至：《杜甫传》。

家们于此展现雄心抱负的同时，文学家们也开始在此虚构自己的"爱情乌托邦"，于是我们看到了西施范蠡的归隐江湖，紫玉韩重的生死相恋，还有白蛇与许仙的人妖爱情，每一个故事都是那么真切动人。难怪那么多的文人墨客都心甘情愿地把脚步驻足在这片神奇的吴越大地上，孟浩然、王维、李白、高适、岑参、杜甫、刘禹锡、杜牧、李商隐……无不到此漫游过。

杜甫来到吴越的第一站是江宁（即今天的江苏南京）。唐朝时期的江宁虽不如长安、洛阳繁华，但是凭借自己"六朝古都"的身份，它仍然吸引了无数的文人士子前来观光、凭吊。杜甫之后的刘禹锡就曾在此写下了许多脍炙人口的怀古名篇，如那首著名的《乌衣巷》：

朱雀桥边野草花，乌衣巷口夕阳斜。

旧时王谢堂前燕，飞入寻常百姓家。

物是人非、繁华不再，历史的虚无感油然而生。那么，杜甫是否也像刘禹锡一样在此怀古伤今呢？由于他这一时期没有留下多少诗篇，所以我们也不敢妄下结论。但是二十多年后，当杜甫追忆这段往事时，他写道：

淮阴清夜驿，京口渡江航。竹引趋庭曙，山添扇枕凉。十年过父老，几日赛城隍。看画曾饥渴，追踪甚渺茫。虎头金粟影，神妙独难忘。

——《送许八拾遗归江宁觐省甫昔时尝客游此县于许生处乞瓦棺寺维摩图样志诸篇末》

从这段诗歌中我们可以推测，杜甫虽也有凭吊之意，但是他的主要目的却不在此。想想也是，毕竟此时的诗人还只是个二十岁的青年

东晋画家顾恺之

人，在他心中高昂的是"出将入相"的理想与激情，"怀古伤今"的情感是绝少涌入他的心头的。

杜甫在江宁不仅欣赏到了美丽的江南风光，而且还观看了这里特有的风俗表演——赛城隍。城隍，在民间也被称为城隍爷，据说是冥界的地方官。清代蒲松龄《聊斋志异》的第一篇《考城隍》，就是一个与"城隍"有关的故事，它讲述了一个姓宋的书生在梦中被神差邀请，考上城隍，但由于在阳间还有老母需要赡养，他恳请诸神暂借自己九年的寿命，等为母亲赡养送终后再来赴任。诸神被他的孝心打动，答应了他的请求。九年后，宋生的母亲去世，他在为母亲料理好后世后也安然逝世，如约赴任。虽然这是一个关于"信守承诺"的故事，但是可见"城隍"在民间的地位非同一般。"赛城隍"就是流行于江南一带的专门为祭祀城隍而举行的民俗活动，现代作家汪曾祺在他的小说《故乡三陈》中向读者详细地描绘了"赛城隍"的盛大场面。相信，杜甫当年看到如此精彩的"赛城隍"表演，心中一定受到了不小的震撼。不过，最让杜甫激动不已的还是瓦官寺中东晋顾恺之留下的亲笔壁画。

瓦官寺建于晋武帝时期，因其所在原为陶官故地而得名。该寺位于秦淮河的北岸，李白有诗曰："一风三日吹倒山，白浪高于瓦官阁"（《横江词》），说的就是寺内高二十四丈的瓦官阁。不过真正

让瓦官寺得以闻名遐迩的，还不是这座高阁，而是东晋顾恺之所画的那幅维摩诘壁画。相传当年瓦官寺重修就绪后，僧众设会请朝贤为古刹捐钱以

顾恺之《洛神赋图》

重振声名，可是却没有一个人所捐超过十万的。等到顾恺之时，他大笔一挥竟在本子上写自己要捐百万。为了兑现承诺，他叫寺僧们准备一面粉壁，嘱咐任何人都不要来打扰他，于是闭门作画一月余，终于完成了那幅壁画。在即将面世前，他对寺僧们说："第一日观者，请施十万。第二日可五万。第三日，可任例责施。"等门窗打开后，前来观看、施钱的人数以万计，不一会儿就得到了百万钱。对绘画情有独钟的杜甫对这段艺坛佳话一定早有耳闻，只是中原与江宁相去甚远，他一直没有机会前去观看。这次的江宁之行终于圆了他心中的一个梦想，站在这幅壁画面前，他仿佛看到了当年顾恺之潜心作画的身影。意犹未尽，他还向在这里新结识的好友许八求得一幅壁画图样以作纪念。

离开江宁后，杜甫来到了此行的第二站——素有"人间天堂"之称的苏州。与江宁相比，苏州似乎多了一分灵动的气质。这里有一座座精雕细刻的石桥，傍河而筑的青灰色瓦屋倒映在潺潺的流水上，远处的乌篷船上升起袅袅的炊烟，多么惬意安详的一幅苏州生活画卷啊。与美丽的自然风光相应，苏州的人文景观也毫不逊色。

作为当年吴国（春秋时期）君王的主要活动中心，这里有吴国始祖太伯的冢、庙，有专供吴王游猎的长洲苑，还有位于虎丘山上的吴王阖闾墓。据说吴王阖闾生前十分喜欢收藏宝剑，他死后，这些宝剑也成为了他的殉葬品。后来秦始皇东游此地时，为了得到这些宝剑，不惜动用大量人力物力，开山凿池，但最终一无所获。那些被凿开的山地最终化成了深涧，这便是后世著名的"剑池"，唐代大书法家颜真卿就曾在此题有"虎丘剑池"四个字。不过，与之相比，吴王阖闾所建的那座姑苏台则更有名气。本来阖闾建台的初衷是把它作为春夏之游所用，但令他始料未及的是，自己最器重的儿子夫差后来却在此别立春宵宫、海灵馆还有馆娃宫，并每日在此与西施饮酒嬉戏、不理朝政，吴国的霸业就这样一天天衰败下去，国家也终被越国攻破了。唐人陈羽的《姑苏台怀古》就说出了无数文人骚客的共同心声：

> 忆昔吴王争霸日，歌钟满地上高台。
>
> 三千宫女看花处，人尽台崩花自开。

从杜甫在《壮游》一诗中追忆苏州之游来看，他先到的是姑苏台，然后又去了阖闾墓，观看了剑池的荷花，凭吊了太伯的坟、庙，几

虎丘剑池

乎把这里有名的景点都游览了一遍。可能是因为苏州接近大海的缘故，杜甫居然萌生了东游日本的想法。不过此事到底没有成行，多年之后，诗人

还为此遗憾不已，说："东下姑苏台，已具浮海航。到今有遗恨，不得穷扶桑。"① （《壮游》）

杜甫虽没有去成日本，但却来到了越中，这里留有许多与越王勾践、秦皇嬴政相关的名胜古迹。勾践卧薪尝胆的会稽山自不必说，相传秦始皇当年也东游至此，他曾在浙江海宁的审山上淬剑，于是有了"磨剑石"；为了躲避海潮，他命人将皇船系缆在宝石山的一块大石上，于是有了"缆船石"；他曾在此登山远望，欲渡会稽，于是有了"秦望山"；他还在这里刻石留名，于是有了"刻石山"……难怪杜甫回忆起越中之旅时会说："枕戈忆勾践，渡浙想秦皇。"（《壮游》）

越中不仅山美、水美，人更是美，西施的故乡就在这里，传说若耶溪畔还留有她当年的浣纱石。李白漫游越中时，就不惜笔墨在诗中高度赞美越中美丽的女子：

西施浣纱图

　　镜湖三百里，菡萏发荷花。

　　五月西施采，人看隘若耶。

　　　　——《子夜吴歌四首》其二

　　镜湖水如月，耶溪女如雪。

　　新妆荡新波，光景两奇绝。

　　　　——《越女词》

　　玉面耶溪女，青娥红粉妆。

　　一双金齿屐，两足白如霜。

　　　　——《浣纱石上女》

---

① 杜甫：《壮游》。

杜甫初到鉴湖（亦名镜湖）、若耶溪一带，也同样被这些气质浪漫、白净秀美的越女吸引住了，只是他的赞美多了几分含蓄："越女天下白，鉴湖五月凉。"① 有的研究者喜欢烛幽探微，硬要说这其中定是隐含了什么风流韵事，这恐怕真有点牵强附会了，其实诗人在这里想表达的无非就是一种对"美"的赞美之情而已。因为在诗人眼里，越女就像这鉴湖水一样，都是自然之美的一部分，为这纯粹的美丽歌颂难道不是情理之中的事情吗？

鉴湖之后，诗人还游览了谢灵运当年到过的剡溪、天姥山，然而游览还未尽兴，杜甫的吴越之游却不得不告一段落了，因为东都洛阳有一件重要的事情正在召唤着他。

三、放荡齐赵

开元二十一年（733）的秋天，长安淫雨霏霏，伤了五谷。为了避免水灾造成物质享受上的困扰，唐玄宗在开元二十二年（734）的正月将行宫迁到了东都洛阳，直至开元二十四年（736）才回到长安，所以开元二十三年（735）的科举考试就在洛阳举行了。这对家在巩县、长于洛阳（杜甫曾被寄养在洛阳的二姑家）的杜甫而言，无疑是件千载难逢的好事，本就自视甚高的诗人此时更加狂傲起来：

> 归帆拂天姥，中岁贡旧乡。气劘屈贾垒，目短曹刘墙。
>
> ——《壮游》

你看，他自信得连屈原、贾谊、曹植、刘桢这样的文学前辈都不放

---

① 杜甫：《壮游》。

在眼里了。不过有时希望越大，失望也就越大，占尽"天时"、"地利"与"人和"的杜甫最终却在这场考试中落榜了。这倒不是由于考官徇私舞弊、评判不公所致，因为此次的主考官孙逖是个为人正直、很有眼力的选拔者，《旧唐书·文苑列传》说他："选贡士二年，多得俊才。"① 而且这次被他选入的贾至、李颀、萧颖士、赵骅、李华等人也确实是掌纶诰之才。杜甫虽有诗才，但在应制文章上就未必颇有造诣，所以不第也属正常。好在此时的诗人年轻气盛，很快，他就从考场失利的打击中振作起来，并全身心地开始了他的齐赵之旅。

开元二十四年（736），二十五岁的杜甫匆匆打点完自己的行李后，便来到了父亲杜闲任司马的兖州（山东兖州），他的齐赵漫游正式开始。在兖州，他登上了这里的城楼，写下了那首颇得"祖父之风"的《登兖州城楼》：

> 东郡趋庭日，南楼纵目初。
>
> 浮云连海岱，平野入青徐。
>
> 孤嶂秦碑在，荒城鲁殿馀。
>
> 从来多古意，临眺独踟蹰。

诗的首联交代自己来兖州省亲。颔联写纵目远眺所看到的景色：云、海、山相连，平野东入，一片苍茫。颈联是诗人的联想，他由眼前之景想到了峄山上的秦始皇刻石和曲阜城内鲁恭王的灵光殿。尾联则抒发登临怀古之情。此诗写得四平八稳，虽是好诗，却少新意。相对来说，杜甫登泰山所作的《望岳》一诗则更为出彩：

---

① 《旧唐书·文苑列传》。

岱宗夫如何，齐鲁青未了。造化钟神秀，阴阳割昏晓。

荡胸生层云，决眦入归鸟。会当临绝顶，一览众山小。

"东岳"泰山因是五岳之首，因而也被尊称为"岱宗"。其主峰位于山东泰安境内，海拔约一千五百多米，这里不仅有天烛峰、日观峰、百丈崖、望人松、探海石等雄伟壮丽的自然景观，更有岱宗坊、玉皇顶、碧霞祠、孔子庙、唐摩崖等底蕴深厚的人文景观。早在春秋战国时期，泰山在国人心目中的"独尊地位"就开始确立起来，因为当时的人们相信，泰山是天下最高的山，所以人间最高的帝王应该到这最高的山上举行象征"受命于天"的封禅大典（登泰山祭天曰"封"，在山南梁父山上辟基祭地曰"禅"）。所以从秦始皇、汉武帝到唐高宗、唐玄宗，直至清代的康熙帝、乾隆帝，几乎所有的帝王都到泰山举行过祭祀大典。封禅的同时，他们也祈求保佑国泰民安，因此民间一直流传着"泰山安，四海皆安"的说法。

冬日泰山

泰山十八盘

像所有饱读诗书的士子们一样，杜甫自幼就对泰山充满了敬畏、崇拜之情，而就在开元十三年（725）的十一月，当朝圣上唐玄宗也登上了泰山，并亲自封泰山神为天齐王，且留有《泰山铭》。杜甫对泰山的向往之情更加强烈了，难怪他初见泰山就发出"岱宗

夫如何？齐鲁青未了"的热情礼赞。泰山真美啊！它把世间所有的神奇秀丽都汇聚在此。泰山真雄伟啊！它能把山南山北在同一时间内分为清晨与黄昏。远望那起伏不断的云海，杜甫的心情也跟着激荡起来。而那归巢的鸟儿却让人看得眼眶都要崩裂了。越往上攀登，他看到的景色越奇伟、越壮观，此刻，他才明白孔子当年所说"登泰山而小天下"的真正含义（《孟子·尽心上》），于是他发愿定要登上泰山的最高峰，体会那"一览众山小"的绝妙感受。此时的杜甫是多么地自信啊！这磅礴的气势、宽阔的胸襟不正是盛唐人才具有的吗？

或许是因为年轻气盛，或许是受到了齐赵之地"慷慨任侠"风气的影响，亦或是有父亲杜闲充足的资金供给，这一时期的杜甫始终保持了一种昂扬向上、鄙夷世俗的精神姿态。在《房兵曹胡马》中他高唱道："所向无空阔，真堪托死生。骁腾

[唐] 无名氏《百马图》

有如此，万里可横行。"在《画鹰》诗中他亦说："何当击凡鸟，毛血洒平芜。"语气何等豪迈，志向何其远大，这与世人所知的"沉郁顿挫"的杜诗完全是两副面孔。对此，浦起龙在《读杜心解》中发表了自己的独到见解，他说："此（指《房兵曹胡马》与《画鹰》诗）自是年少气盛时，都为自己写照。"此言甚是。而这一时期，杜甫结交的朋友也多是些性情豪放、轻财重义之士，如苏源明、

高适、张玠等。

苏源明，原名苏预，京兆武功（今陕西武功县西南）人，长期寓居在徐州、兖州一带。这是一个有着坎坷经历的年轻人，他少年时父母双亡，生活十分穷苦，由于没钱买衣裳换洗，衣上都生起了霉斑。尽管如此，他仍不忘刻苦读书，后来终于进士及第，并历任东平太守、国子司业等职。杜甫与苏源明在山东相识时，他已做到了监门胄曹，生活处境也大大改善。杜甫与这位新结识的好友十分投缘，二人经常结伴出游。春天里，他们登上邯郸城中的古丛台；冬日的雪后，他们去齐景公畋猎过的青丘（今山东益都）附近打猎。有一次，杜甫居然亲手射下一只大鸟，在一旁观看的苏源明比杜甫还要开心，直夸杜甫的技艺高超，并把杜甫比作山简的爱将葛强，而他自己便是那征南将军山简无疑了。关于这一段，闻一多先生在《唐诗杂论·杜甫》一篇中作了精彩的描述：

> 过路的人往往看见一行人马，带着弓箭旗枪，驾着雕鹰，牵着猎狗，望郊野奔去。内中头戴一顶银盔，脑后斗大一颗红缨，全身铠甲，跨在马上的，便是监门胄曹苏预（后来避讳改名源明）。在他左首并辔而行，装束略微平常，双手横按着长槊，却也是英风爽爽的一个丈夫，便是诗人杜甫。[①]

杜甫与高适的友谊历来是文学史上的一段佳话，据闻一多先生考证，二人初次相遇就发生在杜甫漫游齐赵时，杜甫在晚年所作的《奉寄高常侍》一诗中也约略提到这件往事："汶上相逢年颇多，飞腾无那故人何！"这里的"汶上"就是指齐南鲁北的汶水之上，与

---

① 闻一多：《唐诗杂论》。

后来杜甫经常在经济上得到高适的援助不同，"汶上相逢"时杜甫还是个"阔少爷"，而对方却是个穷困潦倒的"无业游民"。然而，不管二人如何"风水轮流转"，他们的友谊却始终如一，"患难朋友"大抵不过如此吧。

高适（700～765），盛唐诗人。字达夫、仲武，沧州（今河北省景县）人。唐代著名边塞诗人，与岑参并称"高岑"

张玠是杜甫此时认识的另一位好友。虽然史书中没有专为他"树碑立传"，但是我们从其子张建封的传记中可以大概了解到他的一些事迹。《旧唐书》说他："少豪侠，轻财重士。"① 接着便记述了他如何率领乡豪兵丁勇杀叛将李庭伟的经过。不过他并不以名利为意，当其他有功之人都因此而加官晋爵时，他却"游荡江南，不言其功"，颇有"功成身退"的古人风范。杜甫与张玠具体的交游情况，我们不得而知，不过从诗人在大历四年（769）所作的《别张十三建封》一诗来看，二人关系应当不错。在诗中，他说道：

> 相逢长沙亭，乍问绪业馀。
>
> 乃吾故人子，童卯联居诸。
>
> 挥手洒衰泪，仰看八尺躯。
>
> 内外名家流，风神荡江湖。
>
> 范云堪结友，嵇绍自不孤。

这里，杜甫高度称赞了这位老友之子，并勉励他忧国济世。后来张

① 《旧唐书·张建封传》。

建封果然屡建奇功，得到德宗赏识，并做到检校礼部尚书，也算是不负杜甫厚望了。

漫游齐赵时，杜甫还作有《题张氏隐居二首》，据相关学者考证，这里的"张氏"就是张玠。若果真如此，那么杜甫与张玠的交游情况又多了些眉目。其一：

> 春山无伴独相求，伐木丁丁山更幽。
>
> 涧道馀寒历冰雪，石门斜日到林丘。
>
> 不贪夜识金银气，远害朝看麋鹿游。
>
> 乘兴杳然迷出处，对君疑是泛虚舟。

其二：

> 之子时相见，邀人晚兴留。
>
> 霁潭鱣发发，春草鹿呦呦。
>
> 杜酒偏劳劝，张梨不外求。
>
> 前村山路险，归醉每无愁。

这两首诗写得幽默风趣、清新自然，颇有"山水田园"之风。

从开元二十四年（736）到开元二十九年（741），杜甫在齐赵大地漫游长达五年之久。这五年中，他接触到了性格豪爽、轻财重义的友人，感受到了不一样的燕赵、齐鲁文化，相信这些必将成为诗人受用终身的人生养料。

四、最后的漫游

开元二十九年（741），杜甫结束了齐赵之地的漫游生活，回到东都洛阳。此时的他虽已近而立，却仍旧"一事无成"：他既未进入仕途"致君尧舜"，也未娶妻生子"接续香火"。为了表达对先祖

的悔意和重申自己的志向，回到洛阳后，杜甫便在埋有远祖杜预和祖父杜审言的首阳山下建筑陆浑庄，并写下了《祭远祖当阳君文》这篇祭文。文中，杜甫高度称颂了远祖杜预的功德，并表示自己之所以筑陆浑庄于首阳山下，是因为"不敢忘本，不敢违仁"。祭完先祖不久，杜甫就与司农少卿杨怡的女儿喜结连理，这对"一事无成"的诗人来说的确是个莫大的安慰。

天宝元年（742），对杜甫有抚养之恩的二姑万年县君在洛阳仁风里去世，得知这一消息后，杜甫马上赶到洛阳，亲自为姑母服丧、作墓志、刻石。天宝三载（744），其继祖母卢氏又在开封仙逝，八月归葬偃师，杜甫亦来服丧，作墓志铭。这两位亲人的先后去世，使得他有两年多的时间是在洛阳度过的，这期间为了寻找一条进入仕途的捷径，杜甫也结识了不少达官显贵，其中有秘书监李令问、驸马郑潜曜这样的皇亲国戚。虽然这些显贵们也时常邀请他到府上游玩，有时不免吟诗作对、风雅一番，但是他们并没有为杜甫的仕途之路提供多少实质性的帮助。相反，其奢侈浮华、勾心斗角的糜烂生活越来越让杜甫觉得喘不过气来，他急需一股清新自由的空气来让自己放松一下。就在这时，李白出现了。闻一多先生在《唐诗杂论·杜甫》中将李、杜二人的相见写得异常精彩，他说：

> 写到这里，我们该当品三通画角，发三通擂鼓，然后提起笔来蘸饱了金墨，大书而特书。因为我们四千年的历史里，除了孔子见老子（假如他们是见过面的），没有比这两人的会面，更重大、更神圣、更可纪念的。我们再逼紧我们的想象，譬如说，青天里太阳和月亮走碰了头，那么尘世上不知要焚起多少香案，不知有多少人要望天遥拜，说是皇天的祥瑞。如今李白

和杜甫——诗中的两曜，劈面走来了，我们看去，不比那天空的易瑞一样的神奇，一样的有重大的意义吗？①

诚然，李白与杜甫的相见确实是文学史上一件值得大书特书的事情。然而，这不过是我们后人的一厢情愿，当事人的想法究竟怎样，我们不得而知。要知道，与杜甫在洛阳相见时，李白可是刚刚被玄宗"赐金放还"（其实就是罢官免职），这对于一心想"申管晏之谈，谋帝王之术"的太白来说无疑是个巨大的打击。如果真是因为自己能力不行而被"放还"也就罢了，可事实却是小人作梗，而体察不明的玄宗却又偏偏听信了这些谗言，这难免让李白觉得有些窝火。而更让他失望的是，在入朝的这三年中，他对统治者的庙堂黑幕、宫廷秽闻有了更加清楚的认识。相信，在这样一种复杂的情绪下与杜甫相遇，李白的心情不会太好。但是杜甫却不一样，在五古《赠李白》中他说：

> 二年客东都，所历厌机巧。
>
> 野人对腥膻，蔬食常不饱。
>
> 岂无青精饭，使我颜色好？
>
> 苦乏大药资，山林迹如扫。
>
> 李侯金闺彦，脱身事幽讨。

诗中满是对李白的企羡仰慕之情。在杜甫看来，这位见过玄宗、诗名鼎鼎的大人物就是自己的榜样，他恨不得把这两年来承受的所有不快立刻倾吐出来。当得知李白要去梁宋一带漫游时，他立刻就表示自己愿与其一同前往。

---

① 闻一多：《唐诗杂论》。

俗话说"有缘千里来相会"，令杜甫喜出望外的是，在漫游梁宋时，居然还能与高适再次相遇。天宝三年（744）的秋天，杜甫、李白与高适三人短暂而快意的游览就开始了。常年客居于此的高适无疑成了李、杜二人的向导，他们或登上吹台远眺云山，或来到单父台把酒临风。或许是李白的名气所致，他们还受到了宋州太守、单父县令的热情款待。二位长官不仅邀请他们一起去孟诸泽畔打猎，还请他们到单父东楼观看官妓的歌舞表演。但是这些娱乐生活并没有让他们迷失自己，在登临怀古、把酒赏乐

［清］苏六朋《太白醉酒图》

的同时，他们仍不忘"指点江山，激扬文字"。杜甫在回忆梁宋之游的《昔游》中写道：

> 是时仓廪实，洞达寰区开。
>
> 猛士思灭胡，将帅望三台。
>
> 君王无所惜，驾驭英雄材。
>
> 幽燕盛用武，供给亦劳哉！
>
> 吴门转粟帛，泛海陵蓬莱。
>
> 肉食三十万，猎射起黄埃。

相信对开元、天宝年间，玄宗好边功、征伐无度的历史背景有所了解的人，都会看出这其中隐含的对国事深深的忧虑之情。李白的《战城南》、高适的《燕歌行》同样是这种感情的真实流露。

济南大明湖历下亭

短暂的梁宋之游结束后，三个好友就要分道扬镳了。高适离开梁宋南游入楚，李白则和杜甫渡过黄河来到王屋山寻访道士华盖君。虽然他们长途跋涉、历经千辛万苦才找到了华盖君的道观，可令人失望的是，李、杜二人却并没有见到"心向往之"的华盖君，因为这位华盖君早已死去多年，他的弟子也大多四散，唯有大弟子卢老和少数几人还留在这里。在卢老的带领下，李、杜凭吊了华盖君修行炼丹的静室，那满屋的灰尘、冰凉的炉灰犹如一盆冷水浇在他们原本热切的心头。但是李白并没有因此放弃自己的"求仙访道"梦，他决定到齐州（济南）紫极宫接受道箓，以使自己成为一名真正的道士。杜甫这次没有随之前往。

李邕《李思训碑》

天宝四载（745）的夏天，杜甫也来到了齐州，不过他却不是为了"道箓"而来，而是要到这里拜访一个重要人物——北海太守李邕。李邕（678～747），字泰和，广陵江都（今江苏扬州）人（一说为鄂州江夏，即今湖北武汉市武昌区人），因曾任北海（即青州，治所在今山东益都县）太守，世称"李北海"。李邕

被今人们所熟知多半是因为他的书法，像他的《云麾将军李思训碑》、《端州石室记》、《麓山寺碑》等都是书法史上不朽的力作。不过在当时，除了书法外，李邕还以直言敢谏、擅写碑颂而闻名遐迩。就是这样一位赫赫有名的大人物，曾主动要与杜甫交往。《新唐书·杜甫传》说："李邕奇其（杜甫）才，先往见之。"杜甫也说："李邕求识面，王翰愿为邻。"有了这份特殊的友谊，难怪杜甫要千里迢迢地来到齐州拜访这位忘年交了。

所谓"酒逢知己千杯少"，在大明湖畔的临淄亭中，两个老友开怀畅饮起来，酒酣耳热后，他们谈论起诗歌来。他们从"文章四友"谈到"初唐四杰"，直至当今的诗坛。直言不讳的李邕对他们一一进行了点评：他说他喜欢杨炯的雄健，却不满李峤的华丽，张说因与他有过嫌隙也被批得一无是处，不过他却给予杜审言以高度的评价。就这样他们谈着谈着，直到夕阳收敛了余晖，月光洒满了湖面。与李邕的相逢是快意的，可是不久这对好友就要各奔东西：李邕要回北海任上，杜甫则要去临邑看望弟弟杜颖。临别前，他们还相约来年再见，只是怎料两年之后（天宝六载，公元747年），李邕就被李林甫的爪牙杖杀于北海任上，这一别竟成了永别。

在临邑盘桓了一段日子后，这年的秋天，杜甫又故地重游，来到了之前就到过的兖州，不过此时它已改名为鲁郡了。在这里，他与李白再次相聚。相比之前，二人的友情更深了一层，杜甫开始关注起李白的诗歌来，"李侯有佳句，往往似阴铿"①。李白的心情也逐渐平静下来，他常常拉着杜甫一起去游玩。他们共同拜访了一个

---

① 杜甫：《与李十二白同寻范十隐居》。

名叫范十的居士，在那里吃到了美味的菜蔬和香甜的梨子；他们还访问了东蒙山的元逸人，寻找修道炼丹的秘方。杜甫用"醉眠秋共被，携手日同行"[①] 来形容他与李白的这段友情，可是这"天空中的两曜"却注定是不能待在一起太久的，否则他们会被彼此的光芒射伤。不久，他们就因各自的事情而不得不分别了，于是在流水潺潺、红叶满天的石门山下，"诗仙"与"诗圣"就此别过。虽然以后他们还有怀念彼此的诗歌赠给对方，但是却再也没有相见过。

第三节 "旅食京华春"——长安十年

在唐人心中，京城长安是个无比神圣的地方，那里不仅有富丽堂皇的宫殿府邸、精雅别致的私人园林，数不尽的道观庙宇、商店旅舍，更有可以施展才华、进身仕途的大把机会。于是，无数的文人骚客、有志青年都怀揣着各自的梦想一齐涌进这座城市，而杜甫就是其中一位。

一、坎坷求仕路

那时的杜甫三十五岁（天宝五载，公元 746 年），刚刚结束了漫游生活的他还保留着壮游时期的粗犷豪气，再加上涉世未深、经济宽裕（此时杜甫的父亲杜闲任奉天县令），因此他对自己的前途充满了信心。他积极地出入于上层人物的府邸，汝阳王李琎、驸马郑潜曜是他交游的对象。他把这些交往看成应举之前的正常社交，

---

① 杜甫：《与李十二白同寻范十隐居》。

而丝毫不觉得自己是个豪门贵族的帮闲清客。平日里，他尽情地陪这些权贵们吟诗作对、游山玩水，十分潇洒快意。这一年的除夕夜他虽没有与亲人团聚，但也不觉得寂寞，因为在一家可以玩"樗蒲"（古代的一种赌博游戏）的客舍里，杜甫和其他没有回家的旅客们玩起了赌博游戏。不过，那天他的手气不是很好，一连输掉了好几盘，可是杜甫却没有丝毫的不快，因为他相信在另一场"人生赌博"中，自己一定是最大的赢家。

这场几乎倾注了杜甫全部"自信"和"精力"的"人生赌注"就是在天宝六年（747）举行的那场"野无遗贤"的应举考试（这次考试不同于科举，是全国公开举行的招贤考试），与其他应举士子一样，他在这场考试中输得精光，而导演这场骗局的幕后黑手就是那个臭名昭著的奸相李林甫。这次考试的失利对杜甫的打击无疑是巨大的，落第后不久，他就满怀愤慨地向表兄萧十说道：

> 漂荡云天阔，沉埋日月奔。
>
> 致君时已晚，怀古意空存。
>
> ——《赠比部萧郎中十兄》

多年后，他痛定思痛，再次提起这件往事时，悲愤之情仍然不减：

> 破胆遭前政，阴谋独秉钧。
>
> 微生沾忌刻，万事益酸辛。
>
> ——《奉赠鲜于京兆二十韵》

"应举"之路不通，杜甫只好把希望寄托在"干谒"上。在长安的这十年中，杜甫不知向多少达官贵人表达了希望得到对方引荐的愿望。他向欣赏自己诗才但为官却并不怎么高明的尚书左丞韦济连写三次"干谒诗"，其言辞一次比一次诚恳，情绪一次比一次迫

切，可是最终也没有收到成效。他还向杨国忠面前的大红人鲜于仲通写过《奉赠鲜于京兆二十韵》，向玄宗的女婿张垍献上过《赠翰林张四学士垍》，有人说，他甚至还在《进封西岳赋表》中称颂过杨国忠（此事有待进一步考证）。难道杜甫为了求得一官半职真要"病急乱投医"了吗？其实不然，当我们设身处地地站在杜甫的立场上去思考问题时，就会明白杜甫身上的确有他的时代局限性，但他的伟大之处在于，在"为权贵还是为人民"的思想交战中，他最终选择了站在贫苦大众的立场上为他们大声疾呼。所以在投诗给权贵们的同时，他也写出了像《丽人行》、《兵车行》、《出塞曲》这样不朽的诗篇。正如闻一多先生在《少陵先生年谱会笺》中所言：

> 虽然，《白丝行》曰："已悲素质随时染"，又曰："君不见才士汲引难，恐惧弃捐忍羁旅"，审其意所在，殆有悔心之萌乎！故知公于出处大节，非果无定见，与时辈苟合，执迷不悟者，不可同日语也。钱谦益曰："少陵之投诗京兆，邻于饿死（按：赠鲜于诗有'有儒愁饿死'之句），昌黎之上书宰相，迫于饥寒。当时不得已而姑为权宜之计，后世宜谅其苦心，不可以宋儒出处，深责唐人也。"此言虽出之蒙叟，然不失为平情之论。《投简华咸两县诸子》曰："饥卧动即向一旬，敝衣何啻联百结。"比来公生计之艰若是！①

可即便如此"委屈自己"，杜甫的仕进之路仍然无望，这一首首干谒诗最终都难逃"石沉大海"的命运。这时，杜甫只好"孤注一掷"，直接向皇帝呼吁求见了。天宝十载（751）的正月八日到十

---

① 闻一多：《少凌先生年谱会笺》。

日，玄宗在三天内接连举行祭祀玄元皇帝、太庙和天地三个大型盛典。或许是受了某位"高人"的指点，一向不谙官场之道的杜甫这时突然"开窍"起来，向专为求仕进者而设的延恩匦中投入了自己的"三大礼赋"（《朝献太清宫赋》、《朝享太庙赋》、《有事于南郊赋》）。没想到这一招果然管用，玄宗看到"三大礼赋"后十分惊叹杜甫的才华，于是就命宰相在集贤院亲自测试他的文章。

那一天，杜甫被集贤殿的学士们团团围住，只见他不慌不乱、从容应答，对于长期不得志的杜甫来说，这一刻是何等荣耀啊！他觉得自己之前所经历的坎坷都是值得的。多年之后，当他在严武的幕府中受到同僚的猜忌时，他还不忘用这件往事来安慰自己受伤的心灵："忆献三赋蓬莱宫，自怪一日声烜赫。集贤学士如堵墙，观我落笔中书堂。往时文彩动人主"①。然而玄宗的这次垂青仍旧是昙花一现，由于李林甫从中作梗，杜甫只得到了一个"送隶有司，参列选序"（说白了就是候补待命）的答复，之后就再无下文了。后来，他还投匦献过《进封西岳赋》、《进雕赋》等赋文，但是都如沉入大海的石子，没有任何声响，杜甫最后的仕进之路也被封死了。

或许是受好友高适、岑参的影响，走投无路的杜甫还动过投笔从戎的念头。虽然之前他也写过《房兵曹胡马》、《故武卫将军挽词三首》、《高都护骢马行》等与军事、疆场有

唐朝大将哥舒翰

---

① 杜甫：《莫相疑行》。

关的诗歌，但却未表示自己要"戎马上战场"的志向。而到了天宝十三载（754），杜甫却在写给将军哥舒翰的《投赠哥舒开府翰二十韵》中，明确地表示自己想投其幕下的愿望。在诗中，他花大段篇幅颂扬了哥舒翰的功业，然后又悲词切切诉说自己怀才不遇的苦情，最后他希望慧眼识英才的哥舒翰将军可以接纳他：

> 未为珠履客，已见白头翁。壮节初题柱，生涯独转蓬。几年春草歇，今日暮途穷。军事留孙楚，行间识吕蒙。防身一长剑，将欲倚崆峒。

——《投赠哥舒开府翰二十韵》

不过此事最终没有成行，他没能进入哥舒翰的幕府中。或许是自己的多方求助终于发挥了一点作用，天宝十四载（755），杜甫居然得到了河西尉的任命，这让一心想"致君尧舜"的诗人哭笑不得。杜甫毅然决然地放弃了这个从九品的官职，去右卫率府做了一个从八品下的胄曹参军（主要是看守兵甲器杖，管理门禁锁钥）。在《官定后戏赠》一诗中，杜甫解嘲式地写到这次遭遇：

> 不作河西尉，凄凉为折腰。
>
> 老夫怕趋走，率府且逍遥。
>
> 耽酒须微禄，狂歌托圣朝。
>
> 故山归兴尽，回首向风飙。

从天宝五载（746）到天宝十四载（755），杜甫为求得一官半职，在长安一呆就是十年。然而十年的坎坷求仕路最终换来的却是一个看管兵器、锁钥的胄曹参军，这对杜甫个人来说的确是个大不幸。可不得不承认，也正因为如此，杜甫才有机会融入到底层人民的生活中去，他对底层百姓的艰辛才会有更深刻的体会，"幸"与

"不幸"谁又说得清呢?

二、"残杯与冷炙,到处潜悲辛"

由于在长安长期谋不到官职,父亲杜闲又在他来长安后不久便去世了,杜甫的经济情势每况愈下。为了维持基本的生计,他不得不低声下气地去叩响贵族府邸的大门,忍受势利小人的白眼,做着吟诗作对、陪宴游赏之类的无聊活计。此时的他再也没有了初来时的自信与傲气,他清楚地明白自己不过就是一个帮闲清客。在赠给韦济的诗中,他辛酸地写道:"朝扣富儿门,暮随肥马尘。残杯与冷炙,到处潜悲辛!"①

相信任何一个有自尊心的人都不愿再过这样的生活,为了自食其力,杜甫卖起了药材。每天他都要拖着瘦弱的身子到山野间采撷药材,为了取材方便,他还在房前种植了决明子等药物。他把这些药材拿到集市上去卖,或者送到李琎、郑潜曜这样的权贵府上,以换取那少得可怜的"药价"。虽然如此,他心里多少觉得舒服些,因为这毕竟是自食其力的结果。然而,日子终究是一天比一天难过,身体本就虚弱的杜甫由于整日操劳,健康状况日益恶化。而从天宝十年(751)开始,长安又连续几年秋涝,接连几个月的苦雨致使无数的民房倒塌。杜甫寓居的旅舍门前也生起了小鱼,他的床前遍布着青苔,恶劣的生活环境、严重的营养缺乏使他染上了沉重的疟疾,这一病就是好几个月。连续的秋涝不仅损坏了杜甫的身体,更加剧了他的经济窘况,天宝十三载(754),诗人全家已经沦

---

① 杜甫:《奉赠韦左丞丈二十二韵》。

落到吃"减价""太仓米"的"贫人"行列中了。他在《醉时歌》中对自己当时的窘迫之态做了这样的描述："杜陵野客人更嗤，被褐短窄鬓如丝。"想象一下，头发花白的杜甫穿着又短又窄的破衣衫，夹在长长的队伍中瑟瑟发抖，只为能够买到富人根本不会看上一眼的减价米，此情此景不让人觉得辛酸吗？

然而与物质的贫困相比，那来自亲族间的凌辱、中伤和嫌弃则更让杜甫感到凄凉。唐代杜氏世居杜曲一带，杜甫祖居杜陵，大概天宝十载（751）前后，他在长安南城之下的杜曲一带有了自己的定居，天宝十三载（754）春，他又将家眷从东都迁居至此，所以他常常在诗中自称"少陵野老"、"杜陵野客"或"杜陵布衣"。杜甫移居到杜曲的初衷本是为寻得同族的庇护，好让自己走投无路时不至于举目无亲。但让杜甫始料未及的是，由于穷途落魄、身无长物，他非但没有得到同族人的同情援助，反而招来了乡里小儿的中伤、亲族晚辈的嫌弃。有一次，他去从孙杜济家想说说话、叙叙旧，密切一下宗族情谊，怎料受人挑拨的杜济自始至终没有给过杜甫好脸色，这顿饭让他吃得着实难受。临走前，杜甫谆谆告诫这位从孙说："所来为宗族，亦不为盘飧。小人利口实，薄俗难具论。勿受外嫌猜，同姓古所敦。"① 古人可是最重同族之亲的啊！如今的世风竟到了连宗亲都靠不住的地步了，那与自己无甚瓜葛的旁人则更不必说了，人情冷暖、世态炎凉不过如此吧。

每当这时，杜甫就会感到那真挚的友情是何其珍贵，所以他倍加珍惜与好友在一起的时光。远在江南的李白激起他没日没夜的思

---

① 杜甫：《示从孙济》。

念，他接连写下了《春日忆李白》、《梦李白》、《寄李十二白二十韵》等多首怀念李白的诗歌。不过好在他的身边还有高适、岑参、郑虔、苏源明这样的好友，他与岑参兄弟一同游渼陂，与高适、储光羲、薛据等共登慈恩寺塔。排队领减价米的那个秋天，他常常拿出一部分米去沽酒，为的是能和郑虔喝上几杯："忘形到尔汝，痛饮真吾师。清夜沉沉动春酌，灯前细雨檐花落。但觉高歌有鬼神，焉知饿死填沟壑？"① 看来他们常常喝到很晚。借着酒精的麻醉作用，一向最尊崇孔子的杜甫居然说出"儒术于我何有哉？孔丘盗跖俱尘埃"②这样的狂语，说出这话后，他的心里也就好受多了。当然，"以米沽酒"毕竟不是长久之计，没钱喝酒也是常有之事，不过幸好苏源明此时已经做到了国子司业，他时不时地给杜甫和郑虔一些酒钱。得到这些酒钱，杜、郑二人就又能一醉方休了。在诗中，杜甫用调侃的方式向苏源明表达了谢意："广文到官舍，系马堂阶下。醉则骑马归，颇遭官长骂。才名三十年，坐客寒无毡。赖有苏司业，时时乞酒钱。"③ 在好友面前，即使这酒钱是"乞"来的，杜甫也觉得心安理得。

除了高适、苏源明、郑虔这样的朋友，在杜甫的朋友中还有这样一类人，他们既不是权贵，也不是文豪，而是些朴实无华的下层百姓，但是他们却用自己的真诚、善良温暖了杜甫的心。有一次，杜甫刚刚从疟疾的魔掌中死里逃生，好久没吃过一顿饱饭的他已经骨瘦如柴，一位名叫王倚的朋友看到后，马上把杜甫揖让到自己屋

---

① ② 杜甫：《醉时歌》。
③ 杜甫：《戏赠郑广文兼呈苏司业》。

里去，并打发人去赊购好米，还让妻子亲自下厨烧菜做饭，不一会儿就准备出一桌丰盛的佳肴。这对受惯了别人白眼、亲族猜忌的杜甫来说，不知是个多大的安慰！他感到自己那颗冰冷的心立刻被融化了，病痛的身体也瞬间有了好转。他夸赞王倚的人品就好比凤毛麟角一样可贵而稀有：

> 麟角凤觜世莫识，煎胶续弦奇自见。
>
> 尚看王生抱此怀，在于甫也何由羡？
>
> 且遇王生颐畴昔，素知贱子甘贫贱。
>
> ……　……
>
> 故人情义晚谁似？令我手脚轻欲旋。
>
> 老马为驹信不虚，当时得意况深眷。
>
> 但使残年饱吃饭，只愿无事常相见。

其实，像王倚这样的底层百姓还有很多，他们的家境算不上富裕，与杜甫也算不上深交，但就是这样一群人却往往能急人所急，设身处地地为他人着想，这样的人间真情怎不让杜甫感动呢？

三、"艰难困苦，玉汝于成"——诗人的转型

困蹇长安的这十年，是杜甫一生中思想斗争最激烈的时期。一方面，他汲汲于仕途，为了寻得一官半职，不惜频繁出入于上层官邸，与各色各样的达官贵人打交道，所以他熟知王侯显宦们的骄奢淫逸、黑暗内幕；另一方面，他又沦落下层，在贫病交加中体会到了人间真情，也品尝到了世态炎凉，饱经忧患的他更加懂得底层百姓的艰辛、社会弊病的症结所在。正是在这样的两相对比中，我们的诗人成长了，他没有在名利场中迷失自我，而是在一番深思熟虑

之后，终于决定用自己的笔底波澜痛斥统治者的腐败，揭露时代弊端，为底层百姓大声疾呼。

穷兵黩武是玄宗晚年的一大喜好，所谓"上有所好，下必甚焉"，守边的将领们也都变得好大喜功，频繁地挑起战争。如果说开元末期的边境战争还有保卫边疆、维护国家统一的正义性的话，那么天宝以来的战争则大多是野心家的蓄意谋划。这些不义之战不仅加重了百姓的兵役负担，削弱了唐朝的经济、军事实力，更造成生灵涂炭、哀鸿遍野的人间惨剧，给各族人民带来了深重灾难。在天宝十年（751）的一年之内，唐朝就先后发动了针对南诏、大食（阿拉伯）以及契丹的三次战争，其结果是无一不败。统帅们可以编织各种理由为自己脱罪、邀功，可是平民百姓却为此遭受了极大的征役之苦。

在长安北面的渭水上，有一座连接着通往西域大道的咸阳桥，每天无数被官府强制抓来的兵士们都会从这里经过。杜甫就曾亲眼目睹了士兵们出发前与亲人生离死别的场景：爹娘妻子把他们送了一程又一程，可是仍不肯就此诀别，亲人们牵衣拦道、顿足哭泣为的是能多看他们一眼，因为此次一别恐怕就再也无法相见了。杜甫拦住一个士兵询问情况，这士兵说他从十五岁开始就到北方守边塞去了，可是现在都四十了仍然要西去戍边，朝廷连年打仗，田地无人耕种，如今一片荒芜，可是那些县官们还来催租，真不知这租金从哪里凑齐。杜甫认真地倾听着这位士兵的诉说，还不时地发出哀叹的气息。长期郁积在他心中的那团怒火再也按捺不住了，他要用自己的笔墨控诉这个时代，控诉那些不管百姓死活的贪官污吏，用自己的歌喉为这些底层百姓发出最响亮的声音。于是他奋笔疾书，

写下了那篇著名的《兵车行》：

> 车辚辚，马萧萧，行人弓箭各在腰。
>
> 耶娘妻子走相送，尘埃不见咸阳桥。
>
> 牵衣顿足拦道哭，哭声直上干云霄。
>
> 道旁过者问行人，行人但云点行频。
>
> 或从十五北防河，便至四十西营田。
>
> 去时里正与裹头，归来头白还戍边。
>
> 边庭流血成海水，武皇开边意未已。
>
> 君不闻，汉家山东二百州，千村万落生荆杞。
>
> 纵有健妇把锄犁，禾生陇亩无东西。
>
> 况复秦兵耐苦战，被驱不异犬与鸡。
>
> 长者虽有问，役夫敢申恨？
>
> 且如今年冬，未休关西卒。
>
> 县官急索租，租税从何出？
>
> 信知生男恶，反是生女好！
>
> 生女犹得嫁比邻，生男埋没随百草。
>
> 君不见，青海头，古来白骨无人收。
>
> 新鬼烦冤旧鬼哭，天阴雨湿声啾啾。

此诗一出，杜甫那痛斥不义之战、为人民呼喊的脚步就再也没有停息过。接着，他又创作出《前出塞九首》、《后出塞五首》等戍边题材的诗歌，说出了"君已富土境，开边一何多"、"苟能制侵凌，岂在多杀伤"的时代心声。

　　玄宗晚年的昏庸腐败不只表现在好边功上，还表现在他那奢侈荒淫的宫廷生活上。在边疆失利、秋涝连年、民不聊生的同时，他

却在深宫行辕与杨贵妃姐妹逍遥快活，他们或游曲江芙蓉苑，或到骊山华清宫避寒，抑或在香气弥漫的宫殿里享受山珍海味，根本不把百姓的死活放在心上。任何一个有良知的文人看到这样的情景后，都不会再沉默下去，更何况是我们伟大的"诗圣"杜甫呢？于是那首著名的政治讽喻诗《丽人行》便诞生了：

> 三月三日天气新，长安水边多丽人。
>
> 态浓意远淑且真，肌理细腻骨肉匀。
>
> 绣罗衣裳照暮春，蹙金孔雀银麒麟。
>
> 头上何所有？翠微匐叶垂鬓唇。
>
> 背后何所见？珠压腰衱稳称身。
>
> 就中云幕椒房亲，赐名大国虢与秦。
>
> 紫驼之峰出翠釜，水精之盘行素鳞。
>
> 犀箸厌饫久未下，鸾刀缕切空纷纶。
>
> 黄门飞鞚不动尘，御厨络绎送八珍。
>
> 箫鼓哀吟感鬼神，宾从杂遝实要津。
>
> 后来鞍马何逡巡，当轩下马入锦茵。
>
> 杨花雪落覆白苹，青鸟飞去衔红巾。
>
> 炙手可热势绝伦，慎莫近前丞相嗔！

这里每一句话都是一个具体场景的再现，没有艰涩的语句、没有难解的典故，却把玄宗与杨氏姐妹荒淫无度的奢侈生活形象地展现在世人面前。正如浦起龙评《丽人行》所言："无一刺讥语，描摹处，语语刺讥。无一慨叹声，点逗处，声声慨叹。"①

---

① 浦起龙：《读杜心解》。

[唐] 张萱《虢国夫人游春图》

如果用杜甫自己的一首诗歌为他这长安十年的生活、思想作结的话，那么叙事抒情长篇《自京赴奉先县咏怀五百字》再恰当不过了。天宝十四载（755）的十一月，刚任右卫率府兵曹参军不久的杜甫要离京去奉先县探望妻小（据闻一多先生考证，天宝十三载春杜甫将全家从洛阳移至杜曲一带，这年的秋天又从杜曲移至奉先，即今陕西蒲城县），他将自己这一路上的所见所感真实地记录下来，于是有了这首著名的诗篇。此诗创作时，安禄山已于范阳起兵叛乱，只是消息尚未传至长安。但是诗人却凭着他敏锐的洞察力，在诗中流露出一种"山雨欲来风满楼"的忧患感，这不得不让人敬佩。

该诗大致可分为三个部分，第一部分自述生平大志，"许身一何愚，窃比稷与契"，"葵藿倾太阳，物性固难夺"。诗人将自己比作一生只向着太阳的"葵藿"，表明对君王的赤诚之心终生不移。但杜甫并不是一味地"愚忠"，当发现皇帝的言行有违明君作为时，他也会毫无顾忌地指出来，这就是该诗第二部分所写的骊山见闻：骊山上华清宫的墙内，玄宗与贵妃在舒适地泡着温泉，而墙外的诗人却因天气奇寒，衣带冻断了，指头也无法伸直。诗人想不通为什么一墙之隔，生活的差距就如此之大！于是他写出了"朱门酒肉臭，路有冻死骨"这句千百年来依然让人振聋发聩的诗句。诗的最

后一部分写回到奉先家中的情景：诗人满心以为回家之后能得到片刻的安宁，可是谁知入门后，扑面而来的就是幼子饿死的噩耗。周围的邻居也都为之伤心，过来安慰这不幸的一家人。诗人本来还想强忍住悲哀，但是在这些善良的邻人面前，他再也克制不住掉下泪来。悲伤之余，他还不忘宽慰邻人，说："生常免租税，名不隶征伐。抚迹犹酸辛，平人固骚屑。默思失业徒，因念远戍卒。忧端齐终南，澒洞不可掇。"与你们相比，我至少可以免除租税、兵役，这已经很幸运了，你们的生活重压其实比我还重啊！杜甫之所以能由丧子之悲，推己及人，想到底层百姓的不幸与苦难，就在于他有着一颗忧国忧民的心，故能"所思者大、所虑者深"，这也是他能成为"诗圣"的原因所在啊。

第四节　"天地一沙鸥"——飘零的晚年

天宝十四载（755）的十一月，就在杜甫回奉先县探家的路上，安禄山于范阳（今北京）起兵，安史之乱爆发。像千千万万的个体一样，杜甫的命运也被这场历时八年之久的大动乱彻底改变了。从此，他那颠沛流离的脚步就再也没有停息过。他离开了长安，告别了洛阳，或暂居于陇地，或寓居于川蜀，犹如沧海间一只飞来飞去的沙鸥，再也找不到一片可供休憩的容身之所。在这辗转飘零的最后十四年（756～770）中，这位时刻被贫穷与病痛折磨的诗人，却用他那民胞物与的大爱情怀，继续控诉着封建统治者的昏庸腐朽，书写着底层人民的生活苦难，直到生命的最后一刻。杜甫——这位"七岁咏凤凰"的诗人，用自己磨难重重的一生，为后世谱写出了

那华丽的"诗圣涅槃"四部曲。

一、"惊变"与逃亡

[唐]李昭道《明皇幸蜀图》

"渔阳鼙鼓动地来，惊破霓裳羽衣曲。"① 华清宫里，唐玄宗还沉浸在贵妃轻盈曼妙的舞姿中，而遥远的朔方，那个最受玄宗信任的安禄山却早已起兵叛乱，并很快攻下洛阳。天宝十五载（756）正月，安禄山于洛阳称大燕皇帝，改元圣武。这时唐玄宗才猛然从大梦中惊醒，慌忙调派军队镇守潼关。可是尽管派出了像封常清、高仙芝、哥舒翰这些战功赫赫的大将，却仍然没能镇守住潼关。六月九日，潼关失守，哥舒翰被叛兵活捉，不久变节投降，其他官兵也多弃职潜逃，长安沦陷在即。

就在这最需要统治者统揽全局、安抚军心的时刻，唐玄宗却瞒着人民，于六月十二日的凌晨，携带着他那贪污的宰相和宠爱的贵妃，以及少量的随从、官兵，偷偷地逃离了长安，奔向西蜀。不久，长安就被叛军攻陷，来不及逃离的王公贵族、达官显宦，以及无数的长安百姓，从此陷入了水深火热之中。

---

① 白居易：《长恨歌》。

1. 从奉先到羌村

在长安陷落之前的五月份，杜甫就带着一家人从奉先迁到了白水（陕西白水县），寄住在任白水县尉的舅舅崔十九家中，并得到了舅家的殷勤相待。但是作为避难人的杜甫却无心享受这片刻的宁静，在他的眼里，平静的山水似乎潜藏着刀光剑影（"兵气涨林峦，川光杂锋镝"），翻飞的鸟儿也因惧怕弹射而争相藏身（"鸟呼藏其身，有似惧弹射"）。他将这些感受都写入了《白水崔少府十九翁高斋三十韵》中，诗中他还表达了对哥舒翰镇守潼关的信心："知是相公军，铁马云雾积。"（这里的"相公"即哥舒翰）但是杜甫怎知其实哥舒翰早已痼疾缠身、智力衰退，他的部下因争权夺利搞得军心涣散，士兵们因军粮匮乏早已连饭都吃不饱了。这样一支军队在与叛军交战不到三天的时间，就全军溃败而逃，于是长安陷落。

长安陷落后，离长安不远的白水也难逃厄运，杜甫一家也夹在这支逃亡的队伍中。诗人在其后来所作的《送重表侄王砅评事使南海》中为我们再现了当时逃难的惊险画面："争夺至徒步，块独委蓬蒿。逗留热尔肠，十里却呼号。自下所骑马，右持腰间刀。左牵紫游缰，飞走使我高。"兵荒马乱中，杜甫所骑的牲口被抢走了，于是他不得不徒步前进。由于体力不支，杜甫一不小心掉进了蓬蒿坑里，与家人失散了。在这危急关头，重表侄不顾自身安危，只身一人走回十里呼喊着杜甫的名字寻找他。找到他后，王砅不仅把马让给杜甫坐，而且还右手持刀、左手拉着缰绳，保护他追赶上了家人。这首诗虽然作于十四年之后，但是杜甫对这位重表侄的救命之恩仍然铭记在心，他说："苟活到今日，寸心铭佩牢。"

在这次逃难的路上，杜甫还要感谢一个人，那就是家住同家洼

的友人孙宰。经历了前面一劫，杜甫与家人惊魂未定就又踏上了逃亡之路，夜半时分他们来到了彭衙故城（在白水县东北六十里），正如他在《彭衙行》中所描写的那样：

> 夜深彭衙道，月照白水山。
>
> 尽室久徒步，逢人多厚颜。
>
> 参差谷鸟吟，不见游子还。
>
> 痴女饥咬我，啼畏虎狼闻。
>
> 怀中掩其口，反侧声愈嗔。
>
> 小儿强解事，故索苦李餐。
>
> 一旬半雷雨，泥泞相牵攀。
>
> 既无御雨备，径滑衣又寒。
>
> 有时经契阔，竟日数里间。
>
> 野果充糇粮，卑枝成屋椽。

月照荒山，景色又凄凉又恐怖。小女儿饿得不住地啼哭，可因为担心哭声招来虎狼，杜甫不得不把她紧紧抱在怀里，捂住女儿的嘴，谁知孩子哭闹得更厉害了。小儿子很懂事，摘来路边的苦李给妹妹吃，可是这苦李怎么能吃呢？连续的雷雨天气，使本就难走的山路更加泥泞，逃难的一家人只好相互搀扶，抓着两边的树木跌跌撞撞地向前走。因为没有雨具，衣服被淋湿了，身子彻骨地寒冷。

经历了千辛万苦，杜甫一家终于来到了彭衙附近的同家洼，并在此遇到了好友孙宰。于是我们看到了这人间最真切、最温暖的一幕：

> 故人有孙宰，高义薄曾云。
>
> 延客已曛黑，张灯启重门。

暖汤濯我足，剪纸招我魂。

从此出妻孥，相视涕阑干。

众雏烂熳睡，唤起沾盘餐。

誓将与夫子，永结为弟昆。

遂空所坐堂，安居奉我欢。

谁肯艰难际，豁达露心肝？

主人孙宰亲自开门迎接这风尘仆仆的一家人，他还烧开了热水让客人们烫脚，不忘剪些白纸为他们招魂。两家的亲眷也都彼此见了面，互相安慰着。主人准备了丰盛的晚餐，早已睡熟的孩子们也被叫醒来分享这顿难得的盛宴。正所谓"患难之中见真情"，经历了这场磨难，杜甫与孙宰的友谊更深了，他们相约结拜为兄弟，从此情同手足、肝胆相照。

在孙宰的府上小住几日之后，杜甫就又携带着一家老小赶路了，他们经过了华原（故治在今陕西耀县东南），来到了三川（故治在陕西富县南，据《旧唐书·地理志》载，三川县属鄜州，因华池水、黑水、洛水三水会合而得名），准备直奔鄜州（今陕西富县）。可是一波未平，一波又起，来到三川时，他们恰巧赶上了三水（即华池水、黑水、洛水）暴涨，于是被困在那里好几日。杜甫亲眼目睹了洪水把千万间民居夷为平地的威力，无数的百姓流离失所，"万室齐哭"的人间惨剧就在眼前。悲愤交加的诗人此时感到自己的力量是那么微弱，他唯一能做的就是为百姓祈祷苍天："举头向苍天，安得骑鸿鹄"①。过了几日，洪水终于退去，杜甫带着家

① 杜甫：《三川观水涨二十韵》。

人来到了鄜州，并把家安置在了羌村。

2. 困于长安

逃离长安的第二天，玄宗一行人来到了马嵬坡，又累又饿的随从士兵早已怒不可遏，他们以杨国忠与叛军勾结为由，起哄杀死了这个大奸相，后来又逼迫玄宗缢死杨贵妃，这就是史上著名的"马嵬坡事变"。随后，玄宗继续西行入蜀，太子李亨则带领留下来的两千人马继续抗敌。七月十三日，李亨于灵武（今宁夏灵武）即位，是为唐肃宗，并改元至德。

得知太子即位灵武的消息后，身在羌村的杜甫立即变得兴奋起来，他觉得国家的前途又有了希望，平定叛军的大业指日可待。于是他不顾个人安危，只身离开鄜州，北上延州（今陕西延安），想出芦子关（今陕西横山县附近），投奔灵武。可是，叛军的势力早已深入到鄜州一带，杜甫还没走出鄜州，就被那里的叛军捉住，送到了沦陷的长安。所幸的是，当时的杜甫既非达官显贵，又非诗坛名流，所以他没有像王维、郑虔等人一样被授予伪官。平时，他也没受到严格看管，行动较为自由。因着这份"自由"，杜甫得以有机会亲眼目睹长安沦陷后的悲惨景象。他看到原本富丽堂皇的宫殿旧址或被焚烧、或被叛军占据，他听到安禄山为了报玄宗杀死其子安庆宗的仇，就命令部下在长安城内大杀皇子皇孙，连襁褓中的婴孩都不放过。一次，杜甫在长安城的荒郊里碰到了一个侥幸逃脱的"王孙"，这位王孙不肯告诉他姓名，只向他说道："我现在连去给贫苦人家当奴仆恐怕都不行了！藏身在这荆棘丛中已经有百日了，我现在身上没有一片肌肤是完好的。"听完这悲戚的诉说，杜甫只能极力安慰道："王孙你要保重身体啊！我听说天子已在灵武即位，

相信不久长安就会光复的。"这一幕被真实地记录到他那首著名的《哀王孙》中。

在被困长安的日子里，杜甫还时时为战局担忧。至德元年（756）的九月，唐军在房琯的率领下兵分三路，向叛军发起总攻。可是房琯是个只会纸上谈兵的书生，他制定的抗敌策略根本就不堪一击，三路大军在他的带领下无一不败：十月二十一日，中路与北路在咸阳东的陈陶斜与安守忠交战，结果四万人几乎全军覆没；二十三日，南路军又在青坂大败，唐军将领杨希文、刘贵哲变节投降。这两次大败，使得刚有起色的战争形势又再次变得昏暗起来（八月时，郭子仪、李光弼两位大将牵制叛军后方，在河北收复许多失地，肃宗也因得到了郭、李的兵力将行在迁到了顺化，十月又迁到了彭原）。杜甫在长安得知这些消息后，怀着无限失望与痛苦的心情写下了《悲陈陶》、《悲青坂》这两首诗歌。在诗中，他哀悼那些捐躯赴国难的官兵们："孟冬十郡良家子，血作陈陶泽中水。野旷天清无战声，四万义军同日死。"控诉那些双手沾满战士血迹的叛军们："群胡归来血洗箭，仍唱夷歌饮都市。"他和无数的长安百姓一样，日日夜夜盼望着反攻的大军早些到来："都人回面向北啼，日夜更望官军至。"[1] 但是，他又希望唐军可以吸取失败的教训，不要贸然进攻，应在准备充分后伺机而动："焉得附书与我军，忍待明年莫仓卒。"[2] 可见，杜甫的心情是矛盾而真切的。

除了为国事担忧，对家人的思念也时时萦绕在他的心头。在长

---

① 杜甫：《悲陈陶》。
② 杜甫：《悲青坂》。

《哀江头》

安的月夜里，杜甫遥想远在鄜州的妻儿是如何怀念着自己："今夜鄜州月，闺中只独看。遥怜小儿女，未解忆长安。"① 小儿女尚不懂大人的思念，所以妻子的思念就更重更深了，他仿佛看到妻子因为长久在月下独倚，云鬟都被露水打湿了，他多么希望自己能早日回到家里，与妻子共诉这相思之情："香雾云鬟湿，清辉玉臂寒。何时倚虚幌，双照泪痕干。"③他还思念滞留在山东平阴的弟弟杜颖，当得知弟弟一家安好时，他激动地写下《得舍弟消息二首》。诗中，他一边庆幸自己的亲人都还健在，一边又深切地感到在这战乱四起的年代里，人的生命脆弱如空中的游丝："两京三十口，虽在命如丝。"远在钟离的韦氏妹同样是他的牵挂，在元旦那日，他用诗歌表达了对家妹的思念："近闻韦氏妹，迎在汉钟离。郎伯殊方镇，京华旧国移。春城回北斗，郢树发南枝。不见朝正使，啼痕满面垂。"④

又是一年春来到，至德二载（757）的春天就在杜甫对家人的思念中如约而至。可是在诗人的眼里，今年的春天却是那么地萧条与凄凉。长安的草木又绿了，花儿又开了，鸟儿又唱起来了，然而这一切都无人欣赏，花儿仿佛也感于这乱世之苦而流出泪来，清脆

① ③ 杜甫：《月夜》。
④ 杜甫：《元旦寄韦氏妹》。

的鸟鸣声却只能撩拨诗人烦乱的心绪：

> 国破山河在，城春草木深。
>
> 感时花溅泪，恨别鸟惊心。
>
> 烽火连三月，家书抵万金。
>
> 白头搔更短，浑欲不胜簪。

——《春望》

他还潜行到曲江边，在往日繁华与今日萧索的强烈对比下，创作了名篇《哀江头》。诗中他回忆杨贵妃陪同玄宗游曲江的风光场面："昭阳殿里第一人，同辇随君侍君侧。辇前才人带弓箭，白马嚼啮黄金勒。翻身向天仰射云，一笑正坠双飞翼。"但如今，这些早已化为灰烬："明眸皓齿今何在？血污游魂归不得！清渭东流剑阁深，去住彼此无消息。"于是他感叹人生无常、世事多变："人生有情泪沾臆，江水江花岂终极？"历来评论家大都喜欢拿这首诗与白居易的《长恨歌》相比，而苏辙在《栾城集》中的一段议论则颇具代表性：

> 《大雅·绵》九章，初诵太王迁豳，建都邑，营宫室而已。至其八章，乃曰："肆不殄厥愠，亦不陨厥问。"始及昆夷之怒，尚可也。至其九章，乃曰："虞芮质厥成，文王蹶厥生。予曰有疏附，予曰有先后，予曰有奔奏，予曰有御侮。"事不接，文不属，如连山断岭，虽相去绝远，而气象联络，观者知其脉理之为一也。盖附离不以凿枘，此最为文之高致耳。老杜陷贼时有诗曰："少陵野老吞声哭，……"（按：《哀江头》全文）予爱其词气如百金战马，注坡蓦涧，如履平地，得诗人之遗法。如白乐天诗词甚工，然拙于纪事，寸步不移，犹恐失之，

此所以望老杜之藩垣而不及也。①

在苏辙看来，白居易的《长恨歌》纪事过于繁琐，而杜甫的《哀江头》言简意赅、余韵无穷。就此而论，《哀江头》胜过《长恨歌》，这虽是苏辙的一家之言，却很有见地。

3. 任左拾遗与《北征》

就在杜甫怀古伤今的同时，安史之乱也发生了戏剧性的一幕。这一年（至德二载，公元757年）的正月，安禄山被他的儿子安庆绪以及部下严庄、侍从李猪儿合谋杀死，昏懦的安庆绪继任大燕皇帝后，战争形势曾一度扭转向唐军，二月，肃宗将行在从彭原南迁至凤翔（今陕西凤翔）。

这两件大事发生以后，杜甫逃离长安、奔赴凤翔的信心更加坚定了。逃离之前，他与刚从洛阳潜回的好友郑虔在长安相遇。久别重逢的他们悲喜交集，在郑潜曜驸马家的池台前，共饮赋诗，互相倾诉着心里的苦痛和思念。喝到兴酣处，他们竟翩翩起舞，只是这时的感觉再也不同往日了："留连春夜舞，泪落强徘徊。"② 为了躲避叛军耳目，他还在怀远坊东南隅的大云寺里暂住了几日，并得到住持僧赞公的热情相助。这位仁慈的高僧不仅免费为他提供食宿，而且还赠给他青丝鞋、白氎巾等生活必需品，为此，杜甫特作一诗表达谢意：

> 细软青丝履，光明白氎巾。
>
> 深藏供老宿，取用及吾身。

---

① 苏辙：《栾城集》。
② 杜甫：《郑驸马池台喜遇郑广文同饮》。

自顾转无趣，交情何尚新。

道林才不世，惠远德过人。

雨泻暮檐竹，风吹春井芹。

天阴对图画，最觉润龙鳞。

——《大云寺赞公房四首》其二

打探好路线后，在四月中旬的一天，杜甫终于从长安城西的金光门逃出，不顾一切地奔赴凤翔行在。

历经千辛万苦，杜甫终于见到了肃宗，虽然样子有些狼狈，"麻鞋见天子，衣袖露两肘"①，可肃宗还是被他的一片忠心打动了，五月十六日，就派中书侍郎张镐传命杜甫，任其为左拾遗。左拾遗在唐朝是个"从八品上"的官职，职位虽不高，职务却很重要，主要履行谏言还有举荐贤良的职能。这样一个重要的官职，"却由一个'从八品上'的官员充当，好像是一种讽刺，这说明皇帝并不需要什么真正的谏臣，这只不过是他身边的点缀"②。然而，我们的诗人杜甫却并不明白这其中的"道道"，一得到这个官职，他就开始认真履行起自己的职责来，结果不久就捅了大娄子。这一切还得从杜甫的同乡房琯说起。之前我们提到房琯只会"纸上谈兵"，结果导致唐军大败，不过，出于巩固地位的考虑，肃宗当时并没有治他的罪，而是仍委以重任，但是，房琯却依然不改那好发空论、崇尚虚名的毛病。他常常以病为由不去上朝，对自己的政务也日益懈怠；他热情好客，却不能分辨贤愚，他重用的刘秩、李揖在战中溃

① 杜甫：《自京窜至凤翔喜达行在所》。

② 冯至：《杜甫传》，人民文学出版社，1980 年 3 月第 2 版，53 页。

败，他所喜爱的琴工董庭兰则暗地里收受朝官的贿赂，这更构成他后来被贬的罪名。再加上贺兰进明、崔圆等人的进谗，肃宗也越来越嫌弃他，于是最终以其门客董庭兰收受贿赂为由，罢了他的宰相，并贬他为太子少师。其实，房琯被贬更深层的原因乃是玄宗与肃宗力量博弈的结果，可是杜甫并不明白这一点，他只看到房琯"少为醇儒，有大臣体"的一面，再加上与之为"布衣交"，于是就极力劝谏肃宗收回成命，言辞极为恳切。这一劝谏却把肃宗惹怒了，肃宗便召三司对他进行审讯，审讯后，韦陟替他辩解，张镐也极力营救，直到六月一日，杜甫才被宣告无罪释放。

这次风波过后，杜甫的朝官生涯变得更加步履维艰，虽然他还不忘举荐贤能，与同僚联名推荐岑参为右补阙，但是在劝谏上，他显得有些噤若寒蝉。同时，肃宗也讨厌起这样一个碍手碍脚的左拾遗了，于是便以"放还省家"为由，把他打发走了。这在杜甫的政治生涯上无疑是个不小的挫败，不过另一方面，他也意外获得了一次回家省亲的机会，这对于离家将近一年的诗人来说的确是个不小的惊喜。于是，在闰八月初一的这天，淫雨过后的天空刚刚放晴，杜甫就穿上青袍，徒步踏上了回家的征程。为了能够早些见到妻儿老小，路过邠州时，他向镇守在此的李嗣业将军借来一匹马，并称赞李将军的才能是：

　　明公（即李嗣业）壮年值时危，经济实藉英雄姿。

他知道国家危难时节，凤翔一带的官军生活也异常艰苦：

　　凤翔千官且饱饭，衣马不复能轻肥。

不过，想到在家中苦苦盼望自己归来的妻子，他就只得硬着头皮向李将军借马代步：

妻子山中哭向天，须公枥上追风骠。

——《徒步归行》

李嗣业为人慷慨，对国家也赤胆忠心，得知杜甫的心意后，二话没说立刻就把马借给了他。有了这匹马，杜甫归家的脚步更快了。一路上他行经麟游县（今陕西麟游）附近的九华宫（即隋朝的仁寿宫，贞观五年修缮后改名），作《九华宫》发思古之幽情，这样的情感同样表现在他路过宜君（今陕西宜君）时所作的《玉华宫》中，因为这座宫殿曾是太宗避暑的地方。他还途径崖石欲裂的荒山，看到了路旁盛开的山菊以及红如丹砂、黑如点漆的山果。和大自然中这些受雨露滋润后硕果累累的草木相比，他感觉自己"一事无成"的生命是多么地拙劣。来到鄜州城时，暮色已降，眼前的场景更是荒凉：树上的鸱鸮叫个不停，草莽中的野鼠到处乱窜，冰冷的月光照着战场上的累累白骨。看到这些，杜甫发出了一声长长的叹息。

就快到家了，可是杜甫却突然放慢了脚步，他心里既激动又担心，这种复杂的情感与宋之问所言"近乡情更怯，不敢问来人"①大致相同吧。终于到家了，看到家里妻子儿女都还安好，杜甫那颗悬着的心终于落地了。他把这团圆的场景写在《羌村三首》里，至今我们还能通过这些诗句想象出当时那感人的一幕。妻子看到他的第一反应是："妻孥怪我在，惊定还拭泪。"去年的长安月下，诗人还想："何时倚虚幌，双照泪痕干。"（《月夜》）如今变成现实了，他却说："夜阑更秉烛，相对如梦寐。"他害怕这又是虚梦一场。儿

---

① 宋之问：《渡江汉》。

女们刚开始还对父亲有些生疏，可没一会儿工夫就熟络起来了："娇儿不离膝，畏我复却去。"邻居们听说他回来了，都爬满墙头，为之唏嘘："邻人满墙头，感叹亦唏嘘。"他们还拿来自酿的浊酒来慰问这死里逃生的归人，他们说："莫辞酒味薄，黍地无人耕。兵革既未息，儿童尽东征。"不要嫌这酒浊欠佳，因为兵乱未止，连少年都被征去服役了，这黍地已好久无人耕种了。听罢父老的这些话，杜甫的心久久不能平静，他觉得自己有责任、有义务为他们说些什么："请为父老歌，艰难愧深情。"于是，他将这一路上的经历、回家后的情况，以及当时的政治、军事形势，还有自己对时局的看法一并写入了那首可与《自京赴奉先县咏怀五百字》相媲美的叙事抒情长诗《北征》中。

该诗可分为五个部分，从"皇帝二载秋，闰八月初吉"到"乾坤含疮痍，忧虞何时毕"这二十句是第一部分，主要写杜甫承肃宗墨制放还鄜州探家，以及拜别皇帝时引起的忧时伤国之情。第二部分从"靡靡逾阡陌，人烟渺萧瑟"到"遂令半秦民，残害为异物"，这三十六句主要描写诗人归家这一路上所见的自然风物，还有战后悲惨的景象，反映人民所受灾难之深重。接下来诗歌写到了诗人与家人的团聚，着重表现悲喜交加情状，这是全诗的第三部分，从"况我堕胡尘，及归尽华发"开始到"新归且慰意，生理焉得说"结束。第四部分是"至尊尚蒙尘，几日休练卒"到"胡命其能久？皇纲未宜绝"这二十八句，抒发了诗人对时局的看法，杜甫敏锐地感觉到借助回纥兵力来平乱是存在后患的："阴风西北来，惨澹随回纥。其王愿助顺，其俗善驰突。"不过他对平复叛乱还是充满信心的："祸转亡胡岁，势成擒胡月。胡命其能久？皇纲未宜绝。"

　　最后一部分从"忆昨狼狈初，事与古先别"到最后一句"煌煌太宗业，树立甚宏达"，这二十句具体阐释上段结尾所说的"皇纲未宜绝"的事实依据，他从历史的经验，还有人心的向背出发，认为唐朝中兴指日可待。作为中国五言古诗的扛鼎之作，《北征》无疑继承了《诗经》、汉魏乐府等古诗开创的写实主义传统，受到了班彪《北征赋》、蔡文姬《悲愤诗》以及潘岳《西征赋》等前人诗歌的影响。但同时，他又能"转益多师"、开拓创新，故能创作出这首别开生面的五言佳作，并对后世产生了重要影响。像韩愈的《南山》、李商隐的《西郊》等作品都受到了它的影响。历代各家对此诗也评价颇高，惠洪说："《北征》诗，识君臣大体。忠义之气，与秋色争高，可贵也。"① 《唐宋诗醇》评该诗则说："以排天斡地之力，行属词比事之法，具备万物，横绝太空，前无古人，后无来者，自有五言，不得不以此为大文字也。"② 《闲园诗摘钞》说："此诗有大笔、有细笔、有闲笔、有警笔、有放笔、有收笔，变换如意，出没有神。若笔不能换，则局势平衍，真成冗长矣。"③

4. 华州司功参军与"三吏"、"三别"

　　杜甫在鄜州羌村的这段日子里，唐军屡屡传来捷报。九月，肃宗长子广平王李俶和大将郭子仪率领朔方军，再加上回纥、西域的兵力，共二十万大军齐向长安进军，不几天，官军就收复了京师长安。得知这些消息后，他激动地写下了《喜闻官军已临贼境二十韵》、《收京三首》等诗篇。十月，唐军又收复洛阳，肃宗还京。十

---

① ［北宋］惠洪：《冷斋夜话》。
② 《唐宋诗醇》。
③ 转引自陈伯海《唐诗汇评》，第958页。

一月，他也携带家眷回到了长安。

肃宗一回到长安，就开始"六等定罪"，他将被安禄山授予伪官的官员按照六个等级一一定罪：重者刑之于市，次赐自尽，次重杖一百，次三等流、贬。王维因作了那首《凝碧池》，而弟王缙也愿为其自削官职，故免罪复官，责授太子中允。然而，杜甫的好友郑虔就没有那么幸运了，他曾被安禄山命为水部郎中，虽然后来装病没有就任，但是仍以次三等论罪，被贬到遥远的台州（今浙江台州）作司户参军。由于走得匆忙，他都没来得及和杜甫告别一声。一个春日的午后，杜甫经过郑虔的故居，看到这里门庭冷落、蛛网密布，想到自己再也不能和这位曾经共患难的好友一起饮酒高歌，他悲痛地写下这样的诗句："乱后故人双别泪，春深逐客一浮萍。酒酣懒舞谁相拽，诗罢能吟不复听。"①

与之前相比，杜甫这次回到长安真正过上了朝官的生活，他继续在肃宗身边做着"点缀"般的左拾遗，每天除了小心侍奉皇上、看上司脸色之外，就是与同僚们互相唱和。乾元元年（758）的一个春晓，中书舍人贾至作了一首题为《早朝大明宫呈两省僚友》的七律诗，该诗写得华贵至极，于是太子中允王维、右补阙岑参，还有左拾遗杜甫都纷纷和诗唱答。其中，王维的"九天阊阖开宫殿，万国衣冠拜冕旒"②写得何等雍容大气，我们仿佛又一次看到了那万国来朝的盛世场景，可是联想一下当时内忧外患的背景，就知道这样的诗句不过是在自吹自擂、粉饰太平罢了。杜甫的和诗虽没有

---

① 杜甫：《题郑十八著作丈故居》。
② 王维：《和贾舍人早朝大明宫之作》。

如此露骨，但是也存在类似的缺陷。他说：

> 五夜漏声催晓箭，九重春色醉仙桃。
>
> 旌旗日暖龙蛇动，宫殿风微燕雀高。
>
> 朝罢香烟携满袖，诗成珠玉在挥毫。
>
> 欲知世掌丝纶美，池上于今有凤毛。

——《奉和贾至舍人早朝大明宫》

该诗辞藻华丽、珠圆玉润，的确是首不错的宫廷诗，但是放在杜甫的诗集里总显得有些另类。然而，这样的另类诗，杜甫在这一时期还创作了几首，像《宣政殿退朝晚出左掖》、《紫宸殿退朝口号》、《晚出左掖》等都是如此。

《端午日赐衣》这首诗写于这一年的五月，因为在端午节的这天，杜甫和其他同僚一样得到了皇帝赏赐的宫衣，他谢恩道："宫衣亦有名，端午被恩荣。细葛含

[明] 王履《华山图册》

风软，杳岁叠雪轻。自天题处湿，当暑著来清。意内称长短，终身荷圣情！"然而，让杜甫没有想到的是，这次赏赐宫衣竟然会是"政治风暴"来临前的预兆。其实，这场风暴早在去年房琯被贬为太子少师时就已初露端倪了，只是一直蕴而未发。肃宗回长安后，还曾一度命房琯为紫金光禄大夫，进封清河郡公。但是，随着玄宗在至德二年（757）十二月由蜀回到长安，玄宗旧臣与肃宗新贵的

矛盾就逐渐激化了。乾元元年（758）的二月，肃宗任命他的亲信李辅国兼任太仆卿和元帅府行军司马，这标志着肃宗新贵一党最终掌握了军政大权，随即玄宗旧臣开始被纷纷贬官。就在贾至写完《早朝大明宫呈两省僚友》后不久，他就被肃宗由中书舍人贬为了汝州刺史，紧接着，六月时房琯被贬为邠州刺史，与房琯交好的朋友、门客也都陆续遭贬，国子祭酒刘秩被贬为阆州刺史，京兆少尹严羽被贬为巴州刺史，大云寺僧人赞公被放逐秦州。与房琯为"布衣交"并上书救之的杜甫自然也不能幸免，他被贬为了华州司功参军。离开长安的那一刻，杜甫的心情是何等凄凉，他在金光门前驻足停留，感觉自己的朝官生活就像是春梦一场，如今梦醒了，他也该走了："无才日衰老，驻马望千门。"①

华州（今天的陕西华县）离长安虽不到一百公里，但是各方面的条件却差了十万八千里。而且，司功参军一职，主要是掌管当地的祭祀、礼乐、学校、选举、医筮、考课等较为琐碎的事务，所以杜甫刚到任上就被那堆积如山的文书压倒了。让我们看看他究竟是在怎样一种恶劣的环境下工作的："七月六日苦炎蒸，对食暂餐还不能。每愁夜中自足蝎，况乃秋后转多蝇。束带发狂欲大叫，簿书何急来相仍。南望青松架短壑，安得赤脚蹋层冰？"② 这一年的早秋天气炎热难耐，夜里时常有毒蝎出没，白天又有苍蝇乱飞，这些搞得杜甫连吃饭的心情都没有了。不过与之相比，那怎么看都看不完的文案更惹他心烦，他简直都要发狂大叫了。望着南面山沟上那苍

---

① 杜甫：《至德二载甫自京金光门出间道归凤翔，乾元初从左拾遗移华州掾与亲故别，因出此门有悲往事》。

② 杜甫：《早秋苦热堆案相仍》。

翠的青松，他多么希望那下面有层厚冰可以让他赤脚踩踏啊！虽然环境如此恶劣，杜甫还是恪尽职守，竭尽所能去做好这份工作。在任上，他为华州郭使君写成《为华州郭使君进灭残寇形式图状》和《乾元元年华州试进士策问五首》两篇论及时政的公文，前者主要分析了敌我形势，认为朝廷撤走河北大军会造成宽纵逆党的恶果，建议各路唐军"相与出入掎角"，避实就虚，方能剿灭叛军。后者虽也是代郭使君拟策，但是从中仍能看出杜甫对赋税、交通、军队给养、币制改革等时政问题的看法，他说："欲将诛求不时，则黎元转罹疾苦矣"。可见，无论何时，杜甫心里总挂念着黎元百姓的安危。

这份牵挂最充分的体现就是杜甫在乾元二年（759）春创作出的"三吏"、"三别"。去年（乾元元年，公元758年）的冬末，杜甫从华州回到阔别多年的洛阳老家，看望那里的旧居、旧友还有亲人。不过令人失望的是，除了破败不堪的故居外，他日夜挂念的弟妹却一个也没有见到。他对远在山东的弟弟说："汝书犹在壁，汝妾已辞房。旧犬知愁恨，垂头傍我床。"① ——你的字依旧挂在墙上，你的妾却早已走掉了。你养的那只老狗也懂得我心中的愁恨，耷拉着脑袋依偎在我的床边——语言质朴无华，情感却真挚动人。望着被春草染绿的坟冢，他想起了在战乱中死于河北的从弟："河间尚征戍，汝骨在空城。从弟人皆有，终身恨不平。数金连俊迈，总角爱聪明。面上三年土，春风草又生。"② ——从弟死于河间一带

---

① 杜甫：《得舍弟消息》。
② 杜甫：《不归》。

已经三年了，回想起你年幼时的聪慧我就更加痛心。春天来了，你坟冢上的草又绿了，可是你却再也不能归来了。——命如草芥，大抵如此吧。所以，能在这个时候遇见好友卫八处士，杜甫内心别提有多欣喜了："人生不相见，动如参与商。今夕复何夕，共此灯烛光。"[1] 动乱时节还能与老友相聚一堂，这不知是多大的幸运。他们聊着彼此的人生，时而悲伤、时而欢喜，情绪一波三折，可是欢宴过后，他们又要面临分别，只怕此次一别，今生再也无缘相见："明日隔山岳，世事两茫茫。"

该看的都看了，洛阳此行的目的既然已经达到，杜甫就不得不动身回华州了。这时已是乾元二年（759）的三四月份，与来时相比，这次从洛阳归华州的情景却大大不同了，市镇上一片紊乱，逃亡的队伍再次出现，官吏们则挨家挨户的强抓壮丁。原来，唐军刚刚在一场大战中吃了败仗，去年九月，郭子仪、李光弼、王思礼等九节度使率领二十万大军讨伐安庆绪，围攻邺城，但却久久攻不下城来；今年二月，史思明从魏州引兵来援救安庆绪；三月，九节度使与史思明展开决战，结果唐军大败，损失惨重，郭子仪带着所剩无几的朔方军退守河阳（即古孟津，今河南孟县西），保卫东京。就在这兵荒马乱之际，杜甫在赶往华州的路上亲眼目睹了沿途人民为此遭受的种种苦难，他把自己在新安（今河南新安）、石壕（今河南陕县东）以及潼关等地听到的、看到的，凝结成两组传世名篇："三吏"、"三别"。

"三吏"、"三别"之所以伟大，在于它真实反映了下层百姓在

---

① 杜甫：《赠卫八处士》。

战乱中的种种悲惨遭遇。这里有刚满十六岁就被抓去打仗的孩子："府帖昨夜下，次选中男行。中男绝短小，何以守王城。"（《新安吏》）有儿子刚刚战死却仍被酷吏残忍带走服役的老妪："一男附书至，二男新战死"，"老妪力虽衰，请从吏夜归。急应河阳役，犹得备晨炊。"（《石壕吏》）有昨夜新婚，今早就要与上前线的丈夫分别的新妇："嫁女与征夫，不如弃路旁。结发为夫妻，席不暖君床。暮婚晨告别，无乃太匆忙。"（《新婚别》）还有"子孙阵亡尽"，愤而参军的倔强老人："子孙阵亡尽，焉用身独完！投杖出门去，同行为辛酸。幸有牙齿存，所悲骨髓干。"（《垂老别》）以及那从战场归来却发现家已无存的征人："我里百余家，世乱各东西。存者无消息，死者为尘泥。贱子因阵败，归来寻旧蹊。久行见空巷，日瘦气惨凄。"（《无家别》）

"三吏"、"三别"之所以伟大，还在于它更深刻地反映了杜甫内心的矛盾，一方面他深知统治者的残酷政策给百姓带来怎样沉重的苦难，但另一方面，他也明白此时正值国家危难之秋，如果没有充足的兵源补给，根本无法抵御叛军的来袭。站在这中间的诗人时时刻刻纠结着，这种情感反映到诗中，就是同情与振奋同在，哀叹与劝导并存。他对前去服役的孩子说："况乃王师顺，抚养甚分明。送行勿泣血，仆射如父兄。"（《新安吏》）他提醒镇守潼关的战士们，要据险坚守，切勿轻易出战，以免重蹈哥舒翰的覆辙："艰难奋长戟，万古用一夫。哀哉桃林战，百万化为鱼。请嘱防关将，慎勿学哥舒。"（《潼关吏》）《新婚别》中的新妇虽有万般不舍，却仍然勉励丈夫："勿为新婚念，努力事戎行。"《垂老别》中的老翁也视死如归："人生有离合，岂择衰盛端？忆昔少壮日，迟回竟长叹。

万国尽征戍，烽火被冈峦。积尸草木腥，流血川原丹。何乡为乐土，安敢尚盘桓？弃绝蓬室居，塌然摧肺肝。"

然而，总有一种情况是无论任何语言都不能给予安慰的，那就是《石壕吏》和《无家别》中的人们。《石壕吏》全用白描，没有任何的议论，但是它带给我们的艺术震撼力却是那么巨大。"天明登前途，独与老翁别"，诗歌虽在这里戛然而止，却胜过千言万语，官吏的残忍、老妪的机智勇敢以及这家人的苦难全部呈现眼前。《无家别》中的征人征战归来却找不到那个让他魂牵梦绕的家了，然而更悲惨的是，县令知道他回来了，就又急着把他征召入伍了，他说："生我不得力，终身两酸嘶。人生无家别，何以为蒸黎？"在这里，杜甫终于借征人之口向统治者发出严厉的质问："把百姓治理得连家都没有了，你们还配做百姓的父母官吗？"

经历了"三吏"、"三别"这样的思想矛盾之后，杜甫终于完成了思想上的又一次蜕变，他逐渐看清了官场的本质，破除了对朝廷的美好幻想，开始由侍奉皇帝走向接近人民。这年的七月，他毅然决然地辞去了华州司功参军一职，带着家人去往秦州。

二、秦州——同谷——成都

1. 从华州到秦州

唐朝的秦州属于陇右道，据《旧唐书·地理志》载："（秦州）天宝领县五，户二万四千八百二十七，口十万九千七百。在京师西七百八十里，至东都一千六百五里。"① 虽然秦州算得上是陇右道东

---

① 《旧唐书·地理志》。

部的一个大州，但是由于地势险峻，故历来被人们视作"畏途"。这从汉魏乐府的《陇头歌辞》中便可窥见一斑：

> 陇头流水，流离山下。
>
> 念吾一身，飘然旷野。
>
> 朝发欣城，暮宿陇头。
>
> 寒不能语，舌卷入喉。
>
> 陇头流水，鸣声幽咽。
>
> 遥望秦川，心肝断绝。

既然秦州之途如此艰难，那么杜甫为什么还要不顾一切地来到这里呢？原来，杜甫在辞官之后就陷入了进退维谷的两难境地：一方面，九节度使溃败，河南大乱，他无法回到自己的洛阳老家；另一方面，辞官之后的杜甫囊中更加羞涩，他想在物价昂贵的长安城内安家也是不可能的。而这时，杜甫恰巧得知其从侄杜佐在秦州东柯谷盖了几间草堂，而且生活过得还不错，于是他决定带着家人到那里去看看。

然而情况并没有他预想的那么乐观："满目悲生事，因人作远游。迟回度陇怯，浩荡及关愁。"[1] 秦州留给杜甫的第一印象竟是如此悲愁，这是否预示了什么？来到秦州后，杜甫与家人暂时居住在秦州城内，虽然此时的秦州还暂时保持着平静，但是动乱的因子早已潜藏其中，这其中最大的威胁就来自于吐蕃。陇右地区自秦汉以来就是汉族和氐羌等少数民族杂居之地，每逢战乱，"天高皇帝远"的这里就会成为外族侵略的对象。安史之乱爆发前，唐朝统治者通过

---

① 杜甫：《秦州杂诗二十首》其一。

设置都督府和州县来加强对此地的管辖，当时国力强盛，文成公主入藏又进一步密切了唐与吐蕃的关系，所以很长一段时间内，陇右地区都安然无事。可是，随着安史之乱的爆发，一切都发生了改变，这里的精锐部队被调去东征，只留下单弱的兵力，而吐蕃与唐朝的关系又时好时坏，看到唐王室日益腐败，陇右地区又防守空虚，吐蕃的侵略气焰逐渐高涨。

细心的诗人敏锐地观察到了这一点，从诗人创作于此时的《秦州杂诗二十首》中，我们了解到，平日里杜甫听到的不是鼓角声就是羌笛声（其八"东征健儿尽，羌笛暮吹哀"，其十一"不意书生耳，临衰听鼓鼙"），看到的不是降虏千帐、胡人跳舞，就是羽书往还、使节不断的景象（其三"降虏兼千帐，居人有万家。马骄珠汗落，胡舞白题斜"，其六"城上胡笳奏，山边汉节归"）。他感到吐蕃随时都有可能乘虚而入、侵占边城，如其七：

> 莽莽万重山，孤城石谷间。
>
> 无风云出塞，不夜月临关。
>
> 属国归何晚，楼兰斩未还。
>
> 烟尘一长望，衰飒正摧颜。

"孤城"即秦州城，它因坐落在陇东山地的渭河上游山谷中，故四面环山，所以首联写的是秦州的险要地形。颔联历来被称为佳句，诗人将对边事的忧虑寄寓天上的云和月，云仿佛也因关心边关而走出塞外，月亮也因担心战局还未入夜就早早爬上树梢，故浦起龙说："一片忧边心事，随风飘去，随月照著矣。"[①] 颈联分别用到了西汉苏武

---

① 浦起龙：《读杜心解》。

出使匈奴和傅介子斩楼兰的典故，暗示唐使节可能被扣留，说明吐蕃对唐朝的威胁时刻存在。尾联，诗人遥望烽烟滚滚的边塞，感到这衰飒的边关景象正如衰败的唐王朝一样，不由得悲从中来。

　　国家的边事令人堪忧，而杜甫的生活同样不容乐观。他本打算在秦州常住下去，为此，他还特意邀请在此相逢的老友僧赞公，陪自己一同去寻找建立草堂的最佳位置。可无论是西枝村还是西谷，最终都因资金匮乏而卜居未果。杜甫的生活再次陷入了窘境，他不得不重新开始他的卖药生涯，以维持基本生计。我们看到他时常拖着病弱的身体去山间采药，感到自己的衰老："采药吾将老，儿童未遣闻。"[①] 他的结发老妻也时常帮他一起晒药。他还曾幻想用太平寺的甘泉灌溉出一片上好的药圃："何当宅下流，馀润通药圃。三春湿黄精，一食生毛羽。"[②] 然而，卖药也不能缓解他的困境，他不得不时常向亲戚朋友寻求援助。他寄诗给从侄杜佐，希望对方能分给自己一些粟米和薤（又名藠头），但是这位从侄却并不慷慨。与之相比，一位名叫阮昉的隐者却总是能带给他意外的惊喜，有一次没等杜甫开口，他就亲自送来了三十束藠头，这对杜甫一家来说简直是太珍贵了。杜甫赠诗感谢道："隐居柴门内，畦蔬绕舍秋。盈筐承露薤，不待致书求。束比青刍色，圆齐玉箸头。衰年关鬲冷，味暖并无忧。"[③] 相信，没有在贫困中挣扎过的人，是无法写出这么真实感人的诗句的。

　　然而，杜甫一家依旧在贫困的边缘徘徊，有时，他囊中羞涩到

---

① 杜甫：《秦州杂诗二十首》其十六。

② 杜甫：《太平寺泉眼》。

③ 杜甫：《秋日阮隐居致薤三十束》。

只剩下一文钱的境地："囊空恐羞涩，留得一钱看。"① 每到这时，他就更加思念远方的亲人和患难与共的朋友，他在月圆之夜思念分散四处的弟弟："露从今夜白，月是故乡明。有弟皆分散，无家问死生。"② 听说好友薛据、毕曜升迁官职后，他特意寄诗祝贺他们。高适、岑参两位旧友同样让他难以忘怀："故人何寂寞，今我独凄凉"；"海内知名士，云端各异方"③。病痛使他想起远在台州的好友郑虔，他觉得郑虔如今就像一只网中之兔，只能任人摆布："天台隔三江，风浪无晨暮。郑公纵得归，老病不识路。昔如水上鸥，今为罝中兔。"④ 此外，贾至、严武、张彪等友人同样收到了他寄去的怀念之诗。

这时，他的诗作中又再次出现了好友李白的身影，李杜二人中断一时的友谊终于有了下文。至德二载（757），李白因参加永王李璘的军事行动而被捕入浔阳（江西九江）狱，乾元元年（758）被流放夜郎（今贵州桐梓县境），李白的这些消息几经周折都传到了杜甫耳中。虽然李白在乾元二年（759）的春夏之交已因大赦而获救，但当时正赶往华州的杜甫并不知晓，所以来到秦州后，他听到了关于李白的各种传闻，有的说他遇赦得救了，有的说他早已坠入水中淹死了。于是这位当年与自己共游齐梁的老友便不断出现在杜甫的梦中，梦醒之后，他对李白的思念更深了，《梦李白二首》和《天末怀李白》就是在这样的背景下写成的。所幸，后来他终于得

---

① 杜甫：《空囊》。

② 杜甫：《月夜忆舍弟》。

③ 杜甫：《寄彭州高三十五使君适虢州岑二十七长史参三十韵》。

④ 杜甫：《有怀台州郑十八司户》。

到李白遇赦的可靠消息，兴奋之余便写下了那首著名的《寄李十二白二十韵》。从这三首诗中，我们可以看出杜甫对李白遭遇的同情："告归常局促，苦道来不易。江湖多风波，舟楫恐失坠。"① 对其人格的敬仰："应共冤魂语，投诗赠汨罗。"② 以及对其诗才的肯定："笔落惊风雨，诗成泣鬼神。"③ 这些话对被时人误解的李白来说，何其珍贵啊。

正如杜甫在赠给李白的诗中所说的那样："文章憎命达，魑魅喜人过。"④ 秦州的这段生活虽然穷困至极，但是杜甫的诗歌创作却得到了一个大丰收。在不到三个月的时间内，他就写出了约百首诗歌，这里有反映秦州山川地形、风土人情以及边疆危机的作品《秦州杂诗二十首》，有即目抒情的写景抒情诗篇《太平寺泉眼》、《山寺》、《野望》、《雨晴》等，还有《萤火》、《蒹葭》、《除架》、《促织》等十几首咏物寓意诗，抒发身世之叹的《遣兴五首》，以及《留花门》、《即事》等关心时局、批评时政的政治议论诗。再加上前面提到的怀人之作，总之，杜甫这一时期的诗作不仅题材广、数量多，质量也堪称上乘。

2. 从秦州到同谷

由于生活难以为继，杜甫最终还是离开了秦州。这次他的目的地是秦州一百多公里以外的同谷，因为那里有位"佳主人"来信告诉他说，同谷不仅气候宜人，而且田里有充饥的薯蓣、崖间有香甜

---

① 杜甫：《梦李白二首》其二。
② 杜甫：《天末怀李白》。
③ 杜甫：《寄李十二白二十韵》。
④ 杜甫：《天末怀李白》。

的蜂蜜、竹林里还有新鲜的冬笋，这对于居无定所、衣食无着的杜甫一家来说，实在是个巨大的诱惑，于是他辞别了好友僧赞公，在初冬十月的一个夜间，带着家人出发了。

杜甫这一路的行程，大致可以通过《发秦州》这一组纪行诗勾勒出来。这组诗共十二首，每一首都以他所到之地为题名，所以我们清楚地知道杜甫从秦州出发后，首先来到了城西南七里的赤谷（今甘肃天水西南的暖和湾河谷），然后是天水县东五里的铁堂峡、成州长道县（今甘肃西和县）的盐井，接着是寒峡、法镜寺、青阳峡、龙门镇、石龛、积草岭、泥功山，最后终于到达同谷的凤凰台。这一路用文字写来，不过是十二个普普通通的地名，但是杜甫这一路所历经的艰难险阻却是常人无法想象的。杜甫用他卓越的写实才能，为我们再现了一幕幕艰难、惊险的镜头，我们看到这一路上有时会乱石塞途、只通一辙："乱石无改辙，我车已载脂"[1]；有时天寒地冻、马骨欲折："水寒长冰横，我马古欲折"[2]；有时飞石崩落、命悬一线："谿西五里石，奋怒向我落"[3]；有时则栈道泥泞、旅途弥艰："细泉兼轻冰，沮洳栈道湿"[4]；更有时熊罴咆、虎豹号："熊罴咆我东，虎豹号我西"[5]；还有时林风飕飕、山影多变："飕飕林响交，惨惨石状变。"[6] 但是即便道路如此艰险，杜甫那体恤民生疾苦的热忱却依然不减。路过盐井时，他看到由于官家抬高盐价、盐

---

① 杜甫：《赤谷》。

② 杜甫：《铁堂峡》。

③ 杜甫：《青阳峡》。

④ 杜甫：《龙门镇》。

⑤ 杜甫：《石龛》。

⑥ 杜甫：《积草岭》。

商从中渔利，盐民虽然辛苦劳作，却收利颇微，于是写诗抨击说："自公斗三百，转致斛六千。君子慎止足，小人苦喧阗。我何良叹嗟，物理固自然。"（《盐井》）在石龛，他听到了"伐竹者"的悲歌，原来他们这几年来一直上山为官家砍伐制作箭杆的竹子，可如今竹子砍伐殆尽，他们无法完成官府的任务，所以愁苦万分。从这些人的遭遇中，杜甫更加深刻地感受到安史之乱给百姓带来的苦难："伐竹者谁子，悲歌上云梯。为官采美箭，五岁供梁齐。苦云直箪尽，无以应提携。奈何渔阳骑，飒飒惊蒸黎。"（《石龛》）

到达同谷后，杜甫一家寓居在万丈潭北凤凰台（在同谷东南十里）下的凤凰村，在这里他写下了一首具有寓言性质的诗歌——《凤凰台》。他说在山势高峻的凤凰台上，有一只无母喂养的凤雏正嗷嗷待哺，他愿意把自己的血当作"醴泉"、把心当作"竹实"来饲养这只瑞鸟，因为他坚信等这只凤雏长大了，一定会

［宋］文同《墨竹图》

飞山山间，为人间衔米端图，到时唐朝必会"再光中兴业，一洗苍生忧"（《凤凰台》）。诗人的理想永远是这么地美好，可是现实却又一次把他拉到了苦难的深渊。那位曾给过杜甫美好许诺的"佳主人"再没有了音信，杜甫的生活比在秦州时更加艰难，《乾元中寓居同谷县作歌七首》就是真实反映他这段艰苦生活的诗篇：从中我们知道，不到五十岁头发就已全白的杜甫终日靠拾橡栗（即橡子，

是栎树的果实）充饥（其一"有客有客字子美，白头乱发垂过耳。岁拾橡栗随狙公，天寒日暮山谷里"）；我们知道，他有时和儿子去山里挖黄独（俗称金丝吊蛋，薯蓣科植物），但是因为山雪太厚，每次都空手而归，家里的孩子饿得直哭（其二"黄独无苗山雪盛，短衣数挽不掩胫。此时与子空归来，男呻女吟四壁静"）；我们还知道，他的弟弟们飘散远方，他远在钟离的妹妹成了寡妇，生活同样艰辛，对他们的思念成了他忘记饥寒的良药（其三"有弟有弟在远方，三人各瘦何人强？生别展转不相见，胡尘暗天道路长。"其四"有妹有妹在钟离，良人早殁诸孤痴。长淮浪高蛟龙怒，十年不见来何时"）。这七首诗还告诉我们，他暂居的地方时常凄风苦雨、野狐乱窜（其四"四山多风溪水急，寒雨飒飒枯树湿。黄蒿古城云不开，白狐跳梁黄狐立"）。他与山中的一个儒生是旧相识，二人时常在一起回忆往事、慨叹世事（其七"长安卿相多少年，富贵应须致身早。山中儒生旧相识，但话宿昔伤怀抱"）。就这样，杜甫把《同谷七歌》唱完了，他感到心中积压的怨气瞬间烟消云散，他听到山间沟壑里冰雪融化的声音，它们在悄悄地告诉诗人这样一个讯息：如果冬天来了，春天就不会遥远。

3. 从同谷到成都

不过没有等到春天的到来，杜甫就离开了同谷。他与新结识的朋友握手言别，离别的泪水模糊了杜甫的视线，而同样模糊的还有他们一家人未知的命运。这次他们要去的地方是成都——一个位于唐朝西南方的大都市，虽然当时就流行"扬一益二"的说法，但是对于从未到过那里的杜甫来说，它不过是个模糊的概念罢了。因为有了秦州、同谷的痛苦经历，杜甫这次对成都没有抱太大希望，他

唯一的愿望就是能够带领一家人平安抵达目的地。

蜀道之险，世人皆知，李白的《蜀道难》就通过浪漫的笔法为我们展现了蜀道难的想象版。与之相比，杜甫的《发同谷》组诗则通过他亲身的经历，为我们再现了蜀道之难的现实版。这组纪行诗也由十二首组成，每首同样以所到之地为题。木皮岭是杜甫离开同谷后到达的第一站，到了这里杜甫才知道，原来在五岳之外还有更高的山峰："远岫争辅佐，千岩自崩奔。始知五岳外，别有他山尊。"（《木皮岭》）翻过了木皮岭就来到了白沙渡，望着波涛汹涌的河水，诗人不禁心生畏惧："高壁抵嵚崟，洪涛越凌乱。临风独回首，揽辔复三叹。"（《白沙渡》）而深谙水性的篙师却依然谈笑风生："大江动我前，汹若溟渤宽。篙师暗理楫，歌笑轻波澜。"（《水会渡》）

渡过了水，就来到了栈道。栈道，又名阁道、栈阁，即在峭壁上凿孔架桥连阁而成的一种道路，是当时西南地区非常重要但又非常危险的交通道路。杜甫要到成都，栈道是非走不可的。《飞仙阁》、《五盘》、《龙门阁》、《石柜阁》就是描写栈道的诗篇。栈道有多高？"栈云阑干峻，梯石结构牢。"（《飞仙阁》）栈道有多险？"目眩陨杂花，头风吹过雨。百年不敢料，一坠哪得取。"（《龙门阁》）栈道有多美？"石柜曾波上，临虚荡高壁。清晖回群鸥，暝色带远客。"（《石柜阁》）历经千辛万苦，杜甫一家终于走完了险象环生的栈道，桔柏渡以它那俊奇的风光迎接着他们："竿湿烟漠漠，江永风萧萧。连筇动袅娜，征衣飒飘飘。"（《桔柏渡》）诗人不禁顾盼神游、向往不已，如果不是急着赶路，他真要顺流东游，饱览这嘉陵江的风光。

"惟天有设险，剑门天下壮"、"一夫怒临关，百万未可傍"（《剑阁》），这样的诗句是不是似曾相识？没错，李白在《蜀道难》

中就说过类似的话："剑阁峥嵘而崔嵬，一夫当关，万夫莫开。"剑阁关位于四川剑阁山主峰大剑山的东北侧，因两崖对峙，险如刀削，故名。这里是进入蜀地的重要关口，是古代兵家必争之地，故历来有"剑门天下险"之称。西晋张载在《剑阁铭》中就说："一夫荷戟，万夫趑趄。形胜之地，非亲勿居"。左思《蜀都赋》同样有云："一人守隘，万夫莫向。公孙跃马而称帝，六宗下辇而自王。"杜甫来到剑门关，看到这险要的地势，担心不轨之徒会据此割据、独霸一方："并吞与割据，极力不相让。吾将罪真宰，意欲铲叠嶂。恐此复偶然，临风默惆怅。"（《剑阁》）可见，即使在如此艰险的境遇下，他也没有忘记忧国忧民。过了这剑阁关，杜甫只需再翻越一座鹿头山就可以到达成都了，眼看胜利在望，鹿头山又风光秀丽，于是他的心情顿时变得喜悦起来："游子出京华，剑门不可越。及兹险阻尽，始喜原野阔。"（《鹿头山》）当他想到刘备曾在此建立蜀汉，成就三足鼎立的霸业，如今都成过眼云烟时，不仅感叹道："殊方昔三分，霸气曾间发。天下今一家，云端失双阙。"（《鹿头山》）他还想到了同为成都人的司马相如、扬雄，这两位文坛巨擘如今又身葬何处呢？"悠然想扬马，继起名硉兀。有文令人伤，何处埋尔骨。"（《鹿头山》）感叹归感叹，路还得继续走下去，想到成都就在不远处，杜甫一行加快了前进的脚步。终于，在这年（乾元二年，公元759年）年底的一个傍晚，风尘仆仆的杜甫一家人终于到达了成都——这个与杜甫后半生密切相联的城市。

公元759年，对于杜甫来说是不平凡的一年，这一年他"一岁四行役"：春天时从洛阳赶往华州，七月间从华州赶往秦州，而十月又从秦州赶往同谷，十一月又从同谷去往成都。这一年，他历经

千辛万苦，不只忍受着贫病饥寒的折磨，更忍受着幻想破灭、忧国忧民的精神苦痛。但是，这一年他却成长了，他忍受苦难的能力和"泣鬼神"的诗才却得到了巨大的提升，相信成都对他来说，必将是另一个新的开始。

三、成都草堂

唐朝的成都是一个人口众多、物产丰富的大都市，据《新唐书·地理志》载："（成都）土贡：锦、单丝罗、高杼布、麻、蔗糖、梅煎、生春酒。户十六万九百五十，口九十二万八千一百九十九。县十。"因玄宗曾避乱在此，成都还一度升为南京（至德二载，即公元757年的十二月升为南京；上元元年，即公元760年的九月罢京）。杜甫到达时，作为"南京"的成都还是熙熙攘攘，一派歌舞升平的景象。

1. 草堂初建

初到成都，杜甫一家暂时居住在城西浣花溪畔的草堂寺，靠"故人"（可能是时任成都尹的裴冕）和周围的邻舍接济度日（"故人供禄米，邻舍与园蔬"①）。不过没住多久，杜甫就搬离了这里，因为他要到浣花溪的西边修盖一座属于自己的草堂。当然这可不是一件容易的事，要不是有那么多慷慨解囊的亲友相助，杜甫的草堂是根本不可能落成的：一位佳"主人"为他选好了修建草堂的最佳位置（"浣花溪水水西头，主人为卜林塘幽"②），他的表弟王十五

---

① 杜甫：《酬高使君相赠》。
② 杜甫：《卜居》。

唐朝成都地图

司马给他送来了营建的费用（"忧我营茅栋，携钱过野桥。他乡唯表弟，还往莫辞劳。"①）；为了美化草堂周围的环境，增添些家什，他请求县令萧实派人在春前送来一百棵桃树苗（"奉乞桃栽一百根，春前为送浣花村"②），他向绵竹县令韦续索取当地的特产绵竹（"华轩蔼蔼他年到，绵竹亭亭出县高。江上舍前无此物，幸分苍翠拂波涛"③），听说桤木二三年就可以成荫，他便迫不及待地向绵竹县尉何邕索要来百棵桤木苗（"草堂堑西无树林，非子谁复见幽心？饱闻桤木三年大，与致溪边十亩阴"④）；他还亲自拜访了住在果园坊的徐卿家，为缺少像样花果的草堂寻求一些果木苗（"草堂少花今欲栽，不问绿李与黄梅"⑤）；而涪城具尉韦班则为他提供了可以"荫垂千载"的松树种子和"扣如哀玉"的大邑瓷碗（"欲存老盖千年意，为觅霜根数寸栽"⑥，"大邑烧瓷轻且坚，扣如哀玉锦城传"）。

---

① 杜甫：《王十五司马弟出郭相访遗营草堂赀》。

② 杜甫：《萧八明府实处觅桃栽》。

③ 杜甫：《从韦二明府续处觅绵竹》。

④ 杜甫：《凭何十一少府邕觅桤木栽》。

⑤ 杜甫：《诣徐卿觅果栽》。

⑥ 杜甫：《凭韦少府班觅松树子栽》。

经过两三个月的努力，上元元年（760）的暮春时节，杜甫的草堂终于修建完毕了。这对于长期漂泊的诗人一家来说，简直是件天大的喜事，他愁苦的面容不见了，他的心情变舒畅了，他欢快地唱道：

> 背郭堂成荫白茅，缘江路熟俯青郊。
>
> 桤林碍日吟风叶，笼竹和烟滴露梢。
>
> 暂止飞乌将数子，频来语燕定新巢。
>
> 旁人错比扬雄宅，懒惰无心作《解嘲》。
>
> ——《堂成》

原来他的草堂就背靠着城郭，草堂的面前是一片青葱的郊原。刚刚栽下的桤木已经可以阻挡阳光了，清风一吹，嫩绿的叶子便沙沙作响；笼竹的枝梢凝结着露水，一副翠绿欲滴的样子。乌鸦携带着自己的孩子要在这里安家，频频飞来的燕子也计划把新巢建在这儿。有人拿这座草堂和汉代扬雄的住宅相比，杜甫摇头笑道："我这人很懒惰的，可不会像扬雄去写《解嘲》一类的东西啊！"

虽然此时安史之乱还没有结束，中原混乱依旧，关内闹着饥荒，社会秩序也一片紊乱，但是由于消息不畅，寄寓成都的杜甫得以暂时远离这些动荡，于是他这一时期的诗歌出现了久违的轻松与欢快。我们看到，他饱含深情地赞美自然界中的一切生物，无论是充满生命力的花草树木还是自由活泼的昆虫鸟儿，在他的诗中都变得同样美丽。他描写池塘里的荷花和田间的细麦：

> 圆荷浮小叶，细麦落轻花。
>
> ——《为农》

婀娜的杨柳和飘香的枇杷在他的笔下是：

> 杨柳枝枝弱，枇杷对对香。

——《田舍》

看到梁上飞来的燕子还有水中嬉戏的沙鸥，他说：

> 自去自来梁上燕，相亲相近水中鸥。

——《江村》

听到春夜的细雨声，他欢喜地说道：

> 随风潜入夜，润物细无声。

——《春夜喜雨》

就连那恼人的梅雨、暴涨的春水也能被他发掘出美的一面：

> 二月六夜春水生，门前小滩浑欲平。
>
> 鸬鹚鸂鶒莫漫喜，吾与汝曹俱眼明。

——《春水生二绝》其一

这时，他的诗中再次出现了妻儿的身影，他们一改之前饥贫交加的形象，以一种安逸欢快的精神状态呈现在我们面前：

> 老妻画纸为棋局，稚子敲针作钓钩。

——《江村》

有时他还会带上妻子儿女一同乘船出游：

> 昼引老妻乘小艇，晴看稚子浴清江。

——《进艇》

　　一生坎坷的杜甫早应享有的天伦之乐，这时才零星出现，我们能不为他这片刻的欢愉感到高兴吗？当然除了与家人的欢聚外，热情好客的诗人也早与这里的左邻右舍打成一片了，他们经常在一起喝酒聊天、吟诗作画，生活极其惬意。他的北邻是位辞官隐退的县令，为人崇尚风雅，他不仅嗜酒爱竹，还喜欢头戴平民的白布巾时

常沿江徘徊，像极了晋朝的山简。杜甫在诗中夸他：

> 明府岂辞满，藏身方告劳。
>
> 青钱买野竹，白帻岸江皋。
>
> 爱酒晋山简，能诗何水曹。
>
> 时来访老疾，步屧到蓬蒿。

——《北邻》

而他的南邻却正好相反，这位隐士虽不富裕但却十分好客，平日里喜欢头戴一方乌角巾，他和杜甫二人常常喝到很晚才作罢：

锦里先生乌角巾，园收芋粟不全贫。

惯看宾客儿童喜，得食阶除鸟雀驯。

秋水才深四五尺，野航恰受两三人。

白沙翠竹江村暮，相送柴门月色新。

——《南邻》

［元］王蒙《西郊草堂图》

有了这两位幽默风趣、热情好客的邻居，杜甫的江村生活想是不会寂寞了。而韦偃、王宰两位画家朋友的到来，又为他的草堂增添了更多的艺术气息。韦偃，京兆人，以工山水、高僧、奇士、老松、异石而驰名画坛，其画笔力健劲、风格高举。他与杜甫在长安时就已相识，此时在成都相遇真是"他乡遇故知"。韦偃得知杜甫对马十分喜爱后，便不吝笔墨在草堂厅内东边的墙壁上为他画了两匹骏马。这下可把杜甫乐坏了，他题诗道：

韦侯别我有所适，知我连渠画无敌。

戏拈秃笔扫骅骝，欻见骐驎出东壁。

一匹龁草一匹嘶，坐看千里当霜蹄。

时危安得真致此？与人同生亦同死。

——《题壁上韦偃画马歌》

蜀中人王宰同样画艺颇深，他尤其擅长山水树石，常常出于象外。有一次杜甫看到了他画的昆仑山水图，瞬间便为友人那高超的画技所倾倒，于是他写诗赞叹说：

十日画一水，五日画一石。能事不受相迫促，王宰始肯留真迹。壮哉昆仑方壶图，挂君高堂之素壁。巴陵洞庭日本东，赤岸水与银河通，中有云气随飞龙。舟人渔子入浦溆，山木尽亚洪涛风。尤工远势古莫比，咫尺应须论万里。焉得并州快剪刀，剪取吴淞半江水。

——《戏题王宰画山水图歌》

［唐］韦偃《双骑图》

其实王宰并非真的是"十日一水"、"五日一石"，杜甫这样说无非是想夸赞他作画严肃认真，且从容不迫，不受他人态度的影响。受到了这么大的夸赞，王宰自然也免不了要送上自己的真迹了。

结识了这么多朋友，杜甫自然也忙活了起来，因为他要把家里精心收拾一番，准备招待即将到来的客人。于是他打扫了门前的花径，

敞开了久闭的蓬门，还置办了一桌虽不丰盛但却美味的乡村佳肴，静静等待着：

> 舍南舍北皆春水，但见群鸥日日来。
>
> 花径不曾缘客扫，蓬门今始为君开。
>
> 盘飧市远无兼味，樽酒家贫只旧醅。
>
> 肯与邻翁相对饮，隔篱呼取尽馀杯。

——《客至》

可是生活并不总是这样平静美好，暴风雨会在不经意间向人袭来。一个八月的午后，一场特大雷雨袭击了这里，雨住风停后，草堂的面貌发生了巨大的变化，而最令杜甫感到心痛的莫过于那株高大的柟树（即楠树）被风雨连根拔起。当初诗人之所以在这里选址建立草堂，就是因为看上了这棵树色冥冥、可以为房屋遮风挡雨的柟树，多少次杜甫醉酒之后，只要能在这棵柟树下休息片刻，他就能马上清醒过来。可如今，它被大风吹倒了，草堂不仅失去了一道亮丽的景色，杜甫更失去了一个知心朋友，这怎能不教他伤心难过呢？

> 虎倒龙颠委榛棘，泪痕血点垂胸臆。
>
> 我有新诗何处吟，草堂自此无颜色。

——《柟树为风雨所拔叹》

然而，事情远远没有结束，一场突如其来的大风再次让这家人蒙受了巨大的损失，"八月秋高风怒号，卷我屋上三重茅。茅飞渡江洒江郊，高者挂罥长林梢，下者飘转沈塘坳……"（《茅屋为秋风所破歌》）看到遮盖屋顶的茅草被大风吹得四分五散，杜甫赶忙去捡，可是却被南村的那群孩童捷足先登了。归来的杜甫又累又气，

只能倚杖叹气。没有茅草遮盖的屋子已经全部湿透了，可滴滴答答的秋雨一点也没有要停下来的意思，看来这一夜他又要无眠了。想到自战乱以来，自己和家人就辗转飘零，如今好不容易找到了个落脚的地儿，却还是不得安宁，命运为何总是如此捉弄人？然而，天底下不知道还有多少像自己一样的贫寒之人，他们此刻也在遭受着与自己同样的苦难啊！要是能有千万间坚固保暖的房子来供这些寒士居住那该多好，如果这个愿望实现的条件是让自己一人受冻，那么他甘愿接受这个安排！

如果说自然界的狂风暴雨只是暂时的话，那么人世间的贫寒却是一道挥之不去的阴影。"入门依旧四壁空，老妻睹我颜色同。痴儿不知父子礼，叫怒索饭啼门东。"（《百忧集行》）杜甫一家再次陷入了家徒四壁、箪瓢屡空的境地，为了生计，他不得不为一些达官贵人写些清客诗。在《徐卿二子歌》中，他称赞徐家（一说是西川兵马使徐知道）的二位公子说："君不见徐卿二子生奇绝，感应吉梦相追随。孔子释氏亲抱送，并是天上麒麟儿。大儿九龄色清澈，秋水为神玉为骨。小儿五岁气食牛，满堂宾客皆回头。"为了答谢这位徐卿的一饮一啄之恩，生性耿直的诗人不知痛下了多大的决心，才搬出孔子、释迦来说事，事后反思更觉羞愧难当，他讥笑自己是"强将笑语供主人"（《百忧集行》）。可即便杜甫如此难为自己，有时也未必就能换来对方的"慷慨解囊"。一次他给唐兴县宰王潜作了一篇《客馆记》，然而事先承诺好的那笔润笔费却迟迟没有音信，于是杜甫写了一首《敬简王明府》，希望王潜可以兑现承诺，可是对方仍然没有回应。这时他不得不又作一首《重简王明府》，再次表达之前的"骥病思秣"之意："甲子西南异，冬来只薄

寒。江云何夜尽，蜀雨几时干？行李须相问，穷愁岂有宽。君听鸿雁响，恐致稻粱难。"诗歌写得真挚哀婉，用"绝望的呼号"来形容一点也不为过，可见诗人当时的生活已经十分困窘了。

在这个"万方多难"的时节，"天府之国"的成都也渐渐变得不安宁起来，这里的武官们不是任侠使气，就是嚣张跋扈，为了争权夺利，他们不断上演着"犯上作乱"的闹剧。上元二年（761）四月，梓州刺史段子璋反，他把东川节度使李奂从绵州赶走后，自称梁王，改元黄龙，以绵州为龙安府。五月，西川节度使崔光远与李奂联合攻击段子璋，不日攻克。牙将花惊定以自己斩子璋有功，便在东川肆意抢掠，妇女有戴着金银镯钏的，都被他的士兵割下手腕以夺取之，乱杀数千人。崔光远因为不能制止他的暴行，也被肃宗革职查办，并于这年的十月忧愤成疾而死。杜甫在诗歌中，就不无讽刺地批评了花惊定的残暴与僭越，在《戏作花卿歌》中他说："子璋髑髅血模糊，手提掷还崔大夫。李侯重有此节度，人道我卿绝世无。"表面上是称赞花惊定的勇猛善战，实际上是在讽刺他的残忍无道。在《赠花卿》中，他说："锦城丝管日纷纷，半入江风半入云。此曲只应天上有，人间能得几回闻？"明人杨慎就明确指出该诗的诗旨是："花卿在蜀，颇僭用天子礼乐，子美作此诗讽之而意在言外，最得诗人之旨。"

崔光远死后，上元二年（761）的十二月，朝廷又派严武为成都尹兼两川节度使，严武未到之前，暂时由高适代理之。在此之前，高适就曾在彭州（今四川彭县）、蜀州（今四川崇庆）两地相继担任刺史，杜甫也寄信向他求过资助，但因为两人相隔较远，所以高适的援助总没有那么及时。而这次高适来到成都暂做府尹，杜甫的

[明] 唐寅《西洲话旧图》

窘境一下子就发生了重大改观。高适时常提着美酒，或独自一人，或有人陪伴，来到浣花溪畔的草堂里与杜甫一起开怀畅饮。虽然没有山珍海味来下酒，但是他们却喝得很开心，有时还不免互相取笑一下。一次，杜甫就拿对方的白头发开涮了，他笑着对高适说："移樽劝山简，头白恐风寒。"（《王竟携酒高亦同过共用寒字》）——老朋友，我劝你还是多喝几杯暖和暖和吧，因为像你这样的白发老翁是最怕风寒的了。要不是认识了几十年的老朋友，谁敢对成都府尹这样说话呢？也只有来自老朋友的资助，杜甫接受起来才稍稍觉得心安，因为那不是可怜的施舍，而是出自真挚的友情。

不久，严武到任，高适又重新回到了蜀州任上。严武的到来，让杜甫与朋友相聚的快乐时光又得以延续下去。严武（726～765），字季鹰，工部侍郎严挺之之子。《旧唐书·严武列传》中对他有褒有贬，一方面说他"神气隽爽，敏于闻见，幼有成人之风"，肯定了他卓越的军事才能，但另一方面又说他"肆志逞欲，恣行猛政"，尝因小错而杖杀部下，并且"性本狂荡，视事多率胸臆，虽慈母言不之顾"①。关于严武和杜甫的关系，还流传有这样一个故事，说杜

---

① 《旧唐书·列传第六十七》。

甫因与严挺之交情深厚，便时常得到严武的接济，有时杜甫喝醉了酒就喜欢登上严武的床，并大声叫嚷到："严挺之乃有此儿！"次数多了，严武便耿耿于怀，有一次居然要用计杀了杜甫，幸亏严母及时赶到才制止住。这件事的真假如何，我们姑且不论，但从中可以看出严武与杜甫的关系的确不一般。杜甫诗集中最早的一首写给严武的诗，是作于至德二年（757）的《奉赠严八阁老》。当时严武刚升任为给事中，杜甫写诗向他表示祝贺，并称赞他少年才俊、诗才亦佳："扈圣登黄阁，明公独妙年。蛟龙得云雨，雕鹗在秋天。客礼容疏放，官曹可接联。新诗句句好，应任老夫传。"后来，杜甫也偶尔有几首寄给严武的诗，但都不集中。但是等严武到了成都之后，与严武有关的诗篇就大量出现了，这些诗篇为我们了解二人的交游情况提供了一条捷径。严武刚来成都不久，就寄诗邀请杜甫进城去他府上游玩，杜甫接到此诗也高兴地回复了一首：

拾遗曾奏数行书，懒性从来水竹居。

奉引滥骑沙苑马，幽栖真钓锦江鱼。

谢安不倦登临费，阮籍焉知礼法疏。

枉沐旌麾出城府，草茅无径欲教锄。

——《奉酬严公寄题野亭之作》

杜甫说自己生性懒惰，过惯了草堂这种隐居水竹、垂钓江边的生活，所以不愿意走出去。倒是严公你应该学习一下当年游山玩水的谢安，不妨带着你的人马来草堂与我相聚吧。严武倒是个爽快之人，受到杜甫的邀请没几天，就带着小队随从到草堂做客了。"元戎小队出郊坰，问柳寻花到野亭。"（《严中丞枉驾见过》）可见当时的场面一定很热闹。这次相聚过后，二人的关系更加密切了。知道

杜甫爱喝酒，严武有时就会送些上好的佳酿过来，这时诗人高兴地酬谢道：

> 山瓶乳酒下青云，气味浓香幸见分。
>
> 鸣鞭走送怜渔父，洗盏开尝对马军。
>
> ——《谢严中丞送青城山道士乳酒一瓶》

作为回报，杜甫有时会主动邀请严武到郊外钓鱼：

> 雨映行宫辱赠诗，元戎肯赴野人期？
>
> 江边老病虽无力，强拟晴天理钓丝。
>
> ——《中丞严公雨中垂寄见忆一绝奉答二绝》其一

二人最后究竟钓成鱼没有，我们不得而知，不过他们的确是吃到大鱼大肉了。五月（宝应元年，即公元 762 年的五月）的一天，严武带着自己的厨子还有大队人马，浩浩荡荡地来到了草堂，他们在竹林里洗盘作馔、开怀畅饮，周围是金鞍簇簇的马匹，好不气派：

> 竹里行厨洗玉盘，花边立马簇金鞍。
>
> 非关使者征求急，自识将军礼数宽。
>
> ——《严公仲夏枉驾草堂兼携酒馔得寒字》

当然，好友相聚不能只谈生活琐事，何况一个是朝廷大员严武，一个是"身在江湖，心存魏阙"的杜甫呢？杜甫十分欣赏严武的文韬武略，并勉励他安边报国、建立功勋：

> 汲黯匡君切，廉颇出将频。
>
> 直词才不世，雄略动如神。
>
> …… ……
>
> 辞第输高义，观图忆古人。

征南多兴绪，事业暗相亲。

> ——《奉和严中丞西城晚眺十韵》

一次杜甫在严武的府上看到了《蜀道画图》，时刻将边事萦挂在心的他便忍不住歌咏西蜀的地形：

> 日临公馆静，画满地图雄。
>
> 剑阁星桥北，松州雪岭东。
>
> 华夷山不断，吴蜀水相通。
>
> 兴与烟霞会，清樽幸不空。

> ——《严公厅宴同咏蜀道画图得空字》

宝应元年（762）的春天，成都大旱，冬麦大都枯死。杜甫看在眼里，忧在心里，他从"谷者百姓之本"的角度出发，写下《说旱》一文，劝严武道："公诚能暂辍诸务，亲问囚徒，除合死者之外，下笔尽放，使图圄一空，必甘雨大降。但怨气消，则和气应矣。"杜甫的这种观点在今天看来不免有些迂腐，但却是他关心民生疾苦的真实反映。或许是因为严武接受了这个建议所致吧，一个田家老农居然在杜甫面前连声称赞这位新来的严中丞勤政爱民："田翁逼社日，邀我尝春酒。酒酣夸新尹，畜眼未见有。回头指大男，渠是弓弩手。名在飞骑籍，长番岁时久。前日放营农，辛苦救衰朽。差科死则已，誓不举家走。"（《遭田父泥饮美严中丞》）老农说，严中丞是他有生以来见过的最好的官，为了感谢严大人把自己在军中服役的大儿子放归务农的恩情，他愿意主动承担徭役赋税，再也不带着家人逃走了。老农的话语让我们看到，原来在"恣行猛政"之外，严武还有另一面。

2. 暂离草堂

这年的春天虽然大旱，但是自进入四月份以来，成都就一直阴雨绵绵。刚开始，杜甫还为这久旱后的甘霖欣喜不已，连自家茅屋漏雨都不在意："敢辞茅苇漏，已喜黍豆高。"（《大雨》）可是雨下得多了，也不是好事，有时杜甫会因溪水暴涨而被困在路上："秋夏忽泛溢，岂惟入吾庐。蛟龙亦狼狈，况是鳖与鱼。兹晨已半落，归路跬步疏。"（《溪涨》）不仅如此，家里也到处都是湿漉漉的，而同样潮湿的还有杜甫的心情，因为好友严武要离开成都了。

这一年（宝应元年，即公元762年）的四月，玄宗、肃宗先后驾崩，代宗李豫（初名李俶）即位，六月罢李辅国兼中书令，同月召严武还朝。这当是房琯一派被重新启用的征兆，杜甫对这一点也很清楚，于是他强忍分别的痛苦，勉励好友说："公若登台辅，临危莫爱身。"（《奉送严公入朝十韵》）——如果哪天你当了宰相，遇到国家危难时刻，请你一定要敢于献身啊——这既是对严武的期许，也是诗人的政治抱负，然而他如今已没有这样的机会了，所以只能将厚望寄托在好友身上。严武离开成都后，杜甫一直深情相送至绵州，终于在绵州三十里之外的奉济驿与严武握手言别。在《奉济驿重送严公四韵》这首诗中，杜甫虽然没有用到一个"泪"字，但是读来却句句含泪：

> 远送从此别，青山空复情。
>
> 几时杯重把？昨夜月同行。
>
> 列郡讴歌惜，三朝出入荣。
>
> 江村独归去，寂寞养残生。

难怪古人评价此诗说："发端已觉声嘶喉哽，结处回思严去之后，穷老无依，真欲放声大哭。虽无'泪'字，尔时语景已可想见矣。送别诗至此，使人不忍再读。"①

然而送走严武后，杜甫却没能"独归"草堂去"养残生"，因为就在这时（七月），剑南兵马使徐知道叛变了。徐知道本是成都少尹兼侍御史，他趁着严武离任，成都空虚之时，便自称成都尹兼御史中丞剑南节度使，还联络西南的少数民族反动叛乱。他派兵北断剑阁、西攻邛州，还防守住各个要塞，阻止援军进入。虽然八月时，徐知道被部下李忠厚杀死，但是这场叛乱却并没有停止，一向安宁的成都瞬间变得混乱不堪。由于通往成都的道路被叛军阻隔，杜甫只好暂时滞留在绵州，这一来，他与妻子儿女还有那溪畔草堂的音信就完全被切断了，这是最近几年来杜甫从没有经历过的事情，他再次陷入了对家人生死的担忧中。为了能尽早与家人团聚，也为了维持眼前的生计，杜甫决定到离成都较近的梓州那里去投靠汉中王李瑀。

李瑀，玄宗兄"让皇帝"李宪第六子，汝阳王李琎之弟，为人仪表出众，早有盛名，封陇西郡公。安史之乱爆发后，他随玄宗入蜀，被封为汉中王。杜甫寓居长安时，就与李琎、李瑀兄弟交好，所以此次前去投靠也在情理之中。得到汉中王的慷慨允诺后，杜甫便离开绵州赶往梓州，这一路上他看到的是死去战士的白骨，听到的是乌鸦的乱鸣，在这样阴森恐怖的环境下，他也变得惊疑不定、草木皆兵：

---

① 仇兆鳌：《杜诗详注》。

马惊不忧深谷坠，草动只怕长弓射。

——《光禄阪行》

这时，他才知道徐知道的叛乱给黎民百姓究竟带来了怎样的不幸，他想起了去年在平段子璋乱中阵亡的马将军：

苦战身死马将军，自云伏波之子孙。

干戈未定失壮士，使我叹恨伤精魂。

——《苦战行》

他哀悼那些战死沙场的士兵们：

去秋涪江木落时，臂枪走马谁家儿。

到今不知白骨处，部曲有去皆无归。

——《去秋行》

来到梓州后，杜甫最挂念的还是妻子儿女的安危，他或托人捎去自己的家书，表达自己与家人一起出峡还京的愿望：

凉风动万里，群盗尚纵横。

家远传书日，秋来为客情。

愁窥高鸟过，老逐众人行。

始欲投三峡，何由见两京。

——《悲秋》

或是在深夜里辗转无眠，为自己的淹留不归深深自责：

客睡何曾著，秋天不肯明。

入帘残月影，高枕远江声。

计拙无衣食，途穷仗友生。

老妻书数纸，应悉未归情。

——《客夜》

后来几经周折，杜甫于这年的晚秋时节把家人从成都接到了梓州，分别的一家人终于团聚了。可是生计又成了大问题，为了维持生活，杜甫不得不辗转于梓州与绵州、阆州之间，充当那些"边头公卿"身边无聊的点缀。他或陪通泉姚县令携酒泛江，或与王侍御共游东山野亭，或陪梓州刺史章彝宴会、送客，或为一些途径于此的官吏们写些陪宴、送别诗。杜甫明白，在这些县令、使君眼里，他不过是个能诗能文的清客而已，别看他们表面上客客气气的，大鱼大肉的招待你，其实骨子里对你满是轻蔑和骄矜：

　　剑南岁月不可度，边头公卿仍独骄。

　　费心姑息是一役，肥肉大酒徒相邀。

——《严氏溪放歌行》

他感慨自己的漂无定所，痛惜珍爱贤才的古人早已化为灰烬：

　　呜呼古人已粪土，独觉志士甘渔樵。

　　况我飘蓬无定所，终日戚戚忍羁旅。

——《严氏溪放歌行》

每到这时，他就更加仰慕那些挺拔卓越的前辈们。怀着这样一种心情，杜甫于这一年（宝应元年，公元762年）的冬天来到离梓州不远的射洪，

陈子昂读书台今景

参观凭吊陈子昂的学堂、故居。陈子昂（661～702），字伯玉，梓

州射洪人，是初唐诗文革新运动的先驱。他不仅是位伟大的诗人，更是个有胆有谋的政治家，他曾多次向武后上疏陈言时弊，但却始终沉沦下僚，辞官回乡后被县令段简陷害，冤死狱中。对于这样一位前辈，杜甫自然是万分景仰的，他称赞陈子昂的人格与诗才是：

　　位下曷足伤？所贵者圣贤。

　　有才继骚雅，哲匠不比肩。

　　公主扬马后，名与日月悬。

——《陈拾遗故宅》

但当看到陈子昂的学堂如今苍苔遍生时，他又不禁为之悲叹伤嗟：

　　陈公读书堂，石柱仄青苔。

　　悲风为我起，激烈伤雄才。

——《冬到金华山观因得故拾遗陈公学堂遗迹》

　　在陈子昂故宅的墙壁上，他还看到了赵彦昭、郭元振等人的题字。这两位同样是有唐一代的名士。赵彦昭（生卒年不详，约在公元714年前后去世），字奂然，甘州张掖（今甘肃张掖）人，少豪迈，风骨秀爽，进士及第，曾迁刑部尚书，封耿国公。后贬江州别驾，卒。平生与郭元振、薛稷等相友善。郭震，字元振，魏州贵乡（今河北大名东南）人，少有大志，为人任侠使气，不拘小节，后因上《宝剑篇》得到武后的赏识，被授予右武卫铠曹参军。玄宗诛太平公主，元振立有大功，进封代国公。听说射洪南六十里的通泉县还留有郭元振任县尉时故居，杜甫在射洪凭吊完毕后，便一路南下前往通泉。看到故宅的那一刻，杜甫瞬间觉得他与郭元振的距离拉近了，他赞叹这位豪俊之士遇事的当机立断和平乱的丰功伟绩：

　　定策神龙后，宫中翕清廓。

俄顷辨尊亲，指挥存顾托。

群公有惭色，王室无削弱。

迥出名臣上，丹青照台阁。

我行得遗迹，池馆皆疏凿。

壮公临事断，顾步涕横落。

——《过郭代公故宅》

"初唐四大家"之一的薛稷与郭元振为太学同业，他是隋代大诗人薛道衡的曾孙，曾官至太子少保、礼部尚书，人称"薛少保"。他兼画人物、佛像、鸟兽、树石，尤以画鹤知名。杜甫这次就有幸在通泉县署的墙壁上看到了他的真迹，于是盛赞道：

薛公十一鹤，皆写青田真。

画色久欲尽，苍然犹出尘。

低昂各有意，磊落如长人。

佳此志气远，岂惟粉墨新。

——《通泉县署屋壁后薛少保画鹤》

在慧普寺，杜甫还看到了薛稷的壁画和题写的匾额，想到他最终因太平公主事而被赐死狱中，杜甫不觉为之扼腕叹息：

少保有古风，得之陕郊篇。

惜哉功名忤，但见书画传。

——《观薛稷少保书画》

杜甫从不同的情况出发，或歌颂他们高尚的人格，或歌颂他们出众的才华、伟大的功业，在这些人物事迹的感召下，杜甫的精神也为之一振。

果然，不久就有好消息传来。广德元年（763）正月，史朝

义自缢而死，其部下田承嗣、李怀仙也纷纷投降，历时八年的安史之乱终于宣告结束。开春时节，杜甫听到叛军投降，官军收复河南、河北的消息后，简直是欣喜若狂，他含着热泪，放声歌唱道：

> 剑外忽传收蓟北，初闻涕泪满衣裳。
>
> 却看妻子愁何在？漫卷诗书喜欲狂。
>
> 白日放歌须纵酒，青春作伴好还乡。
>
> 即从巴峡穿巫峡，便下襄阳向洛阳。

——《闻官军收河南河北》

这首妇孺皆知的诗歌佳篇，传达给人们的是一种希望的力量，我们仿佛看到，在一个晴朗的日子里，杜甫和家人乘着一艘开往洛阳的客船飞快前进，不日他们便可到达那日思夜想的故乡。可是，杜甫的美梦再次落空了。史朝义的自缢、河南河北的收复并没有结束唐王朝的动乱局势，外患与内忧不断侵蚀着这个风雨飘摇中的李氏政权。正如诗人在《北征》中所担心的那样，借助回纥兵力平复叛乱无异于饮鸩止渴。收复中原后，回纥自恃平乱有功，嚣张气焰比肃宗时更加猖狂，他们无视唐朝法令，在长安城内肆意妄为，即使闯入皇城的含光门也无人敢来阻止。而同样应验的还有杜甫对吐蕃的担忧，这年的七月，吐蕃入大震关，攻占鄯州、洮州、岷州、秦州、成州、魏州等地，使河西、陇右等地全部沦陷。在此危急关头，宦官程元振竟向代宗隐瞒实情，致使吐蕃十月份攻陷邠州，不久长安陷落，代宗仓皇出逃。在不到十年的时间内，都城长安就频频陷落，这对于一心想"致君尧舜"的杜甫来说，该是多大的打击啊！他为皇帝的安危深深担忧：

纷纷乘白马，绕绕著黄金。

隋氏留宫室，焚烧何太频！

——《遣忧》

同时他更为西蜀危急的局势担忧。吐蕃逼近长安时，暂代严武为西川节度的高适本想用兵进攻吐蕃南境，从旁牵制，不料松州（四川松潘）被围。十二月，吐蕃攻陷松、维、保三州。《警急》、《王命》、《征夫》以及《西山三首》就是在这样的背景下创作出来的，这些诗歌真实反映了西蜀人民因战乱遭受的苦难：这里的百姓几乎全被征去服役了，而通往外界的要道又被叛军阻断，城市里、道路上充斥着哀哭声：

十室几人在？千山空自多。

路衢唯见哭，城市不闻歌。

漂梗无安地，衔枚有荷戈。

官军未通蜀，吾道竟如何！

——《征夫》

巴蜀是这样，曾经富庶的江南地区也是这样。上元元年（760）十一月，宋州刺史刘展叛变，南下攻陷了江淮的许多城市。虽然平卢兵马使田神功后来将其讨平，但是这支平乱队伍却比叛军还要嚣张，他们每攻下一个城市就大肆抢掠，繁华的江南瞬间就凋敝了。宝应元年的八月，浙东农民因无法忍受过重的税收而爆发起义，他们在袁晁的领导下攻陷了浙东的许多郡县，直到广德元年（763）的四月才被李光弼镇压下去。虽然杜甫当时无法分清农民起义与叛乱之间的区别，在《喜雨》一诗中，他还是希望朝廷能尽快平定袁晁起义：

安得鞭雷公，滂沱洗吴越。

但是他同情劳苦大众、心忧天下的心却是一如既往的，而且他越来越认识到那些被统治者称为"盗贼"的人其实都是些无路可走的百姓：

不过行俭德，盗贼本王臣。

——《有感五首》其三

在朝廷有难、蒸黎受苦的时刻，身为人臣的官员们本该"先天下之忧而忧"，为民解忧、为国尽忠。可是杜甫看到的却是另一番景象，蜀地的官吏们不是泛舟江上、欣赏女乐，就是打鱼狩猎、逍遥纵乐，根本不把国家和人民放在心上。冬天的时候，梓州刺史兼东川留后章彝竟率领三千人马，大张旗鼓地去山林里狩猎去了，杜甫不无讽刺地写道：

君不见东川节度兵马雄，校猎亦似观成功。

夜发猛士三千人，清晨合围步骤同。

这样大动干戈，收获的猎物自然不少，青兕、玄熊、鹡鸰等飞禽走兽全在囊中。可是诗人不禁问道，用这么多的兵力去打这些猎物，意义何在呢？现在国家危难，为什么不能用这支队伍去为国家出份力呢？

草中狐兔尽何益，天子不在咸阳宫。

朝廷虽无幽王祸，得不哀痛尘再蒙！

呜呼，得不哀痛尘再蒙！

——《冬狩行》

蜀中地区是这样地混乱，结交的那些"边头公卿"也越来越冷淡，杜甫在成都草堂时就萌发的去蜀东游念头，此时更加强烈。这

一年（广德元年，公元763年）的十一月，杜甫终于做好了东去江南的打算，他从小心侍奉的东川留后章彝那里筹到了一些盘缠，临走那天，章彝设宴为他饯行，宴会规模很大，不仅嘉宾满座，还有赛马、比武等精彩的竞技表演。然而杜甫却百感交集，他觉得夹在这些青年中间，自己又老又丑，他反复对比今昔，说：

> 常恐性坦率，失身为杯酒。
>
> 近辞痛饮徒，折节万夫后。
>
> 昔如纵壑鱼，今如丧家狗。
>
> 既无游方恋，行止复何有？
>
> ——《将适吴楚留别章使君留后兼幕府诸公得柳字》

他觉得自己就如一只丧家之犬，带着家人四处流浪。新知故交们，也各随所愿，或薄或厚地给予他一些资助，但是这其中潜藏的"悲辛"却只有诗人自己清楚。于是，欢宴过后，杜甫便离梓赴阆，准备从阆水入汉水（即嘉陵江）至渝州（重庆），东下江南。离开前，他还特意嘱咐弟弟杜占（这是杜甫四弟中唯一陪他入蜀的弟弟）回成都草堂帮他照看一下鹅鸭，栽种一下竹子，看来草堂仍是他心中难以割舍的牵挂啊！难道杜甫真的要带着这份牵挂离开吗？

3. 重归草堂

广德二年（764）的春节，杜甫和家人是在阆州度过的。由于还有一些琐事需要处理，杜甫在阆州一直待到了二月。就在他整装待发的前夕，老友严武再次被任命为成都尹兼剑南节度使的消息传来，草堂的一切在他眼前又重新焕发出了光彩。他觉得严武的到来使他孤苦无依的生活再次有了转机，于是他毅然放弃了东下江南的计划，掉转行程，西回成都。

离开阆州前，杜甫还专程来到房琯墓前与地下的老友做最后的告别。自从乾元元年（758）六月，房琯被贬为邠州刺史后，他们就再也没有见过面。广德元年（763）的春天，二人本应有一次重逢的机会，但是却又彼此错过了：这一年的四月，房琯被任命为特进刑部尚书后，便离开汉州（上元二年八月，房琯任汉州刺史）赶往长安，不料房琯刚走，杜甫就来到了汉州，二人未能见面。然而，房琯走到阆州时，就因重病不能前行了，八月四日便死在僧舍里。九月，杜甫前去阆州吊唁这位同乡好友，并写下一篇沉痛的《祭故相国清河房公文》。这次，杜甫将要离开阆州，他怎能不去看望一下这位故友呢？在《别房琯太尉墓》中，他说："他乡复行役，驻马别孤坟。近泪无干土，低空有断云。对棋陪谢傅，把剑觅徐君。唯见林花落，莺啼送客闻。"——老朋友，我就要回成都了，今天特意来向你辞别。我泪如雨注，身旁竟没有一片干土。想再和你下盘棋已不可能了，我觉得自己就像是当年寻觅徐君的季札。林花坠落、莺啼凄切，这样的场景只有我独自一人消受了。——挥洒完眼中的泪水后，杜甫骑上马就匆匆上路了。

近两年无人料理的草堂如今会是怎样一番模样呢？杜甫用他的诗笔为我们形象地描绘了出来："开门野鼠走，散帙壁鱼乾"（《归来》），一打开门就看见野鼠在屋里乱窜，翻开书卷，里面是早已干死的壁鱼，这样的场景该是多么荒凉。然而，杜甫的心中却充满了无尽的喜悦，因为无论是草堂的动物、植物，还是周围的邻居朋友，都在欢庆他的归来：

> 入门四松在，步屧万竹疏。
>
> 旧犬喜我归，低徊入衣裾。

邻里喜我归，酤酒携胡芦。

大官喜我来，遣骑问所须。

城郭喜我来，宾客临村墟。

——《草堂》

在亲朋邻里的共同协助下，修葺一新的草堂又重新焕发了光彩，杜甫的心情也跟着舒畅了起来，他又要为大自然的万物讴歌了。眼前的燕子、鸳鸯在他看来是：

泥融飞燕子，沙暖睡鸳鸯。

——《绝句二首》其一

他看眼前的蜂蝶是：

蔼蔼花蕊乱，飞飞蜂蝶多。

——《绝句六首》其二

［元］佚名《杏花鸳鸯图》

他一心牵挂的四棵小松树，如今已长得与人一般高了：

四松初移时，大抵三尺强。

别来忽三岁，离立如人长。

——《四松》

门前栽种的五株桃树，也都郁郁成荫，遮蔽了道路：

小径升堂旧不斜，五株桃树亦从遮。

高秋总馈贫人实，来岁还舒满眼花。

——《题桃树》

杜甫的审美眼光不只局限在眼前，他还试着向更远的地方望去：

两只黄鹂鸣翠柳，一行白鹭上青天。

窗含西岭千秋雪，门泊东吴万里船。

——《绝句四首》其三

开往东吴的船只，杜甫当然没有乘上，因为他还要与那位着"乌角巾"的南邻朱山人共享梅子，与一位阮姓朋友高谈阔论呢：

梅熟许同朱老吃，松高拟对阮生论。

——《绝句四首》其一

可是不久，杜甫就投入到一种截然相反的生活中去了。为了生计，也为了不辜负好友严武的一再诚邀，杜甫于这年的六月进入严武的幕府工作，并任校检工部员外郎一职。由于任所离家较远，他不得不离开草堂，暂居成都节度使署中。从此，他那清闲自在的草堂生活就被紧张忙乱的幕府生活取代了。每天他都是天刚亮就到府衙办公，直到夜晚才出来。这时严武正在加紧练兵，准备七月时西征，收复去年被吐蕃攻陷的松、维、保三州。杜甫对此当然是兴奋不已，他以幕府参谋的身份陪同严武一起阅兵，还写了《东西两川说》一文发表自己对边疆问题的看法和建议。这年的九月，严武率兵破吐蕃七万兵，并攻克当狗城（今四川理县东南），收复盐川城（今甘肃漳县北），他又命部下崔旰（即崔宁）乘胜追击，扩地数百里。这让一直处于被动的唐朝终于扬眉吐气了一把，为嘉奖严武的功绩，朝廷封他为郑国公，并加检校吏部尚书。深秋的一天，已是郑国公的严武在杜甫和其他幕僚的陪同下，一起到成都使府的北池临眺、欢宴，杜甫还特意写了《陪郑公秋晚北池临眺》以记之。他们还到成都东南十二里的摩诃池上泛舟，到严武的府厅内观看墙壁上的《岷山沱江图》，一同欣赏庭前的新竹，这期间自然免不了分韵赋诗，杜甫也都留下了相应的诗篇。

　　但是，"悠游自在"、"一团和气"不过是短暂的表象，"单调板滞"、"勾心斗角"才是幕府生活的本质。在《莫相疑行》中，杜甫就表达了自己受同僚猜忌后的忧郁之情：

> 男儿生无所成头皓白，牙齿欲落真可惜。
>
> 忆献三赋蓬莱宫，自怪一日声辉赫。
>
> 集贤学士如堵墙，观我落笔中书堂。
>
> 往时文彩动人主，此日饥寒趋路旁。
>
> 晚将末契托年少，当面输心背面笑。
>
> 寄谢悠悠世上儿，不争好恶莫相疑。

杜甫回想起当年作三大礼赋后，受到玄宗赏识的往事，那时他由宰相亲自试文，集贤殿的学士们则纷纷过来围观，这是杜甫一生中最引以为豪的事情了。可如今，他却屈居幕府，这也就罢了，不想还被一些轻薄之徒猜忌蔑视，心性极高的杜甫自然是气不过的。但是当想到历史上许多的大人物也都曾受辱受难时，他痛苦的心情就稍稍平复了，于是开导自己说：

> 老翁慎莫怪少年，葛亮《贵和》书有篇。
>
> 丈夫垂名动万年，记忆细故非高贤。

——《赤霄行》

　　在被同僚猜忌的同时，杜甫的身体状况也每况愈下，这个五十三岁的老人在肺病、疟疾之外，又添上了风痹、头风的毛病。如果坐久了，他就会感到四肢麻痹；他的头还会经常性疼痛。老妻和女儿因为记挂他的病情，时时寄信过来询问："老妻忧坐痹，幼女问头风"（《遣闷奉呈严公二十韵》），每到这时，独自在外的杜甫就更加思念草堂、思念草堂里的家人。他曾多次向严武提出

解除他幕府职务的请求，但是却一直没有得到允许。这期间，他一得空便请假回村，每回一次，他那归隐草堂、重做农夫的念头就强烈一分：

> 稻粱须就列，榛草即相迷。
>
> 蓄积思江汉，疏顽惑町畦。

——《到村》

但是想到严武对自己的知遇之恩，他又不得不放弃这样的打算：

> 暂酬知己分，还入故林栖。

——《到村》

可是，这位好友的一些行为也渐渐让他感到不满。自破吐蕃有功后，严武就变得日益骄奢，史书上说他："在蜀累年，肆志逞欲，恣行猛政……蜀土颇饶珍产，武穷极奢靡，赏赐无度，或由一言赏至百万。"① 在严武挥霍无度的同时，天下苍生却正饱受着饥寒之苦。这一年（广德二年，公元 764 年）的九月，关中地区蝗虫成灾、淫雨不断，都城长安也闹了大的饥荒，杜甫的好友苏源明就在这场饥荒中死去。与此同时，郑虔也在遥远的台州去世了。这两位好友的辞世，简直把杜甫打入了沉痛的深渊，他说：

> 故旧谁怜我？平生郑与苏。
>
> 存亡不重见，丧乱独前途。

一生中最怜惜自己的好友就这样离开，他顿感生活黯淡无光了，而同样黯淡的还有当时的诗坛：

> 豪俊何人在，文章扫地无！

---

① 《旧唐书·严武列传》。

想到苏、郑的死因，他更感不平：

> 得罪台州去，时危弃硕儒。
>
> 移官蓬阁后，谷贵殁潜夫。
>
> 流恸嗟何及，衔冤有是夫。

此刻他多么想亲自去吊唁他们，可是流落巴蜀又疟疾缠身的他却无能为力：

> 疟病餐巴水，疮痍老蜀都。
>
> 飘零迷哭处，天地日榛芜！
>
> ——《哭台州郑司户苏少监》

然而"一波未平，一波又起"，永泰元年（765）的正月，高适也在长安去世了。上元二年（761）的人日（正月初七）那天，高适作《人日寄杜二拾遗》有云："今年人日空相忆，明年人日知何处。"没想到四年后的今天，这不祥的预言就真的应验了，此情此景怎不令人心伤？在《闻高常侍亡》一诗中，杜甫献上了自己最沉痛的哀悼：

> 归朝不相见，蜀使忽传亡。
>
> 虚历金华省，何殊地下郎。
>
> 致君丹槛折，哭友白云长。
>
> 独步诗名在，祗令故旧伤。

好友的接连去世，让杜甫的情绪低落到了极点，这期间稍稍能给他带来快乐的是弟弟杜颖的到来，这个远在山东的弟弟与杜甫已经十几年没有见过面了，如今他竟跋山涉水来到成都看望自己，杜甫别提有多开心了。然而小住几日后，杜颖就踏上了东归的征程，杜甫把他送了一程又一程，还是不忍分开。他说：

风尘暗不开，汝去几时来？

兄弟分离苦，形容老病催。

江通一柱观，日落望乡台。

客意长东北，齐州安在哉？

——《送舍弟颖赴齐州三首》其二

手足分离的痛苦莫过于此吧！送走杜颖后，杜甫又不得不回到幕府重复单调的工作。

对严武的奢靡生活，杜甫也试图旁敲侧击加以劝谏。一次，太子舍人张某送给他一条织有鲸鱼水族图案的珍贵褥缎，并说铺上它不仅可以驱走妖魅，还可以神清气爽，可是杜甫最后还是拒绝了张舍人的礼物，因为他觉得像自己这样一个贫贱的老头儿，与这样贵重的东西是不相称的，只要有件粗布短袄他就很满足了。接着他说道："叹息当路子，干戈尚纵横。掌握有权柄，衣马自肥轻。李鼎死岐阳，实以骄贵盈。来瑱赐自尽，气豪直阻兵。皆闻黄金多，坐见悔吝生。奈何田舍翁，首次厚贶情？"（《太子张舍人遗织成褥段》）——可叹那些身居要职的人们，在战乱的时节因为掌有大权，就轻裘肥马、纵情享受。李鼎之所以死在凤翔就因为他骄贵过了头，来瑱死于流放的途中，不也是因为气焰嚣张所致吗？看来黄金多了，也不是什么好事啊！——言外之意，他担心严武会步这些人的后尘。所以，最后他说："锦鲸卷还客，始觉心和平。振我粗席尘，愧客茹藜羹！"这既是杜甫对自己的要求，也是他对严武的建议。

严武到底有没有接受这个建议，我们不得而知，但是作为朋友，杜甫的确已经尽到了"责善之道"。永泰元年（765）的正月初

三，杜甫作了一首《正月三日归溪上有作简院内诸公》，其中有"白头趋幕府，深觉负平生"之语，王嗣奭据此推断说这是杜甫辞去幕府一职后所语，若果真如此，那么至迟在这年的正月初三，严武答应了他辞官回家的请求。过了几个月幕府生活的杜甫终于重新回到了草堂。回到草堂后，他就开始了精心的修葺工作，预备在这里终老一生。他向王录事筹借到一笔修理费用，扩建了一些房屋；他还率领家人在房前屋后彻底清除杂草，把草堂疯长的莩麻一一铲除掉。这样，草堂的面貌又焕然一新了，他觉得这里简直可以与陶渊明笔下的桃花源相媲美：

> 茅屋还堪赋，桃源自可寻。

——《春日江村五首》其一

草堂没有修好之前，杜甫就寄诗给严武，希望他可以在空闲时来草堂相聚：

> 迹忝朝廷旧，情依节制尊。
>
> 还思长者辙，恐避席为门。

——《敝庐遣兴奉寄严公》

如今房屋都已修缮完毕，而春暖花开的四月又是草堂最美的时节，杜甫盼望严武前来的愿望就更加强烈了。就在他苦苦等待时，一个惊天噩耗传来：剑南节度使严武十四月辛卯去世了。这个消息不但让杜甫陷入了巨大的悲痛之中，也彻底改变了他原有的计划。诗人终老草堂的美梦再次破碎了。

四、夔州孤城

1. 滞留云安

早在梓州时，杜甫就做好了去蜀东下的打算，若不是好友严武再次镇蜀，现在他恐怕早已在江南安家了。如今严武去世了，杜甫在成都的依凭丧失了，纵然他想为草堂而留下，但是他又无法和家人空守着草堂过一辈子，再三思索后，他决定带着家人离开成都，东下江南。

永泰元年（765）的五月，杜甫一家在草堂附近的万里桥上船，沿着岷江顺流直下，他们经过了嘉州（四川乐山）、戎州（四川宜宾）、渝州（重庆）、忠州（四川忠县）。虽然每到一处都有亲朋好友接待，但是终难掩杜甫心头的忧伤，他觉得自己就像天地间一只飞来飞去的沙鸥，始终找不到一片可以栖息的净土：

> 细草微风岸，危樯独夜舟。
>
> 星垂平野阔，月涌大江流。
>
> 名岂文章著，官应老病休。
>
> 飘飘何所似？天地一沙鸥。
>
> ——《旅夜书怀》

重阳节前，杜甫一行来到了云安（重庆云阳），他们本想在此停留片刻便继续上路，不料杜甫却突然生了一场大病。在《别常征君》一诗中，他向前来探望自己的常征君表达了谢意：

> 儿扶犹杖策，卧病一秋强。
>
> 白发少新洗，寒衣宽总长。
>
> 故人忧见及，此别泪相忘。

各逐萍流转，来书细作行。

即使有宗文、宗武搀扶着，他也仍需要拐杖的支撑才能勉强站起来；白头发越洗越少，原本合体的寒衣也因他日渐消瘦而变得又宽又长。看来，杜甫这次果然病得不轻。不过好在病重期间，杜甫及家人得到了云安县令严某的照顾，在严县令的水阁里他卧床休养了整整一个冬天，直到第二年的春天，他的病情才有所好转。

云安，即今天的重庆云阳县，在唐朝隶属夔州府，是个荒远偏僻、人烟稀少的渝东古城。不过，在杜甫笔下，这座古城却焕发出生动、清丽的风采：

> 寒轻市上山烟碧，日满楼前江雾黄。
>
> 负盐出井此溪女，打鼓发船何郡郎？
>
> ——《十二月一日三首》其二
>
> 即看燕子入山扉，岂有黄鹂历翠微？
>
> 短短桃花临水岸，轻轻柳絮点人衣。
>
> ——《十二月一日三首》其三

不过，杜甫印象最深的，还是云安城里那日夜啼叫的杜鹃。按照蜀地的习俗，每逢暮春听到杜鹃的啼声时，人们都要起身向这鸟儿拜上一拜，因为据说它乃是古蜀国帝王杜宇的魂魄化成的。这位生前带领蜀地人民开荒辟地、治水平患的杰出帝王，死后却只能化成这叫声凄苦的哀鸟，杜甫怎能不为之忧伤？联想起自己的处境，杜甫的愁绪更深了：

> 峡里云安县，江楼翼瓦齐。
>
> 两边山木合，终日子规啼。

眇眇春风见，萧萧夜色凄。

客愁那听此？故作傍人低。

————《子规》

自严武去世后，蜀中地区就开始大乱，先是继任西川节度使兼成都尹的郭英乂暴戾恣睢，引起部下不满。永泰元年（765）的闰十月，汉州刺史崔旰率兵攻击郭英乂，郭英乂逃亡简州，后被普州刺史韩澄杀死。韩澄将郭英乂的首级献给了崔旰。接着，邛州牙将柏茂琳、泸州牙将杨子琳、剑州牙将李昌夔又举兵讨伐崔旰，军阀混战的局面一发不可收拾。而与此同时，关中和陇右也不断遭受着吐蕃、回纥、党项、吐谷浑等外族的入侵，人民又再次陷入了逃难、与家人生离死别的苦痛中。虽然听到这些消息时，杜甫正重病在床，但他仍坚持写下《绝句三首》，记录下这些惨绝人寰的事件。第一首写蜀中大乱，可以补史书之缺：

前年渝州杀刺史，今年开州杀刺史。

群盗相随剧虎狼，食人更肯留妻子？

第二首写百姓逃难，亲人分别的惨景：

二十一家同入蜀，惟残一人出骆谷。

自说二女啮臂时，回头却向秦云哭。

第三首则抨击官军的残暴与外族侵略者无异：

殿前兵马虽骁雄，纵暴略与羌浑同。

闻道杀人汉水上，妇女多在官军中。

这些诗歌让我们看到了诗人那时刻心忧天下的拳拳真情。

2. 夔州生活

夔州古城大致位于今天重庆奉节县东十余里的地方，由于形势

险要，这里历来是兵家必争之地。战国时，夔州隶属楚国；秦汉年间，在此设立鱼复县；三国时，刘备伐吴失败后就退守于此，并将鱼复改称永安县。唐贞观二十三年（649）在此设立夔州府，隶属山南东道。大历元年（766）的暮春时节，久病初愈的杜甫就带着妻小离开了云安，来到了这里。

杜甫在夔州居住的时间不算长，从迁入到离开，不过一年零九个月。然而在这短短的时间内，杜甫却屡次搬家。刚到时，诗人一家暂居在山腰的"客堂"里，后来迁到了城内的西阁，这时由于夔州都督柏茂琳的帮助，杜甫得以在东屯租种一些公田。大历二年（767）的春天，他又从西阁搬到了城东的赤甲山，柏茂琳又把瀼西的四十亩柑林给他，于是暮春时节，他又迁入了瀼西草屋。为了更好地照顾东屯的公田，秋天时，他把瀼西草屋借给了从忠州来的吴南卿，自己则搬入东屯，直到离开夔州。这频繁的搬家经历，对于大病初愈而又年老体衰的诗人来说的确是个不小的折腾，不过另一方面，他却得到了一个深入了解夔州名胜古迹和风土人情的好机会。

最先引起杜甫兴趣的是这里竹筒取水的习俗。由于夔州地处山地，无法掘井取水，当地居民便想出了"竹筒引水"的办法。初来乍到的杜甫也入乡随俗，在仆人阿段的帮助下成功地引来了水源。看着流动的汩汩清泉，他高兴地吟道：

> 白帝城西万竹蟠，接筒引水喉不干。
>
> 人生留滞生理难，斗水何直百忧宽。

——《引水》

瞿塘峡

当然，竹筒有时也会闹些"小情绪"，发生脱节或漏水的故障，不过幸好有阿段的及时抢修，患有消渴之疾的诗人才不至于忍受断水之苦。他写诗感谢阿段说：

> 病渴三更回白首，传声一注湿青云。
>
> 曾惊陶侃胡奴异，怪尔常穿虎豹群。

——《示獠奴阿段》

有了水，生活就不用发愁了，他在院子里养起了可以治风痹病的乌鸡，在门前种起了可以充饥的莴苣，时不时地还会出去访一访亲朋好友，游一游名山大川。瞿塘峡、白盐山、赤甲山、滟滪堆、鱼复浦无不留有他的足迹，而他则喜欢在诗中歌咏它们的惊险和俊秀：

> 三处传何处，双崖壮此门。
>
> 入天犹石色，穿水忽云根。

——《瞿塘两峡》

> 赤甲白盐俱刺天，闾阎缭绕接山巅。
>
> 枫林橘树丹青合，复道重楼锦绣悬。

——《夔州歌十首》其四

> 滟滪既没孤根深，西来水多愁太阴。
>
> 江天漠漠鸟双去，风雨时时龙一吟。

——《滟滪》

146

卓立群峰外，蟠根积水边。

他皆任厚地，尔独近高天。

——《白盐山》

除了奇特的自然风光，夔州的人文景观也毫不逊色。这里有楚襄王的高唐观、兰台宫，有东汉公孙述建筑的白帝城；刘备当年伐吴失败后就退居在白帝城的永安宫，不久便卒于此，

武侯祠

于是有先主庙。不过，最让杜甫倾心的还是诸葛亮的武侯庙。在杜甫心中，这位为蜀国立下汗马功劳的诸葛武侯乃是忠臣的杰出典范，早在成都草堂时，他就专程到那里的武侯祠去祭拜过，并写下了那首千古名篇《蜀相》。如今来到这里的武侯庙，他的诗兴再一次被激发了出来：

遗庙丹青落，空山草木长。

犹闻辞后主，不复卧南阳。

——《武侯庙》

武侯庙的附近还有诸葛亮排兵布阵的八阵图，杜甫观看后不禁感叹道：

功盖三分国，名成八阵图。

江流石不转，遗恨失吞吴。

——《八阵图》

武侯庙前有一棵黛色参天的柏树，杜甫写诗赞叹说：

> 孔明庙前有老柏，柯如青铜根如石。
>
> 双皮溜雨四十围，黛色参天二千尺。

古柏亭亭如盖的枝叶，让他想起了君臣之间的"风云际会"：

> 君臣已与时际会，树木犹为人爱惜。
>
> 云来气接巫峡长，月出寒通雪山白。

但是当他想到这株生于高山之上的古柏，不免会被烈风所撼时，他不禁联想到诸葛亮的一生，于是说：

> 苦心岂免容蝼蚁，香叶终经宿鸾凤。
>
> 志士幽人莫怨嗟，古来材大难为用。

——《古柏行》

这隐喻的背后，他不只为诸葛武侯的出师未捷叹惜，更为自己的怀才不遇嗟叹伤悲。由于"屡入武侯祠"（《诸葛庙》），有一次他发现孔明塑像的头居然被人破坏掉了，于是他向暂代夔州刺史的堂舅上诗请求修补塑像：

> 大贤为政即多闻，刺史真符不必分。
>
> 尚有西郊诸葛庙，卧龙无首对江濆。

——《上卿翁请修武侯庙遗像缺落时崔卿权夔州》

杜甫就是这样尽其所能，保护着自己心中的偶像。

由于得到了东屯的一些公田和瀼西的四十亩柑林，杜甫的生活基本可以维持了，他的仆人数目也增加了，除了阿段外，还有信行、伯夷、辛秀和女仆阿稽。他经常带着这些仆人和宗文、宗武们一起出去劳作，他们或在林间伐木，或去采撷卷耳，或去查看柑林和稻田。但是暂时的安逸并没有蒙蔽他那颗忧国忧民的心，他仍用生花

的诗笔书写着大唐春秋、黎民心声。由于夔州地区男丁缺乏，这里的许多女子到了四五十岁还没有夫家，为了养家糊口，这些女子还不得不冒险上山砍柴、贩卖私盐，有人说这都是因为她们天生丑陋导致的，杜甫却为她们鸣不平说：

> 面妆首饰杂啼痕，地褊衣寒困石根。
>
> 若道巫山女粗丑，何得此有昭君村？

——《负薪行》

夔州地区盛产柑橘，但是当地人因害怕豪吏的侵夺而不敢种植；还有一位老大爷，他向杜甫诉说自己因赋税繁重而无粟可吃的窘境，还询问吐蕃之围何时可解。对于这些，杜甫都深感自己无能无力，他只能将自己的激愤化作诗歌喷发出来：

> 乱世诛求急，黎民糠籺窄。
>
> 饱食亦何心，荒哉膏粱客。
>
> 富家厨肉臭，战地骸骨白。
>
> 寄语恶少年，黄金且休掷！

——《驱竖子摘苍耳》

安史之乱结束后，李氏王朝虽然名义上恢复了统一，但是藩镇割据的局面一天比一天严重，尤其是河北一带的节度使根本不把朝廷放在眼里，杜甫对这种局势深感担忧。大历元年（766）的十月，代宗生日，各地节度使纷纷入朝祝贺，河北一带的节度使也在其中，得知这一消息后，杜甫感到由衷的欣慰，他觉得这或许是国家中兴的预兆，于是作诗道：

> 喧喧道路好童谣，河北将军尽入朝。
>
> 自是乾坤王室正，却教江汉客魂销！

　　——《承闻河北诸道节度入朝欢喜口号绝句十二首》其三

　　兴奋之余，他还不忘规劝皇帝不要接受那些从民间搜刮来的奇珍异宝：

　　　　英雄见事若通神，圣哲为心小一身。

　　　　燕赵休矜出佳丽，宫闱不拟选才人。

　　——《承闻河北诸道节度入朝欢喜口号绝句十二首》其六

　　刚才那位老大爷还在询问杜甫吐蕃之围何时能解，没想到很快就传来了好消息。大历二年的九月，吐蕃率数万兵围攻灵武，十月，朔方节度使路嗣恭就攻破了吐蕃。虽然杜甫得知这一消息时已是来年（768）的新春，但是他的激动之情丝毫不减，于是写出了《喜闻盗贼总退口号》五首，其五云：

　　　　今春喜气满乾坤，南北东西拱至尊。

　　　　大历三年调玉烛，玄元皇帝圣云孙。

　　"风急天高猿啸哀，渚清沙白鸟飞回。无边落木萧萧下，不尽长江滚滚来。万里悲秋常作客，百年多病独登台。艰难苦恨繁霜鬓，潦倒新停浊酒杯。"每次读到杜甫的这首《登高》时，眼前都会呈现出这样一幅画面：一个须发飘飘、瘦骨嶙峋的老人站在江边巨大的礁石上，抬头仰望着天空，刺骨的江风吹动着他的青袍，徘徊在江上的几只白鸟不时传来凄切的哀鸣声。此时的杜甫已经是五十六七岁的老人了，他不仅头发白了，眼睛花了，牙齿落了，就连耳朵也聋了，他的身体还不断被疟疾、风痹、肺病、消渴症这些疾病蚕食着。而更可悲的是，那些可以推心置腹的朋友也都一个个离他而去了，他变得越来越喜欢回忆：回忆童年往事，回忆青年时期的壮游，回忆那些逝去的朋友还有那血战沙场的英雄们……《壮游》、

《昔游》、《遣怀》、《洞房》诸篇、《往在》、《八哀诗》等就是这些回忆的结晶。

《壮游》可以当作杜甫的一篇自传来看；《昔游》、《遣怀》再现了他与李白、高适同游齐梁时的场景；《洞房》等八首五律是他对长安往事的追忆；《往在》则详细记述了安史之乱的始末；在《八哀诗》中，他怀念了八个人物，这里有他景仰的前辈张九龄、李邕，有平生至交苏源明、郑虔，还有给过他无私援助的李琎、严武，以及刚刚谢世不久的大将王思礼、李光弼，每一首诗如同一篇传记，主人公的生平事迹、音容笑貌如在目前。还有那首《观公孙大娘弟子舞剑器行并序》，它不仅是对自己儿时美好的追忆，更是对整个大唐盛世的追念和哀悼。在回忆中，杜甫感到了一种前所未有的愉悦，他的脸上露出了孩子般天真的微笑。

五、潇湘孤舟寄余生

1. 江陵

虽然回忆可以带来片刻的欢愉，夔州的生活也基本可以维持，但由于气候潮湿、朋友稀少，杜甫离开这里的念头一天强似一天。不过，这个想法最终化为行动则是在大历三年（768）的正月，他接到了弟弟杜观的一封来信之后。在信中，杜观说他已在荆州西北的当阳（今湖北当阳）找到了住处，希望兄长能携家前往。听到这个消息后，杜甫欣喜不已，要不是还有些琐事需要处理一下，他真恨不得立刻就到当阳与弟弟团聚去。于是，他筹备了一些路费，把瀼西的四十亩果园赠给了"南卿兄"（就是从忠州过来的吴某，杜甫曾写《又呈吴郎》，劝他不要阻止邻居老妇前来打枣吃），和家人

匆匆收拾了一番后，便在元宵节前后坐船出发了。他们从白帝城放船，经峡州，出三峡，瞿塘峡两岸的景色不禁触动了杜甫的情思，于是他写下《大历三年春白帝城放船出瞿塘峡久居夔府将适江陵漂泊有诗凡四十韵》这首长诗，来回顾自己这些年来的遭遇与感受。他说："老向巴人里，今辞楚塞隅。入舟翻不乐，解缆独长吁"。想到国家危难、黎民受苦，而自己又萍梗飘零，杜甫刚刚高兴起来的心情再次变得沉重了。

好在旅途顺利，很快，一家人就到达了荆州。荆州，又名江陵，在当时是一个连接东西南北的交通枢纽，无论是北上洛阳、长安，还是南到潭州、广州，亦或是西去入蜀、东下吴越，这里都是必经之地，故两次被封为南都。与便利的交通条件相比，荆州地区的人事关系也大致让杜甫感到满意。除了前面提到的弟弟杜观外，被封为阳城郡王的荆南节度使卫伯玉、在节度使署中任行军司马的从弟杜位，还有江陵少尹郑审（郑虔的弟弟）都与他有些交情，所以杜甫一家要想在这里生活下去，应该不是什么难事。但是事实却并非如此，刚来时，这些官场朋友们还能客气地招待他一下，邀他一同游宴、赋诗，但是日子久了，这些"朋友们"对他的帮助就越来越有限了，这个"耳聋须画字，发短不胜簪"（《水宿遣兴奉呈群公》）的老人因无钱坐轿，不得不挂杖步行前去拜访"诸公们"，可看门的人见到他这副寒酸相还不给通报。有一次为了解决家人的吃饭问题，他还到离江陵很远的武陵去了一趟，只为能筹借到一些微薄的资费。在诗中，他这样形容自己寄人篱下的窘境：

苦摇求食尾，常曝报恩腮。

结舌防谗柄，探肠有祸胎。

苍茫步兵哭，展转仲宣哀。

饥籍家家米，愁征处处杯。

休为贫士叹，任受众人咍。

——《秋日荆南述怀三十韵》

看来江陵是待不下去了，那么又能去哪呢？杜甫倒是很想北归长安，但是二月时，商州（陕西商县）兵马使刘洽杀防御使殷仲卿叛变，致使商于（河南淅川县）一带陷入混乱状态；八月，吐蕃再次进攻灵武，长安告急，他的北归计划不得成行。回不了长安，东下江南如何？青年时期的漫游经历让他对江南一直保有美好的记忆，为此，他还特意向扬州的胡商询问过那里的米价：

商胡离别下扬州，忆上西陵故驿楼。

为问淮南米贵贱，老夫乘兴欲东游。

——《解闷十二首》其二

可是江南毕竟太遥远了，居住在那里的姑母、弟弟杜丰也久无音信，他不知道这一去究竟是祸是福？于是，江南最终也没有成行。再三思索后，他决定带领家人去江陵九十里之外的公安（今湖北公安县）看看。

2. 公安——岳州

来到公安时，已是这年的晚秋时节，县尉颜十和卫大郎的热情接待暂时冲淡了他内心的忧伤，闲暇时他还到这里的吕蒙城等古迹去登临怀古。然而不久，他就得知了好友李之芳病殁于江陵的噩耗，悲痛之余他作诗道：

相知成白首，此别间黄泉。

> 风雨嗟何及，江湖涕泫然。

——《哭李尚书之芳》

李之芳是太宗之子蒋王李恽之孙，曾任御史大夫，奉命出使吐蕃被扣留，后被放回，拜礼部尚书，改太子宾客。他与杜甫的交情并不算深，但杜甫却接连为他写了两首哀悼诗，足见杜甫对友谊的珍视。但可惜的是，他的真心付出却往往得不到相应的回报。没过多久，杜甫就以相同的原因离开了公安，这从《久客》一诗中便可窥见一二：

> 羁旅知交态，淹留见俗情。
>
> 衰颜聊自哂，小吏最相轻。
>
> 去国哀王粲，伤时哭贾生。
>
> 狐狸何足道？豺狼正纵横。

同样是因为寄人篱下，同样是因为小吏相轻，天地之大为什么就没有自己的一片容身之地呢？在《晓发公安》中，他把自己内心的苦痛用拗体律诗的形式表述了出来：

> 北城击柝复欲罢，东方明星亦不迟。
>
> 邻鸡野哭如昨日，物色生态能几时？
>
> 舟楫眇然自此去，江湖远适无前期。
>
> 出门转眄已陈迹，药饵扶吾随所之。

离开了公安，杜甫一家于暮冬时节来到了岳阳，由于暂时没有亲朋接应，他们只能以船为家，凛冽的寒风透过破陋的船篷吹袭而来，一家人冻得瑟瑟发抖。但是当他看到洞庭湖边的渔民们因赋敛过重而不得不卖儿鬻女时，他立刻就从一己之悲中走了出来，并大声为他们呼喊道：

> 岁云暮矣多北风，潇湘洞庭白雪中。

渔父天寒网罟冻，莫徭射雁鸣桑弓。

去年米贵阙军食，今年米贱大伤农。

高马达官厌酒肉，此辈杼柚茅茨空。

楚人重鱼不重鸟，汝休枉杀南飞鸿。

况闻处处鬻男女，割慈忍爱还租庸。

往日用钱捉私铸，今许铅铁和青铜。

刻泥为之最易得，好恶不合长相蒙。

万国城头吹画角，此曲哀怨何时终？

——《岁晏行》

"洞庭天下水，岳阳天下楼"，与黄鹤楼、滕王阁并称"江南三大名楼"的岳阳楼就坐落在洞庭湖畔，相传这里曾是三国吴将鲁肃训练水师的阅兵台。杜甫之前也只是听说过，这次来到岳阳，他自然要登上这千古名楼看一看。洞庭湖果然名不虚传，浩浩荡荡的湖水如同一把利刃生生地将吴、楚两地割裂了开来，整个天地仿佛都被这湖水尽收囊中。在这广阔的湖水面前，杜甫更觉自己渺小得可怜，想到自己老病孤舟、一事无成，不禁潸然泪下：

昔闻洞庭水，今上岳阳楼。

吴楚东南坼，乾坤日夜浮。

亲朋无一字，老病有孤舟。

戎马关山北，凭轩涕泗流。

——《登岳阳楼》

大历四年（769）的春节，杜甫

岳阳楼

一家就在岳阳度过了。虽然后来受到了当地裴御史的接待，但是杜甫还是决定离开这里，继续南征。

3. 潭州——衡州——潭州

杜甫这次打算经潭州去衡州，投奔在那里做刺史的郇瑕旧识韦之晋，一路上他又像"发秦州"、"发同谷"那样写下了一组纪行诗。途径湘水时，他作《湘夫人祠》、《祠南西望》、《入乔口》等诗，流露出对屈原、贾谊遭遇的同情；同时，他也不忘对眼前人事的关怀，当看到船夫们废寝忘食地赶路时，他惭愧地说道：

> 舟子废寝食，飘风争所操。
>
> 我行匪利涉，谢尔从者劳。

当看到一个死去了丈夫的女子在山石间采蕨，只为卖钱交赋税时，他为之鸣不平道：

> 石间采蕨女，鬻市输官曹。
>
> 丈夫死百役，暮返空村嚎。
>
> 闻见事略同，刻剥及锥刀。
>
> 贵人岂不仁，视汝如莠蒿。

——《遣遇》

船开到潭州（即湖南长沙）时，杜甫在此稍作停留便又出发了，他感觉两岸的飞花在为他饯行，桅杆上的燕子叫他不要离开：

> 岸花飞送客，樯燕语留人。

——《发潭州》

其实，花儿、燕子哪懂这些，真正不愿意离开的是诗人自己啊！或许是上天明白了杜甫的心思，不久就真的让他回到了潭州。杜甫本来是要去衡州投奔韦之晋的，不料还未到衡州，韦之晋就改任潭

州刺史，下船后，杜甫只能与好友匆匆话别。然而不久，韦之晋就卒于潭州任上，在衡州得知此事的杜甫顿觉五雷轰顶，他哀悼好友道：

> 老来多涕泪，情在强诗篇。
>
> 谁寄方隅理？朝难将帅全。
>
> 《春秋》褒贬例，名器重双全。

——《哭韦大夫之晋》

处处碰壁的杜甫无意久留于衡州，这年的夏末，他又携带家人回到了潭州。此时的杜甫已"右臂偏枯半耳聋"，但一家人的生计还得靠这个残疾多病的老人来维持，他又重新做起了摆摊卖药的营生。但是微薄的收入有时连家人的温饱都解决不了，更不用说租住房子了，于是那只破陋不堪的小船便成了全家人的庇护所。此时的杜甫在诗坛也已经小有名气了，有时一个月竟能收到成捆的来信，但是正如他自己所说："虚名但蒙寒暄问，泛爱不救沟壑辱"。① 这些过往虚名根本就解决不了他的燃眉之急，虽然这里的一些官员也时常慕名邀他前去饮酒赋诗，但是杜甫与他们终究不是同道中人。

不过，一个名叫苏涣的年轻人却让杜甫的生活出现了一丝亮色。这是一个具有游侠色彩的人物，史书上说他"少喜漂盗，善用白弩，巴蜀商人苦之"②，于是就给他取了个"白跖"的绰号。不过后来他放弃了这种生活，开始专心读书，后进士及第，并在潭州刺史崔瓘府中任从事。苏涣坐轿前来造访，杜甫深感意外，很快他就

---

① 杜甫：《暮秋枉裴道州手札率尔遣兴寄递近呈苏涣侍御》。

② 《新唐书·艺文志》。

被这位青年朋友身上焕发出来的风采折服了。苏涣还拿出自己写的一首诗在杜甫面前诵读，杜甫听后对他大加赞赏，觉得这样的诗歌句句动人，就是黄初（三国魏文帝年号）时代的诗人也不过如此。在那恍若金声玉振的吟诵声中，杜甫感觉自己的白发里都要生出黑发了。此后，这对忘年交便经常在一起谈论诗歌、抨击时政，直到后来潭州大乱。

公元770年，是大历五年，也是杜甫生命中的最后一年。这一年的正月二十一日，杜甫在翻检书帙时，偶然间看到了十年前（上元二年，公元761年）高适所写的那首《人日寄杜二拾遗》，瞬间就泪如泉涌，于是写下《追酬故高蜀州人日见寄并序》以遣悲怀。在诗中他感叹亡友不在，自己独自飘零：

> 东西南北更谁论，白首扁舟病独存。

在诗中，我们看到，他忧国济世的雄心仍然不灭，梦想有一天自己可以翻倒东海、一洗乾坤：

> 遥拱北辰缠寇盗，欲倾东海洗乾坤。

可是还没等这个愿望实现，一场变乱却又再次发生了。这年四月的落花时节，当杜甫还沉浸在与好友李龟年相逢的喜悦中时，一天夜里潭州城里突然就火光冲天，原来湖南兵马使臧玠杀死了潭州刺史崔瓘发动叛乱。杜甫和其他潭州百姓一样，携带着家小开始了逃亡生活。想到自己年近耳顺，还在四处逃难，他不禁愤慨地写道：

> 五十白头翁，南北逃世难。
>
> 疏布缠枯骨，奔走苦不暖。

放眼天下，四海生灵涂炭，乾坤万里却无一片容身之地，他觉得自

已真的是走投无路了：

> 已衰病方入，四海一涂炭。
>
> 乾坤万余里，莫见容身畔。
>
> 妻孥复随我，回首共悲叹。
>
> 故国莽丘墟，邻里各分散。
>
> 归路从此迷，涕尽湘江岸。

——《逃难》

4. 衡州——耒阳——潭州

再三思索后，他最终决定带着家人赶往衡州，一路上他还不忘用诗笔记录下叛乱的经过。《入衡州》这首诗让我们获得了比史书更详细、更全面的信息。原来崔瓘是个正直但却不懂得变通的人，他在任上克己爱民、无姬妾之好，并能使伤残者得其所，但领兵不是他的强项，他不能体恤军心，吝于赐予，用人不当，最终导致臧玠以缺兵饷为借口发动了叛乱。杜甫在诗中为崔瓘的死深感惋惜：

> 竟流帐下血，大降湖南殃。
>
> 烈火发中夜，高烟燋上苍。
>
> 至今分粟帛，杀气吹沅湘。
>
> 福善理颠倒，明征天茫茫。

来到衡州没有多久，杜甫就准备南下投奔在郴州任录事参军的舅父崔伟，可是行至耒阳县（今湖南耒阳）境时，却突然遇上了江涨，于是他只好将船停泊在方田驿，连续五天不得食。耒阳县令闻讯后，急忙写信慰问，并派人送来了牛肉、白酒，得到这些宝贵的食物后，我们的诗人才没有在饥饿中死去，不过这却为一些好事之

[明] 张路《溪山放艇图》

徒留下了杜撰的话柄。有人说杜甫饱吃痛饮之后，便在一夜之间死去了，似乎有"撑死"之嫌；比之高雅些的版本是说杜甫喝了县令送来的白酒之后，大醉而死。其实这些说法都属无稽之谈，这些食物让杜甫饱餐一顿不假，但他却并没有因此死去，而是作诗向聂县令表示感谢之后，就掉转船头北返潭州了。《回棹》一诗就是明证。

来到潭州后，杜甫就一直计划着到秋天时携家北上汉阳，然后顺着汉水回到长安。可是直到冬天也没有成行，抱病在床的诗人或许已经感觉到了什么，于是作《风疾舟中伏枕书怀三十六韵奉呈湖南亲友》，把自己这坎坷的一生回忆了一遍，诗的结尾还不忘对国家命运的担忧：

> 书信中原阔，干戈北斗深。
>
> 畏人千里井，问俗九州箴。
>
> 战血流依旧，军声动至今。
>
> 葛洪尸定解，许靖力难任。
>
> 家事丹砂诀，无成涕作霖。

没想到这首诗竟成了杜甫的绝笔诗，这年的冬天，病中的杜甫就在湘江的舟中死去了，享年五十九岁。死后，他的灵柩暂时安放在岳州，直到四十三年后的元和八年（813），才在其孙杜嗣业的努力下运到了偃师，移葬在首阳山下，漂泊了一生的诗人终于落叶归

根了。正如元稹在《唐检校工部员外郎杜君墓系铭并序》中所评价的那样：

> 至于子美，盖所谓上薄风骚，下该沈宋，言夺苏李，气吞曹刘，掩颜谢之孤高，杂徐庾之流丽，尽得古今之体势，而兼文人之所独专矣。使仲尼考锻其旨要，尚不知贵，其多乎哉！苟以为能所不能，无可不可，则诗人以来，未有如子美者。

第三章

儒风侠骨铸真情

在唐朝这个高扬理想主义与英雄主义的时代，"书"与"剑"、"儒"与"侠"得到了完美结合。正所谓"平生闻高义，书剑百夫雄"（陈子昂《送别出塞》），"皇皇三十载，书剑两无成"（孟浩然《自洛之越》），书香世家出身的唐朝少年们大都书剑在身，怀揣着出将入相、建功立业的志向驰骋在祖国的大江南北。从"归来谢天子，何如马上翁"① 的卢照邻到"气高轻赴难，谁顾燕山铭"② 的王昌龄，再从"孰知不向边庭苦，纵死犹闻侠骨香"③ 的王维到"安得倚天剑，跨海斩长鲸"④ 的李白，他们身上无不既洋溢着儒家

---

① 卢照邻：《结客少年场行》。
② 王昌龄：《少年行二首》其二。
③ 王维：《少年行四首》其二。
④ 李白：《临江王节士歌》。

忠君爱国的入世精神，又散发着轻生重义、扶危济困、快意恩仇的侠义气概。生于这个时代的"诗圣"杜甫，身上同样具有儒风与侠骨的双重性。

第一节　"乾坤一腐儒"

"奉儒守官，未坠素业"，杜甫身上具有的儒家精神是毋庸置疑的，他以自己那深沉博大的仁爱情怀、忧国忧民的忧患意识以及顶天立地的坚贞品性完美地诠释了一个儒者所应具有的精神内涵。宋人赵次公说：

> （杜甫）胸中所蕴，一切写之以诗。其曰："许身一何愚，窃比稷与契。"又曰："致君尧舜上，再使风俗淳。"此其夙愿也。至其出处，每与孔孟合。①

黄彻则更敏锐地指出杜甫思想与孟子的契合处：

> 《孟子》七篇，论君与民者居半，其余欲得君，盖以安民也。观杜陵"穷年忧黎元，叹息肠内热"，"胡为将暮年，忧世心力弱"，《宿花石戍》云"谁能扣君门，下令减征赋"，《寄柏学士》云"几时高议排金门，各使苍生有环堵"，宁令"吾庐独破受冻死亦足"，而志在大庇天下寒士，其心广大，异夫求穴之蚁蝼辈，真得孟子之所存矣。东坡问老杜何如人，或言似司马迁，但能名其诗耳。愚谓老杜似孟子，盖原其心也。②

难怪清人刘熙载会说："少陵一生却只在儒家界内。"③

---

① ［宋］赵次公：杜工部草堂记。见［宋］程遇孙《成都文类》卷四十二。
② ［宋］黄彻：《巩溪诗话》。
③ ［清］刘熙载：《艺概·诗概》。

《礼记·大学》言："古之欲明明德于天下者，先治其国；欲治其国者，先齐其家；欲齐其家者，先修其身；欲修其身者，先正其心；欲正其心者，先诚其意；欲诚其意者，先致其知，致知在格物。"于是，"修齐治平"就成了儒士们共同的理想。

一、修身篇："平生憩息地，必种数竿竹"

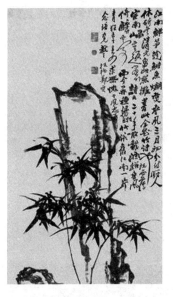

[清] 郑燮《竹石图》

竹，因经冬不凋，与松、梅并称"岁寒三友"，又因虚心有节，与梅、菊、兰并称"花中四君子"。竹这种虚心、正直、有节、四时如一的高贵品性与儒家所倡导的"君子人格"不谋而合，故自《诗经》开始，竹就与中国文人结下了不解之缘。

《诗经·卫风》的《淇奥》篇就以绿意葱葱的修竹起兴，赞美卫武公威武的仪容和高尚的德行：

瞻彼淇奥，绿竹猗猗。有匪君子，如切如磋，如琢如磨。瑟兮僩兮，赫兮咺兮。有匪君子，终不可谖兮。

瞻彼淇奥，绿竹青青。有匪君子，充耳琇莹，会弁如星。瑟兮僩兮，赫兮咺兮。有匪君子，终不可谖兮。

瞻彼淇奥，绿竹如箦。有匪君子，如金如锡，如圭如璧。瑟兮僩兮，赫兮咺兮。有匪君子，终不可谖兮。

到了秦汉魏晋时代，人们对竹的喜爱更深了一层，从《古诗十

九首》的"冉冉孤生竹"到刘桢的"凤凰集南岳，徘徊孤竹根"①，
诗人们或以竹起兴，或以竹自比，无不在表达自己的高洁品性。魏
正始年间（240~249）的"竹林七贤"，则把竹视作他们"越名教
而任自然"的理想净土，在山阳县（今河南辉县、修武一带）的竹
林中，他们恣意放诞、饮酒长啸。阮籍在《修竹》（拟题）一诗中
写道：

> 幽兰不可佩，朱草为谁荣？
>
> 修竹隐山阴，射干临增城。
>
> 葛藟延幽谷，绵绵瓜瓞生。
>
> 乐极消灵神，哀深伤人情。
>
> 竟知忧无益，岂若归太清。

诗中的"射干"出自《荀子·劝学》："西方有木焉，名曰射
干，茎长四寸，生于高山之上，而临百刃之渊，木茎非能长也，所
立者然也。"阮籍在这里酌用其意，以矮小的射干比喻庸才、小人，
以高直有节的修竹比喻君子贤良，抒发小人得志、贤才却不得重用
的悲愤之情，可见"竹林七贤"在看似放诞的背后其实隐藏了一颗
痛苦的心。王羲之的第五子王子猷，虽无绝世之才，却因嗜竹如命
而被视为一代名士。一次，他要到别人的空宅中去住几天，不料刚
到，他就命人在院子里种满竹子，家人不解地问道："暂住，何烦
耳？"只见王子猷不慌不忙，歌吟了好久，才指着竹子说道："何可
一日无此君？"② 其对竹的钟爱程度由此可见一斑。

---

① 刘桢：《赠从弟》其三。
② ［南朝］刘义庆：《世说新语·任诞》。

到了唐代，人们对竹的喜爱更成为一种风气。唐朝诗文革新的先驱陈子昂，就有《修竹诗》传世，在诗中，他这样赞美生长在南岳的"龙种"（一种品种优良的竹子）：

> 岁寒霜雪苦，含彩独青青。
>
> 岂不厌凝冽，羞比春木荣。
>
> 春木有荣歇，此节无凋零。

其实，修竹这种不畏严寒、不与春木争荣、永不凋枯的精神品质，正是诗人自己不畏强暴、不趋炎附势的精神写照。"诗佛"王维的《竹里馆》更是一首"人与竹"完美结合的佳篇，那个在竹林里"弹琴复长啸"的高士不就是诗人自己吗？

除了虚心、有节、不畏严寒的精神品质外，竹还与凤凰有着一种特殊缘分。据说凤凰"非竹实不食"，因为只有当某地发生饥荒时，竹子才会开花结果用来疗饥、解救灾民，而开花结果的同时竹子也因耗尽元气枯萎而死。竹子这种舍己救人的品质十分可贵，所以高洁的凤凰才会把竹实当作自己的食物。一代名相张九龄在诗中就这样称赞竹实："高节人相重，虚心世所知。凤凰佳可食，一去一来仪。"（《和黄门卢侍御咏竹》）

竹子既然有这么多高贵的品质，而祥瑞的凤凰又如此钟爱于它，所以"七岁咏凤凰"的杜甫喜爱竹子也就在情理之中了。杜甫早年在长安的时候，曾结识了一位赋闲在家的何将军，这位将军的庭院里种满了竹子，所以每次去何府游玩，杜甫都忍不住要赞美一下这些可人的竹子们：

> 不识南塘路，今知第五桥。名园依绿水，野竹上青霄。

> ——《陪郑广文游何将军山林十首》其一

剩水沧江破，残山碣石开。绿垂风折笋，红绽雨肥梅。

——《陪郑广文游何将军山林十首》其五

绿竹们被狂风吹折了，他还忍不住寄诗询问主人这些竹子的境况怎样：

问讯东桥竹，将军有报书。倒衣还命驾，高枕乃吾庐。

——《重过何氏五首》其一

或许是受到了何将军种竹的启发，在成都建成草堂后，杜甫做的第一件事就是向绵竹县令韦续索取绵竹三数丛。他首先对绵竹大大夸耀了一番，说绵竹县的竹子又高又挺拔："华轩蔼蔼他年到，绵竹亭亭出县高"①，接着他又解释了自己要种植竹子的原因："江上舍前无此物，幸分苍翠拂波涛"。看，这话说得多么中听，难怪韦县令收到来信后马上就派人送去了绵竹。成都土地肥沃、雨水充足，非常适合竹子生长，很快，杜甫草堂周围种植的竹子就翠叶成荫了。"榿林碍日吟风叶，笼竹和烟滴露梢。"（《堂成》）"风含翠筱娟娟净，雨浥红蕖冉冉香。"（《狂夫》）草堂因为有了竹子而焕放出别样的魅力。不仅是杜甫，就连他的北邻、南邻同样是"爱竹一族"，北邻那位归田县令不惜"青钱买野竹"，而南邻的居住环境则是"白沙翠竹"、"竹树参差"，怪不得杜甫能与他们成为无话不谈的至交。后来成都发生叛乱，杜甫和家人不得不在绵州、梓州、阆州一带辗转漂泊，这时他念念不忘的还是草堂的竹子。在《寄题江外草堂》中，他说自己："嗜酒爱风竹，卜居必林泉。"听说弟弟杜占要回成都，他嘱托弟弟回去后帮自己照料一下竹子："东林竹影

---

① 杜甫：《从韦二明府续处见绵竹》。

薄，腊月更须栽。"① 不久，好友严武再次镇守成都，杜甫又可以重回草堂了，看到自己栽种的竹子都完好无损，他才松了口气。

值得注意的是，杜甫对竹的喜爱绝不是为了附庸风雅，而是真的做到了精神相通，可以说竹就是杜甫君子人格的代言人。长安十年，杜甫仕途困蹇，其实他本可以走一条非常便捷的求仕路，那就是向李林甫求助，因为他的堂弟杜位就是李林甫的爱婿。可是，杜甫非但没有这么做，反而在诗中一再表达对李林甫妒贤嫉能的不满。北海太守李邕一向是李林甫的眼中钉、肉中刺，天宝六年（747），李林甫竟罗织罪名将其残忍杖杀于北海任上，但是杜甫却在诗中对李邕称颂有加，并毫不讳言自己与这位忘年交的深厚情谊。在《奉赠韦左丞丈》中，他高唱"李邕求识面"，这不明摆着与李林甫唱反调吗？安史之乱期间，从宰相陈希烈到驸马张垍、张均，很多达官显贵都变节投降，接受了安禄山授予的伪职，但是杜甫却能"数尝寇乱，挺节无所污"②。当听说肃宗将行在迁往凤翔后，他不惜冒着生命危险奔赴行在。作于客居秦州时期的《佳人》，就是一篇充分表露杜甫如竹般"劲节"、"有操守"的诗篇：

> 绝代有佳人，幽居在空谷。自云良家子，零落依草木。
>
> 关中昔丧乱，兄弟遭杀戮。高官何足论？不得收骨肉。
>
> 世情恶衰歇，万事随转烛。夫婿轻薄儿，新人美如玉。
>
> 合昏尚知时，鸳鸯不独宿。但见新人笑，那闻旧人哭！
>
> 在山泉水清，出山泉水浊。待婢卖珠回，牵萝补茅屋。

---

① 杜甫：《舍弟占归草堂检校聊示此诗》。
② 《新唐书·杜甫传》。

摘花不插发，采柏动盈掬。天寒翠袖薄，日暮倚修竹。

这篇诗歌到底是写实还是寓言，历来众说纷纭。仇兆鳌（1638～1717）推崇写实说，认为："按天宝乱后，当是实有是人，故形容曲尽其情。"① 陈沆（1785～1825）则力主寓言说，他觉得诗中的"兄弟"喻"同朝之人"，"高官"喻"勋戚之属"，"如玉"喻"新进之猖狂"，"山泉"喻"出处之清浊"，并说："摘花不插，膏沐谁容？竹柏天真，衡门招隐。此非寄托，未之前闻。"② 相比而言，黄生的折中说为更多人所接受，他从古乐府的性质出发，认为："偶然有此人有此事，适切放臣之感，故作此诗，全是托事起兴，故题但云《佳人》而已。"③ 萧涤非先生则将此话说得更为明确："因有同感，所以在这位佳人身上我们看到诗人自身的影子和性格。我认为这首诗的写作过程和白居易的《琵琶行》差不多，只是杜甫没有明说出'同是天涯沦落人，相逢何必曾相识'而已。"其实，是否真的存在这样一位"佳人"已经不重要了，重要的是从这位"佳人"身上，我们看到了诗人的影子，读出了诗人的品性。杜甫虽然一心想"致君尧舜"，但是当他看到肃宗昏庸不仁、官场勾心斗角、人民生活苦不堪言时，便愤然辞去了华州司功参军一职，携家人来到了偏远的秦州。诗人借这位佳人之口说出了自己的心声：虽然我被皇帝弃而不用，但是我不会改变自己坚贞的品性和高尚的节操。那黄昏中佳人独倚的修竹，不就是诗人精神世界的依靠吗？

杜甫与竹精神的另一相通之处，就是他那历尽艰辛、坚忍不拔

---

① 仇兆鳌：《杜诗详注》。
② 陈沆：《诗比兴笺》。
③ 见仇兆鳌《杜诗详注》引。

的精神。从困顿长安到客居陇右（秦州、同谷），从寓居成都到夔府孤城，直至后来以船为家、漂泊潇湘，这其中虽然有短暂的安宁，但是大部分的时光，杜甫都是在贫病交加、饥寒交迫的状态下度过的。"长安苦寒谁独悲？杜陵野老骨欲折。"（《投简咸华两县诸子》）"疟疠三秋孰可忍？寒热百日相交战。头白眼暗坐有胝，肉黄皮皱命如线。"（《病后过王倚饮赠歌》）。尤其是在辗转漂泊的旅途中，杜甫不知历经了多少"九死一生"的危急关头，有时是山石下落："溪西五里石，奋怒向我落"（《青阳峡》），有时是虎狼当道："熊罴咆我东，虎豹号我西。我后鬼长啸，我前狨又啼。"（《石龛》）但杜甫却不曾被这些困难吓倒，更难能可贵的是，他对自己"致君尧舜"的理想从来没有放弃过，并且老当益壮、穷且益坚：

> 许身一何愚，窃比稷与契。
>
> 居然成濩落，白首成契阔。
>
> 盖棺事则已，此志常觊豁。
>
> ——《自京赴奉先咏怀五百字》

即使在生命的尽头，杜甫仍然不屈服于命运，倔强地说道：

> 齿落未是无心人，舌存耻作穷途哭。
>
> ——《暮秋枉裴道州手札》

杜甫在秦州时曾作有《苦竹》一诗，该诗赞扬了"苦竹"坚守节操的高贵品性，我们不妨把此诗当成诗人对自己品性的最好注脚：

> 青冥亦自守，软弱强扶持。
>
> 味苦夏虫避，丛卑春鸟疑。
>
> 轩墀曾不重，翦伐欲无辞。
>
> 幸近幽人屋，霜根结在兹。

杜甫的君子人格在后人那里也得到了充分认同，宋代的大理学家朱熹经过严格的标准筛选后，认为自秦汉以来称得上"君子"的只有五人，即丞相诸葛忠武侯（诸葛亮）、工部杜先生（杜甫）、尚书颜文忠公（颜真卿）、侍郎韩文公（韩愈），还有参知政事范文正公（范仲淹），并认为：

> 此五君子，其所遭不同，所立亦异，然求其心，皆所谓光明正大，疏漏洞达，磊磊落落而不可掩者也。其见于功业文章，下自字画之微，盖可以望之而得其为人。①

二、入世篇："致君尧舜上，再使风俗淳"

1. 凤凰——杜甫的"仁爱济世"情怀

从"七岁咏凤凰"到客居同谷的《凤凰台》，再到大历四年（公元 769 年，杜甫逝世前一年）的《朱凤行》，对"凤凰"的歌咏几乎贯穿了杜甫的一生。据初步统计，杜诗中"凤凰"一词竟出现了 60 多次（这其中包括"鸾"字出现的 14 次），是杜诗中出现频率颇高的鸟类意象之一。

其实，早在战国时期的屈原那里，对"凤凰"的歌咏就已经出现了。在《离骚》中，屈原以高洁的凤凰自比，喻自己遭受谗言："凤皇既受诒兮，恐高辛之先我。"同时代的宋玉也在《九辨》中歌咏凤凰，表达自己不与众小为伍的高尚节操："众鸟皆有所登栖兮，凤独遑遑而无所集。"到了魏晋时期，"竹林七贤"之一的阮籍在《咏怀》诗中又对"凤凰"意象做了进一步发挥，表达自己在政治

---

① ［南宋］朱熹：《王梅溪文集序》，《朱文公文集》卷七五。

高压环境下的彷徨、迷茫之情：

> 林中有奇鸟，自言是凤凰。
>
> 清明饮醴泉，日夕栖高冈。
>
> 高鸣彻九州，延颈望八荒。
>
> 适逢商风起，羽翼自摧藏。
>
> 一去昆仑西，何时复回翔。
>
> 但恨处非所，怆恨使心伤。

——《咏怀》七十九

可见，在传统的文化中，诗人多喜欢以凤凰自比，抒发自己高蹈不俗的情怀。杜甫在充分吸收前人文化精髓的同时，又充分开拓创新，在他笔下，凤凰不但具有了高洁的品质，更成为儒家仁爱精神与济世情怀的象征。

具体说来，"凤凰"意象在杜甫这里也有一个不断发展、逐渐完善的过程。如果说他七岁时歌咏的凤凰还只是一个模糊的概念的话，那么到了《凤凰台》中，那个嗷嗷待哺的"凤雏"就是诗人"唐朝中兴"的理想，为了这个理想，他甘愿剖心当"竹实"、洒血当"醴泉"。而作于更晚时期的《朱凤行》，诗人已然化身为那个救济苍生、为天下百姓鸣不平的"凤凰"了：

> 君不见潇湘之山衡山高，山巅朱凤声嗷嗷。
>
> 侧身长顾求其群，翅垂口噤心甚劳。
>
> 下愍百鸟在罗网，黄雀最小犹难逃。
>
> 愿分竹实及蝼蚁，尽使鸱枭相怒号。

看到百鸟身陷罗网，朱凤就如同自己身陷罗网一样，它愿意把自己的食物分给弱小的蝼蚁，即使自己挨饿也心甘情愿。这种"推己及

人"的恻隐之心，不正是儒家所倡导的"己饥己溺"的仁者胸怀吗？孟子有言曰："恻隐之心，仁之端也。"（《孟子·梁惠王上》）又曰："禹思天下有溺者，由己溺之也；稷思天下有饥者，由己饥之也。是以如是其急也。"（《孟子·离娄下》）纵观中国历史的长河，真正能做到"恻隐之心为仁"的人屈指可数，而杜甫就是其中的杰出代表。

"物微限通塞，恻隐仁者心"（《过津口》），杜甫是这么说的，也是这么做的。从长安十年的坎坷求仕路，到安史之乱爆发后的流亡生涯，杜甫一生所受的苦难何其之多。但可贵的是，他并没有深陷在一己之悲中无法自拔，而是以一颗"推己及人"的仁者之心，将关怀的目光投向更广大的底层百姓："穷年忧黎元，叹息肠内热"①，"乾坤含疮痍，忧虞何时毕？"② 从寡妻幼子到征夫戍卒，从田夫野老到仆人老妇，这些挣扎在社会最底层的人们莫不是他牵挂萦怀的对象。生活无以为继时，杜甫曾靠卖药来勉强过活，他的院子周围也种了许多药材，有时邻人也会过来挖些他的药材，对这种行为，他从不阻拦："药许邻人劚"③。后来，杜甫在友人的帮助下得到了一些公田，生活有所好转后，他还不忘把种的水稻分给周围的邻人们："西成聚必散，不独陵我仓。岂要仁里誉，感此乱世忙"④。

在杜甫的时代，仆人是很没有地位的，而少数民族出身的仆

---

① 杜甫：《自京赴奉先咏怀五百字》。
② 杜甫：《北征》。
③ 杜甫：《归溪上有作简院内诸公》。
④ 杜甫：《秋行官张望督促东渚耗稻向毕清晨遣女奴阿稽竖子阿段往问》。

人，其地位就更加低贱了。在夔州时，杜甫家里就有阿段、信行、女仆阿稽等彝族仆人。但是在杜甫眼里，他们同样是有生命、有尊严的人。一次仆人阿段为了寻找水源而只身前往深山老林里，杜甫得知后，既感激阿段的恪尽职守，同时又替他的安危感到后怕："怪尔常穿虎豹群"①；仆人信行因修水筒而耽误了吃饭，杜甫便拿出供自己老病享用的瓜果和面饼给他吃："于斯答恭谨，足以殊殿最。"②

在瀼西草堂时，有位无食无儿的老妇人经常到他的堂前来扑枣吃，杜甫从没有阻拦过。后来，他把草堂借给了吴郎居住，不料这位吴郎却在院子周围插上了篱笆以防止老妇人扑枣，得知这一消息后，他就专门写信告诫吴郎不要这么做：

> 堂前扑枣任西邻，无食无儿一妇人。不为困穷宁有此？只缘恐惧转须亲。
>
> 即防远客虽多事，便插疏篱却甚真。已诉征求贫到骨，正思戎马泪盈巾。
>
> ——《又呈吴郎》

没有华丽的辞藻，没有夸饰的情感，但是一位古道热肠的仁者形象立刻跃然纸上。清人卢世㴶对此诗作了高度评价，说：

> 子美温柔敦重，一本之恺悌慈祥，往往溢于言表。他不具论，即如《又呈吴郎》一首，极煦育邻妇，又出脱邻妇；欲开示吴郎，又回护吴郎。七言八句，百种千层，非诗也，是乃仁

---

① 杜甫：《示獠奴阿段》。
② 杜甫：《信行远修水筒》。

音也。恻隐之心，诗之元也。词客仁人，少陵独步。①

正因为有着这样一副仁人心肠，所以杜甫往往能因物及人。看到自然界中病苦忧郁的事物，他总是会自然地联想起人间受苦的大众，《病柏》、《病橘》、《枯棕》、《枯楠》等就是他因物比兴的佳篇。这里举《枯棕》为例以飨读者：

蜀门多棕榈，高者十八九。其皮割剥甚，虽众亦易朽。

徒布如云叶，青黄岁寒后。交横集斧斤，凋丧先蒲柳。

伤时苦军乏，一物官尽取。嗟尔江汉人，生成复何有。

有同枯棕木，使我沉叹久。死者即已休，生者何自守。

啾啾黄雀啅，侧见寒蓬走。念尔形影干，摧残没藜莠。

——《枯棕》

在诗人眼中，那惨遭割剥而不幸枯死的棕榈树，就是遭受残酷剥削的底层百姓的形象写照，杜甫在为枯棕鸣不平的同时也在为天下百姓鸣不平。为了能减轻天下百姓的痛苦，他总是强烈地呼唤"仁人政治"，"致君尧舜上，再使风俗淳"② 是他一生孜孜以求的理想。看到百姓赋税沉重，他希望："谁能扣君门，下令减征赋"③；看到贫人与富人生活差距如此之大，他渴望："众僚宜洁白，万役但平均。"④ 然而，残酷的现实让诗人的美好愿望一次次化为了泡影，无可奈何的他到最后竟愿意牺牲掉自己的幸福来换取天下苍生的安宁：

---

① ［清］卢世㴶：《杜诗胥钞·大凡》。

② 杜甫：《奉赠韦左丞丈二十二韵》。

③ 杜甫：《宿花石戍》。

④ 杜甫：《送陵州路使君赴任》。

安得广厦千万间，大庇天下寒士俱欢颜。风雨不动安如

山。呜呼！何时眼前突兀见此屋？吾庐独破受冻死亦足！

——《茅屋为秋风所破歌》

杜甫对儒家仁爱精神、济世情怀的身体力行，使得千百年来的

后人一直将他视作儒者精神的典范，他的诗歌也被视作儒家的经

典。"南宋四名臣"之一的李纲作诗称颂道：

> 杜陵老布衣，饥走半天下。作诗千万卷，一一干教化。是
>
> 时唐室卑，四海事戎马。爱君忧国心，愤发几悲咤。孤忠无与
>
> 施，但以佳句写。风骚到屈宋，丽则凌鲍谢。笔端笼万物，天
>
> 地入陶冶。岂徒号诗史，诚足继风雅。呜呼诗人师，万世谁
>
> 为亚？①

清人龚鼎孳亦云：

> 诗之有少陵，犹文之有六经也。前乎此者，于此而旨归；
>
> 后乎此者，于此而阐发。文无奇正，必始乎经；诗无平险，必
>
> 宗乎杜。此少陵之诗与六经之文，并不朽于天地间也。②

2. 诸葛武侯——杜甫的忠君爱国思想

诚如上章所言，杜甫对蜀国丞相诸葛亮始终怀有一种特殊情

结。早在去齐州拜访李邕时，他的诗歌中就出现了咏叹诸葛亮的诗

句："不阻蓬荜兴，得兼梁甫吟。"③ 相传诸葛亮隐居时曾作《梁甫

吟》，诗中主要写齐相晏婴以二桃杀三士之事，表达了他以谋略用

世的志向。杜甫化用这一典故，一方面是在感激李邕对他的盛情邀

---

① ［宋］李纲：《梁溪先生文集》卷九。

② ［清］龚鼎孳：《杜诗论文序》。

③ 杜甫：《同李太守登历下古城员外新亭》。

请，另一方面则透露出他的自信和远大志向。

客居秦州时，杜甫作《遣兴五首》，通过书写几位历史人物的生平遭际来抒发自己的身世之叹。其中第一首就是拿诸葛亮与嵇康作比较，他说：

> 蛰龙三冬卧，老鹤万里心。
>
> 昔时贤俊人，未遇犹视今。
>
> 嵇康不得死，孔明有知音。
>
> 又如垄底松，用舍在所寻。
>
> 大哉霜雪干，岁久为枯林。

——《遣兴五首》其一

孔明与嵇康虽都曾如卧龙蛰伏山林，并怀有雄飞万里的老鹤之心，但是最后却一个建功立业，一个不得好死。杜甫认为这其中的关节处，就是"遇"与"不遇"的区别。孔明因为有刘备三顾茅庐、礼贤下士，得以出山与其共创蜀汉大业，而嵇康却因遭钟会嫉恨，最终招来了杀身之祸。

寓居成都草堂时，杜甫专程到南郊的武侯祠参谒，并写下《蜀相》、《登楼》等著名诗篇。流落夔州后，因这里留有许多与

诸葛武侯雕像

刘备、诸葛亮有关的古迹，故其对诸葛亮歌咏的诗篇便集中出现了，从《武侯庙》、《八阵图》、《谒先祖庙》、《诸葛庙》到《古柏

行》、《夔州歌十绝》其九，到《咏怀古迹五首》其四、其五以及《上卿翁请修武侯庙遗像缺落时崔卿权夔州》共九首之多，再加上其他涉及孔明的诗句，诸葛亮几乎成为了杜诗中出现频率最高的一位历史人物。

细细品味这些诗篇，不难发现，杜甫对诸葛亮的歌咏主要集中在以下几个方面：首先是对其协助刘备建立蜀汉、匡扶汉室等丰功伟绩的高度赞扬：

功盖三分国，名成八阵图。

——《八阵图》

诸葛大名垂宇宙，宗臣遗像肃清高。

三分割据纡筹策，万古云霄一羽毛。

——《咏怀古迹五首》其五

其次是对其智慧超群、运筹帷幄的将相才能的充分肯定：

伯仲之间见伊吕，指挥若定失萧曹。

——《咏怀古迹五首》其五

再次是对刘备与诸葛亮之间这种相互信任、同舟共济的君臣关系的歆羡：

嵇康不得死，孔明有知音。

——《遣兴五首》其一

复汉留长策，中原仗老臣。

——《谒先主庙》

武侯祠屋常邻近，一体君臣祭祀同。

——《咏怀古迹》其四

此外，还有对其出师未果、功败垂成的无限惋惜：

出师未捷身先死，长使英雄泪满襟。

——《蜀相》

江流石不转，遗恨失吞吴。

——《八阵图》

运移汉祚终难复，志决身歼军务劳。

——《咏怀古迹五首》其五

联系当时的时代背景，可以说杜甫对诸葛亮这几个方面的咏叹，无疑是在"借他人酒杯，浇心中块垒"。安史之乱的爆发，吐蕃、回纥等外族的不断入侵，使得唐王朝的命运变得岌岌可危，生在这样的乱世中，一心想"致君尧舜"的杜甫，其维护统一、报效朝廷的愿望变得更加强烈，所以同样以恢复汉室为己任的诸葛亮无疑成了他的异代知己。与之相比，杜甫不一定具有非凡的将相之才，但是其忠君爱国、匡世济民的思想却毫不逊色。苏轼曾用"一饭未尝忘君"[1] 来评价杜甫，值得一提的是，这里的"君"绝不仅限于某位君王，而是与朝廷、国家和人民联系在一起。

细细算来，杜甫的为官生涯加起来也不过两年六个月，但是他却真正做到了"在其位，谋其政"：任左拾遗时，他上疏救房琯，与同僚联名举荐岑参为右补阙；被贬为华州司功参军后，他顶着巨大压力写成了《进灭残寇形势图状》和《乾元元年华州进士策问五首》等关乎国计民生的文件；在严武的幕府工作时，他又有《东西两川说》，分析了边疆上许多重要问题。辞官后，他仍不忘"兼济

---

① 苏轼：《东坡全集》卷三十四。

天下"，从"致君唐虞际"① 到"朝廷愍生还"②，从"致君尧舜付公等"③ 到"卿到朝廷说老翁"④，"一介布衣"的杜甫比任何一位在朝官员都更关心朝廷的危亡和百姓的安危。即使在漂泊流亡中，他依旧"尚想趋朝廷，毫发裨社稷"⑤，到了生命的最后关头，他仍念念不忘国事："公孙仍恃险，侯景未生擒。书信中原阔，干戈北斗深。"⑥

杜甫对朝廷、对国家、对人民这种始终不渝的爱与诸葛亮"鞠躬尽瘁，死而后已"的"弘毅"品格何其相似？深知无法力挽狂澜的杜甫，每每想到这位先贤，就更加歆羡他与刘备之间的明良际会：

> 君臣已与时际会，树木犹为人爱惜。
>
> ——《古柏行》

就更加热切地企盼乱世的唐朝可以出现像刘备、诸葛亮这样的明君良相：

> 西蜀地形天下险，安危须仗出群才！
>
> ——《诸将五首》其五

可以说，杜甫对诸葛亮的反复吟咏，是他"忠君爱国"思想的集中体现，是他作为时代歌手所发出的真情呼唤，这呼喊声沉郁却不失庄严，失落中饱含着希望，是杜甫与诸葛亮两位异代知己用一片赤子之心铸成的生命最强音。

---

① 杜甫：《同元使君舂陵行》。
② 杜甫：《述怀》。
③ 杜甫：《暮秋枉裴道州手扎率遣兴递呈苏涣侍御》。
④ 杜甫：《惜别行送向卿进奉端午御衣之上都》。
⑤ 杜甫：《客堂》。
⑥ 杜甫：《风疾舟中伏枕书怀三十六韵奉呈湖南亲友》。

三、立言篇："文章千古事，得失寸心知"

从《尚书·尧典》的"诗言志"，到孔子的"兴观群怨"说，诗歌在儒家传统中历来被视为反映世道民心、干预政治教化的有力工具。诚如汉代毛苌在《诗大序》中所言：

> 情发于声，声成文谓之音。治世之音安以乐，其政和；乱世之音怨以怒，其政乖；亡国之音哀以思，其民困。故正得失，动天地，感鬼神，莫近于诗。先王以是经夫妇，成效敬，厚人伦，美教化，移风俗。

从小就深受儒家诗教熏冶的杜甫，对这一点是心知肚明的。所谓"自谓颇挺出，立登要路津。致君尧舜上，再使风俗淳"[①]，诗歌固然曾被他当作一种入仕之资和政教工具，但可贵的是，他在历经人世沧桑、世事变幻之后，更把诗歌视为抒情遣怀、忧国伤时的精神寄托，进入到了一个"以生命为诗，以诗为生命"[②]的创作境界。作于大历元年（766）的《偶题》就完整地表达了他对诗歌的这一看法：

> 文章千古事，得失寸心知。作者皆殊列，名声岂浪垂。骚人嗟不见，汉道盛于斯。前辈飞腾入，馀波绮丽为。后贤兼旧制，历代各清规。法自儒家有，心从弱岁疲。永怀江左逸，多谢邺中奇。骐骥皆良马，骐驎带好儿。车轮徒已斫，堂构惜仍亏。漫作潜夫论，虚传幼妇碑。……

---

① 杜甫：《奉赠韦丞丈二十二韵》。
② 陈良运：《中国诗学批评史》，江西人民出版社 1995 年版，第 235 页。

在杜甫心中，诗歌是一项名垂后世的"千古事业"，所以他要求自己必须全身心投入到创作中去。在诗歌内容方面，他忠实地继承了《诗经》、《汉乐府》以来的现实主义传统，做到了"随时敏捷"、"抚事慷慨"①。无论是作于长安十年的《兵车行》、《丽人行》、前后《出塞》，还是作于安史之乱爆发后的《羌村五首》、《北征》、《洗兵马》、"三吏"、"三别"，亦或是流落陇蜀、夔州时所作《秦州杂诗》、《同谷七歌》、《秋兴八首》，它们无不真实反映了唐王朝由盛转衰、百姓备受战乱之苦的历史事实。广德二年（764），时任道州刺史的元结（719～772）有感于道州人民深受官府剥削和盗贼掠夺之苦，于是作《舂陵行》和《贼退示官吏》二诗以达其情。三年后（大历二年，公元767年），这两首诗传到夔州，杜甫读罢深受感动，援笔立作《同元使君舂陵行》一诗，并在诗序中交代了自己的创作动机。他说：

> 今盗贼未息，知民疾苦，得结辈十数公，落落然参错天下为邦伯，万物吐气，天下小安可待矣。不意复见比兴体制，微婉顿挫之辞，感而有诗，增诸卷轴，简知我者，不必寄元。

显然，是元结体察民生疾苦的诗篇再次唤起了年迈的杜甫对现实生活的参与意识，他要告诉人们，无论在什么时候，自己那片为民请命、忧国忧民的赤诚忠心永远不会改变。在诗中，他为能找到元结这样的同道中人颇感欣慰：

> 吾人诗家流，博采世上名。粲粲元道州，前贤畏后生。观乎《舂陵》作，欻见俊哲情。复览《贼退》篇，结也实国桢。

---

① 杜甫：《进雕赋表》。

贾谊昔流恸，匡衡常引经。道州忧黎庶，词气浩纵横。两章对
秋月，一字偕华星。致君唐虞际，淳朴忆大庭。何时降玺书，
用尔为丹青？

此时的杜甫已是一个右臂偏枯、又聋又病的五十六岁老人，但是
"漂泊公孙城"的他仍要"日夕思朝廷"，仍不忘"致君唐虞际"，
他要继续发扬《诗经》中"忧黎庶"的优良传统，用自己的笔底波
澜唤醒统治者的良知，实现儒家孜孜以求的"仁政"。"两章对秋
月，一字偕华星"虽然是杜甫对元结的赞语，但是用此来评价杜诗
一点也不为过。

杜甫之所以被称为"诗之集大成者"，与其转益多师、博采众
长的诗学观不无关系。在《戏为六绝句》中他说：

别裁伪体亲风雅，转益多师是汝师。

——《戏为六绝句》其六

在《解闷十二首》中他说：

李陵苏武是吾师，孟子论文更不疑。

——《解闷十二首》其五

可见，杜甫是奉《诗》、《骚》、汉乐府的现实主义传统为圭臬的，
但是他并没有因此而贬斥其他诗人，无论是注重"风骨"的建安诸
子，还是清新自然的谢灵运，亦或是风格绮丽的齐梁诗人（如谢
朓、庾信、何逊、阴铿等），都曾得到过他的肯定：

文章曹植波澜阔

——《追酬故高蜀州人日见寄》

方驾曹刘（按：即曹植、刘桢）不啻过

——《奉既高常侍》

孰知二谢（按：即谢灵运、谢朓）将能事，颇学阴何（按：即阴铿、何逊）苦用心。

——《解闷十二首》其一

庾信文章老更成，凌云健笔意纵横。

——《戏为六绝句》其一

杜甫对齐梁文学的这种宽容态度，与前人以及同时代的人相比都是很不一样的。齐梁文学因雕辞刻句、繁文缛采而备受后人诟病，唐初诗坛革新的旗手陈子昂就认为齐梁诗歌是"彩丽竞繁"、"兴寄都绝"①，因而提出"风骨说"试图挽救"道弊久矣"的文坛；受其影响，李白在《古风》其一中说："自从建安来，绮丽不足珍"，对齐梁的绮丽文风也不以为然。杜甫不是没有看到齐梁文学的缺点所在，在《戏为六绝句》其五中他也说："窃攀屈宋宜方驾，恐与齐梁作后尘。"但可贵的是，他在发现不足的同时仍能找到齐梁文人身上值得学习的地方，如其"清新"、"俊逸"的文风，其对诗歌声律的推敲等等，都得到了杜甫的肯定。

对待古人如此，对待同朝同代的诗人，他同样能够做到从诗歌本体的角度来评诗论诗，故而他的评价往往既客观公正又不乏真知灼见。如他对"初唐四杰"的"当时体"作了辩护，并谴责了那些哂笑"四杰"的人，认为历史终将做出公正的裁判：

杨王卢骆当时体，轻薄为文哂未休。尔曹身与名俱灭，不废江河万古流。

——《戏为六绝句》其二

① ［唐］陈子昂：《与东方左史虬修竹篇序》。

他称赞孟浩然是"清诗句句尽堪传"①，王维是"最佳秀句寰区满，未绝风流相国能"②。他还喜欢借南朝诗人来称赞好友的诗歌，高适、岑参在他看来是：

> 高岑殊缓步，沈鲍得同行。

——《寄彭州高三十五使君适虢州岑二十七长史参三十韵》

郑审和李之芳的诗被他评价为：

> 郑李光时论，文章并我先。阴何尚清省，沈宋欻联翩。

——《秋日夔州府咏怀奉寄郑监李宾客一百韵》

这里尤其引人注目的是他对李白诗歌的评价，二人同游梁宋、齐鲁时，他认为李白的诗歌是：

> 李侯有佳句，往往似阴铿。

——《与李十二白同寻范十隐居》

困居长安时期，他对李白清新飘逸的诗风有了进一步的认识：

> 清新庾开府，俊逸鲍参军。

——《春日忆李白》

流落到陇蜀后，随着人生阅历的增加，杜甫对李白诗歌的喜爱也愈来愈浓厚，给出的评价也愈来愈高：

> 笔落惊风雨，诗成泣鬼神。

——《寄李十二白二十韵》

> 世人皆欲杀，吾意独怜才。

——《不见》

---

① 杜甫：《解闷十二首》其一。
② 杜甫：《解闷十二首》其八。

从这些评价中可以看出，杜甫的诗学思想既有变化，又有其一以贯之的东西，那就是他始终将诗歌的"真"与"诚"放在最重要的地位。

李白塑像

正因为如此，杜甫在创作实践中就十分注重诗歌的审美效应，可以说，他是千百年来把政教中心说与审美中心说完美结合起来的第一人。"凌云健笔意纵横"①，"为人性僻耽佳句，语不惊人死不休"②，这种"秀外慧中"的诗歌理想一直是杜甫所力倡的。为了达到这一审美理想，他充分发挥自己作为"语言大师"的天赋，不断在诗句的声律、对仗上精益求精：

> 不薄今人爱古人，清词丽句必为邻。
>
> ——《戏为六绝句》其六
>
> 晚节渐于诗律细，谁家数去酒杯宽。
>
> ——《遣闷戏呈路十九曹长》
>
> 遣辞必中律，利物常发硎。绮绣相展转，琳琅逾青荧。
>
> ——《桥陵诗三十韵因呈县内诸官》

正是凭着这种"语不惊人死不休"的精神，杜甫创作出了一大批声

---

① 杜甫：《戏为六绝句》其一。
② 杜甫：《江上值水如海势聊短述》。

律和谐、韵味无穷的名作佳篇，不必说"绿垂风折笋，红绽雨肥梅"①，也不必说"香稻啄残鹦鹉粒，碧梧栖老凤凰枝"②，单是一句简单的"细雨鱼儿出，微风燕子斜"③ 就足见其驾驭语言的非凡功力。除了在语言文字上下功夫外，杜甫还特别推崇一种意在象外、妙然天成的审美境界。所谓"妙取筌蹄弃，高宜百万层"④，这里的"妙取"化用了庄子的"得意忘言"说，诗人要"弃"掉的正是那些干巴巴的说教，故读杜诗，我们总能被带入到一种"象外之境"的绝妙情境中去。正如清人沈德潜所言，"杜诗'江山如有待，花柳自无私'，'水深鱼极乐，林茂鸟知归'，'水流心不竞，云在意俱迟'俱入理趣"，但却不是"理语"。⑤ 这与后来白居易"卒章显志、浅白易懂"的新乐府诗以及宋代理学家借诗说理的理学诗是很不一样的。

对诗歌"思之美"与"形式之美"的双重重视，使得杜甫在创作时进入到了一种"入神"的极高境界，诚如诗人自己所言：

> 读书破万卷，下笔如有神。
>
> ——《奉赠韦左丞丈二十二韵》
>
> 感激时将晚，苍茫兴有神。
>
> ——《上韦左相二十韵》
>
> 醉里从为客，篇什若有神。
>
> ——《独酌成诗》

---

① 杜甫：《陪郑广文游何将军山林十首》其五。
② 杜甫：《秋兴八首》其八。
③ 杜甫：《水槛遣心二首》其一。
④ 杜甫：《寄刘峡州伯华使君》。
⑤ ［清］沈德潜：《说诗晬语》。

此外，他还特别喜欢用"神"字来评价其他的艺术作品，如评开元名画家曹霸所画的马是：

> 国初已来画鞍马，神妙独数江都王。

> ——《韦讽录事宅曹将军画马图》

评韦偃所画的双松图是：

> 绝笔长风起纤末，满堂动色嗟神妙。

> ——《戏韦偃为双松图歌》

而评公孙大娘女弟子的剑器舞则是：

> 临颍美人在白帝，妙舞此曲神扬扬。

> ——《观公孙大娘弟子舞剑器行并序》

陈良运先生说："这些屡屡提到的'神'，或是指灵感骤至时那种'凌云健笔意纵横'时的创作快感，或是指主、客体豁然贯通时那种兴会淋漓的审美愉悦，或是指作诗功力老到娴熟、技巧自由发挥的状态，或是指心游物外时那种'六合之内，一举万里'的'飞动'气势。"① 总之，"神"是杜甫孜孜以求的一种"诗之极境"，这种"神"的诗学思想，上承刘勰《文心雕龙》的"神思"而来，下启司空图、严羽等有关"神"的诗学论述，对中国诗歌的美学建构做出了突破性贡献。严羽在《沧浪诗话》中就用"入神"一词来评价杜诗："诗而入神，至矣，尽矣，蔑以加矣！惟李杜得之。"②

---

① 陈良运：《中国诗学批评史》，江西人民出版社 1995 年版，第 240 页。
② ［宋］严羽：《沧浪诗话·诗辨》。

第二节 "儒者侠骨香"

一、释名篇:"侠"与侠义精神

1. "侠"之起源

侠,作为中国历史上一个曾经存在过的特殊社会群体,其起源问题一直是个难以解开的"迷思"(英文 Myth)。从时间上看,"侠"大致产生于春秋战国之际,但是其具体源于哪一学派、哪一阶层却始终没有定论。国学大师章太炎认为"侠起源于儒",他说:"漆雕氏之儒,'不色挠,不目逃,行曲则无违于臧获,行直则怒于诸侯'(韩非子·显学),其学废而闾里游侠兴。侠者无书,不得附九流,而天下有亟事,非侠士无足属。"① 这一观点很快在梁启超那里得到了响应,在《中国之武士道》中,他以孔子开篇,并明确指出:

> 《韩非子·显学篇》称孔子卒后,儒分为八,漆雕氏之儒不色挠不目逃,行曲则无违于臧货,行直则怒于诸侯。按此正后世游侠之祖也,孔门必有此一派,然后漆雕氏乃得衍其传。②

不过在《论中国学术思想变迁之大势》中,梁启超又提出了"侠源于墨"的另一种可能。在书中,他将孔、老、墨并称为"三宗",又把墨家分为"兼爱"、"游侠"、"名理"三派。其中"游

---

① 章太炎:《儒侠篇》。
② 梁启超:《中国之武士道》,吉林出版集团责任有限公司 2008 年版,第 3 页。

侠"一派，在他看来是："自战国以至汉初，此派极盛。朱家、郭解之流，实皆墨徒也。"① 谭嗣同、鲁迅等前辈学人同样持有这种观点，谭嗣同说："墨有两派：一曰'任侠'，吾谓之仁也。"② 鲁迅先生则说："孔子之徒为儒，墨子之徒为侠。"③

　　与"侠源于某诸子"说不同，冯友兰、顾颉刚等认为侠真正的起源乃是春秋战国时期的武士阶层。在《原儒墨》与《原儒墨补》二文中，冯友兰先生指出随着贵族政治的崩坏，下层贵族渐渐衍变成为靠卖技艺为生的士阶层，其中精通知识礼乐方面的专家就成了儒士，而精通打仗的专家就变成了侠士。顾颉刚先生在《武士与文士之转换》一文中也提出了相似的观点，并说："惮用文者归儒，好用力者为侠。"

　　当今学人在充分吸收前人观点的基础上，又提出了许多新的看法，其中最具有代表性的就是增渊龙夫和刘若愚等提出的"精神气质说"。在《中国之侠》一书中，刘若愚指出：

　　　　认为游侠不是特殊的社会集团，只不过是一群具有侠客气质的人。这种观点由增渊龙夫教授指出。我倾向于这种观点。我认为游侠为人大多是气质问题，而不是社会出身使然，游侠是一种习性，不是一种职业。④

---

　　① 梁启超：《梁启超全集》第二册，北京出版社1999年版，第572页。

　　② 谭嗣同：《仁学·自叙》，《谭嗣同全集》（增订本）下册，中华书局1981年版，第289页。

　　③ 鲁迅：《三闲集·流氓的变迁》，《鲁迅全集》第4卷，人民文学出版社1981年版，第155页。

　　④ ［美］刘若愚（著），周清霖、唐发铙（译）：《中国之侠》，上海三联书店1991年版，第3页。

这一观点也得到了不少人的认同。① 此外，像汪聚应的"刺客说"，熊宪光的"纵横家说"，郑春元的"原始氏族的遗风说"以及李欧、陈双阳的"神话原型说"等也都有各自的理论基础和文献材料作支撑。② 那么，侠到底起源于什么呢？

我们认为，侠既不是诸子百家中某一家的衍生品，也不是社会阶层中某一阶层的专属产物，作为中国历史上一个特殊的社会群体，它的产生是各种因素综合作用的结果。首先，在春秋战国那个大动荡、大变革的时代，人间充满了不平与危难，养士之风于是盛行，崇侠尚武渐渐成为一种社会风气，这是侠产生的时代背景。其次，一批具有血性、良知和正义感等精神气质的行为主体的存在，是侠得以产生的内因。再次，在诸子百家争鸣的思想环境下，这批充满正义感，有良知、有血性的人，接受了诸子思想中"重义轻利"、"扶危济困"、"言信行果"、"知恩图报"等精神资源，并以此作为他们行事处世的行动指南，这是侠得以产生的思想基础。所以，说侠具体产生于哪一家、哪一派都似是而非，缺少了时代背景、行为主体以及思想基础这三者中的任何一个，侠的产生都不过是个不切实际的梦。

2. 侠义精神

自从有了"侠"，"侠义精神"也就相伴而生了。关于"侠义精神"，司马迁在《史记·游侠列传》中有一段精彩论述，他说：

> 今游侠，其行虽不轨于正义，然其言必信，其行必果，已

---

① 如汪涌豪、陈广宏在《侠的人格与世界》中就提出了相类似的观点。

② 这一分类法主要参考了陈夫龙：《千古侠魂的现代回声——现代中国文学与侠文化专题研究》第一章，上海三联书店 2010 年版。

诺必诚，不爱其躯，赴士之厄困，既已存亡死生矣，而不矜其能，羞伐其德，盖亦有足多者焉。

这段话虽然不长，但却言简意赅，敏锐地抓住了侠者"言信行果"、"重义轻生"、"救人困厄"、"谦虚不骄"的精神特质，成为后世判断"侠义行为"的重要指标。今人刘若愚在《中国之侠》一书中，对"侠义精神"做了详细归纳，并认为以下八种信念是支配侠义行为的精神动力：1. 助人为乐；2. 公正；3. 自由；4. 忠于知己；5. 勇敢；6. 诚实，足以信赖；7. 爱惜名誉；8. 慷慨轻财。这些标准虽然更加精细，但是与司马迁所说的"侠义精神"相比，其实大同小异。

正如上文所言，侠身上所具有的侠义精神，与诸子百家思想的浸润有密切关系。尤其是儒、墨两家的思想，对侠义精神的产生和发展起了重要作用。先说墨家，作为活跃于春秋战国时期的一个学术流派和社会团体，墨家的活动和主张"为侠的诞生和生长起了推波助澜的作用"①。首先，在行为方式上，墨家与侠都主张以"武"立世，所谓"墨子服役者百八十人，皆可使赴火蹈刃，死不旋踵"（《淮南子·泰族训》），而侠则是以"武"犯禁的典型代表（《韩非子·五蠹》）。其次，墨家提出了完整的"任侠"观念和实践主张："任，士损己而益所为也。"② 并解释说，"毕云，谓任侠；说文云，粤，侠也；三辅谓轻财者，粤与任同。"③墨子还进一步提出"任侠"的实践方式："任，为身之所恶，以成人

---

①　陈山：《中国武侠史》，上海三联书店 1992 年版，第 20 页。

②③　孙诒让：《墨子间诂卷十·经上第四十》，《诸子集成》第四册，上海书店出版社 1986 年版，第 192 页。

之所急"①，即"干己身所厌恶的事来解救他人的急难"。② 显然，这种"勇于牺牲"、"扶危济困"、"救人急难"的"任侠"精神正是司马迁所讲的"专趋人之急，甚己之私"侠义精神的源头。再次，墨家提出的"投我以桃，报之以李"的恩报观，同样被侠者吸收，从而衍生出"知恩必报"、"甘为知己者死"的侠义思想。此外，墨家的"义利观"、崇尚勇力以及"兼爱"的思想也都深刻影响了侠的人格精神和行为规范，故有人说"作为一种观念形态的侠文化的理性基因却主要渊源于墨家学派"③，是很有道理的。

墨家之外，儒家思想同样为侠义精神提供了不少精神养料。譬如，儒家重"信"，主张言行一致："人而无信，不知其可也。"（《论语·为政》）"民无信不立。"（《论语·颜渊》）"子以四教：文、行、忠、信。"（《论语·述而》）而侠者的"重然诺"精神与此何其相似。又如，儒家提倡"勇者不惧"的人格精神，所谓"虽千万人，吾往矣"（《孟子·公孙丑上》）。而侠者"路见不平，拔刀相助"的行事风格显然是受到了这一思想的影响。再如，儒家崇尚气节，提倡"富贵不能淫，贫贱不能移，威武不能屈"（《孟子·滕文公下》）的大丈夫气概，而侠义精神中亦有"爱惜名誉"、"不屈服于权威"的成分。此外，"儒"、"侠"都倡导一个"义"字，孔子说："君子义以为质。"（《论语·卫灵公》）"君子义以为上，君子有勇而无义为乱，小人有勇而无义为盗。"（《论语·阳货》）重

① 孙诒让：《墨子间诂卷十·经说上第四十二》，《诸子集成》第四册，上海书店出版社1986年版，第204页。

② 谭介甫：《墨经分类译注》，中华书局1981年，第196页。

③ 杨经建：《侠文化与20世纪中国小说》，载《文史哲》，2003年第4期。

义还是重利，成为划分君子与小人的主要标准，故有"君子喻于义，小人喻于利"（《论语·里仁》）的说法。而"义"在侠者那里同样被奉为圭臬，为了"义"他们可以"仗义疏财"，可以"重义轻生"，"义"成为他们行事的最高准则。虽然，儒家的"义"与侠者的"义"有很大不同，但可以肯定的是，儒家的"义利观"深刻浸润和影响了侠义精神。

除了儒、墨两家，道家蔑视权威、礼法，崇尚自由的思想，对侠义精神中"蔑视朝廷、秩序"、"追求自由"的成分也影响颇深；而纵横家中以鲁连为代表的"高行义节"，与"扶危济困"、"助人为乐"的侠义精神也不谋而合。可见，侠义精神自诞生之日起，就不是一株长在真空里的花朵，在与诸子思想的交互影响下，它的内涵也越来越丰富。汉末以后，甚至出现这样的现象，就是虽然现实生活中作为一个社会群体的侠早已销声匿迹，但是侠义精神却因受到士夫文人的青睐，而升华为一种社会品德。在与士夫文人忠君报国、宣泄不平等愿望的结合中，侠义精神逐渐演化为任侠的社会风气。

二、时代篇：唐代的任侠风气

任侠的风气由来已久，从汉魏文人对游侠歌咏的诗篇中，我们大致可以想象出那个时代的游侠之风：

借问谁家子？幽并游侠儿。

少小去乡邑，扬声沙漠垂。

宿昔秉良弓，楛矢何参差。

控弦破左的，右发摧月支。

…… ……

长驱蹈匈奴，左顾陵鲜卑。

弃身锋刃端，性命安可怀？

父母且不顾，何言子与妻。

名在壮士籍，不得顾中私。

捐躯赴国难，视死忽如归。

——曹植《白马篇》

这首诗歌固然有曹植借题发挥的成分，但是游侠所具有的"武艺超群"、"奔赴国难"、"勇于牺牲"以及"视死若归"的精神却是显而易见的。此外，像张华的《博陵王宫侠曲》、鲍照的《代结客少年场行》以及王褒的《游侠篇》也都对游侠进行了热情讴歌，这些诗篇成为之后歌咏游侠的先声。

任侠之风在唐代出现了高潮，究其原因，一是唐代帝王结交豪侠、私养死士的喜好对任侠之风起了推波助澜的作用。崛起于关中地区的李氏家族，承袭了少数民族尚武好斗的风气，高祖李渊一生结交豪侠无数，柴绍、公孙武达、唐宪、丘和等声名显赫的大侠，都曾受到过高祖的礼遇。太宗李世民的"养士之风"与之相比，则有过之而无不及，据《新唐书·太宗本纪》记载：

太宗为人聪明英武，有大志，而能屈节下士。时天下已乱，盗贼起，知隋必亡，乃推才养士，结纳豪杰。长孙顺德，刘弘基等，皆因事亡命，匿之。又与晋阳令刘文静尤善，文静坐李密事系狱，太宗夜就狱中见之，与图大事。①

---

① 《新唐书》卷二《太宗本纪》。

显然，豪侠之士为唐初帝王成就一番霸业立下了汗马功劳，故侠义精神直至武后、玄宗时还一直备受旌扬。所谓"上有所好，下必甚焉"，在帝王们的大力提倡下，任侠之风很快风靡一时。

其次，唐代商品经济的兴盛和都市的繁荣，为游侠活动的滋生提供了可能。侠从诞生的那天起，就不是超脱于尘世之外的避世者，相反，他们总是活跃在灯红酒绿、人烟熙攘的都市中。在这里他们可以呼朋引伴、仗义疏财，上演一幕又一幕"快意恩仇"的"侠客剧"，像《史记·游侠列传》中的剧孟、朱家，《汉书·游侠传》中的楼护、万章，以及魏晋时期张华笔下的洛阳侠少，莫不如此。到了唐代，随着国家的统一、社会的安定，商品经济得到了充分发展，城市也随之繁荣起来。以长安为例，据清代徐松考证，当时长安城内分为东西两市，其中东市：

> 南北居二坊之地，当中东市局，次东平准局、铁行、资圣市、西北街。东北隅有放生池。①

西市则是：

> 南北尽两坊之地，市内有西市局、布署、平准局、衣肆、秋辔行、秤行、窦家店、张家楼、侯景先宅、放生池、独柳。②

而便利的水陆交通使都市如虎添翼，不仅是长安、洛阳，像广州、扬州、成都等也都成为了中外商品货物的集散地，街市上到处是琳琅的货物和林立的酒肆。在这样的环境下，一批快意恩仇的游侠少年们便出现了，都市不仅为他们的栖息藏身提供了便利，也成为他们任侠使气、斗鸡走马、豪饮纵博的理想场所。

---

①② ［清］徐松：《唐两京城坊考》，中华书局 1985 年版，第 75 页。

再次，唐代自由开放、昂扬向上、高度自信的时代精神，与崇尚自由、张扬自我、蔑视礼法的侠义精神不谋而合，这也成为任侠之风盛行的一个重要因素。诚如罗宗强先生在《李杜论略》中所言：

> （唐代）处于历史上又一个繁荣时期的地主阶级，精力充沛，充满自信。它的一部分成员，须要借助各种方式表现自己的英雄气概，建功立业是一种适宜的方式，任侠也是一种适宜的方式，而且是一种更容易做到的方式。诚然，勇决任气、挥金如土、扬眉吐纳、激昂青云的非同凡响的行为与气概，在初盛唐之前和之后都有，但被当作高尚的行为、光荣的标志、时髦的生活方式而受到皇室、将相、权贵、士族、豪富子弟如此普遍的崇尚，则是罕见的。①

任侠风气的盛行，大大激发了唐朝士子的进取心和主动性，他们不仅在诗歌中热情地讴歌侠士和侠义行为，更喜欢以侠士自命，那一篇篇的《少年行》、《白马篇》、《侠客行》就是明证。下面仅举几首以飨读者：

> 新丰美酒斗十千，咸阳游侠多少年。
>
> 相逢意气为君饮，系马高楼垂柳边。
>
> ——王维《少年行四首》其一
>
> 龙马花雪毛，金鞍五陵豪。
>
> 秋霜切玉剑，落日明珠袍。
>
> 斗鸡事万乘，轩盖一何高。
>
> 弓摧南山虎，手接太行猱。

---

① 罗宗强：《李杜论略》，内蒙古人民出版社1980年版，第72页。

酒后竞风采，三杯弄宝刀。

杀人如剪草，剧孟同游遨。

发愤去函谷，从军向临洮。

叱咤万战场，匈奴尽奔逃。

归来使酒气，未肯拜萧曹。

羞入原宪室，荒淫隐蓬蒿。

——李白《白马篇》

欲出鸿都门，阴云蔽城阙。

宝剑黯如水，微红湿余血。

白马夜频惊，三更霸陵雪。

——温庭筠《侠客行》

　　尤为值得注意的是，士子们歌咏侠义精神的同时，还主动地将这种精神与家国大义、忠君爱国等思想紧密地联系在一起，故国家安定时，他们能"一书一剑走天涯"，而当民族危亡时，他们立即就变身为仗剑从军、驰骋沙场的勇士。写下《登幽州台歌》的陈子昂是如此，他曾两度从军，虽然在军中只是个小小的参谋，但是当统帅武攸宜因轻敌而导致战败时，他竟主动请缨，愿亲自率万人出战契丹。"以诗人为戎帅"的高适也是如此，虽然他的前半生多是在穷困潦倒的漫游生活中度过的，但是以天下安危为己任的他却从不曾放弃立功疆场的理想。安史之乱爆发后，凭借自己卓越的军事才能，高适在平叛战乱中立下了汗马功劳，不仅出任剑南西川节度使，还被封为渤海县侯，食邑七百户，成为"有唐以来，诗人之达者"①。与高适并称

---

　　① 《旧唐书·高适传》。

的边塞诗人岑参同样如此，进士登科后，他也有过十年的蹉跎岁月，在诗中他说："丈夫三十未富贵，安能终日守笔砚。"① 志在疆场的他不愿效法那些只会纸上谈兵的穷酸儒生，一生只是皓首穷经、碌碌无为，所以家国危难时，他毅然投笔从戎，不仅在沙场上立下了赫赫战功，更创作出一大批优秀的边塞诗歌，成为中国诗歌王国夺目的瑰宝。

虽然不是所有的士子都能像高适、岑参一样"书剑两不误"，但是这种渴望建功立业、以天下为己任、崇尚勇力的侠义精神却是唐代优秀士子身上所共有的。不必说写下"孰知不向边庭苦，纵死犹闻侠骨香"② 的王维，也不必说利剑在手、辞亲远游的"诗仙"李白，就是以儒业立身、以"儒生"自许了一辈子的"诗圣"杜甫，同样具有这种铮铮"侠骨"。

三、侠骨篇：杜甫与"侠"

1. 曾经的游侠儿

说杜甫身上具有铮铮"侠骨"并不是空穴来风，在作于大历元年（766）的那首《壮游》诗中，55 岁的诗人向我们展现了他年轻时放荡不羁的一面：

> 性豪业嗜酒，疾恶怀刚肠。
>
> …… ……
>
> 放荡齐赵间，裘马颇清狂。

---

① 岑参：《银山碛西馆》。
② 王维：《少年行四首》其二。

> 春歌丛台上，冬猎青丘旁。
>
> 呼鹰皂枥林，逐兽云雪冈。
>
> 射飞曾纵鞚，引臂落鹙鸧。

诗中的杜甫俨然是个性情豪放、射技高超的游侠少年。再如那首《遣怀》："白刃仇不义，黄金倾有无。杀人红尘里，报答在斯须。"杜甫是否真的杀过人，我们不得而知，但是其身上具有的"快意恩仇"的游侠气却是显而易见的。虽然后来历经沧桑，艰辛的世事把他身上的这种游侠气早已磨平了，但是在某些特定时刻，它还是会不经意地跳出来。寓居夔州时，有一次杜甫在朋友柏茂琳家喝醉了酒，于是豪兴顿起，怎料纵身上马后竟不小心摔了下来。受伤后，朋友们携酒前来探视，他便写诗道：

> 甫也诸侯老宾客，罢酒酣歌拓金戟。
>
> 骑马忽忆少年时，散蹄迸落瞿塘石。
>
> 白帝城门水云外，低身直下八千尺。
>
> 粉堞电转紫游缰，东得平冈出天壁。
>
> 江村野堂争入眼，垂鞭亸鞚凌紫陌。
>
> 向来皓首惊万人，自倚红颜能骑射。
>
> ……　……
>
> ——《醉为马坠，诸公携酒相看》

该诗让我们对杜甫青少年时期信马由缰、纵情游乐的游侠生活有了更深的了解。其实，杜甫身上具有侠义精神一点也不难理解，除了受到时代任侠风气的浸染外，其家族在长期迁徙、漂泊不定的生活中所形成的"豪爽侠义、起伏跌宕"的心理和行为

特征①也深刻影响到了他。在他的亲族中，就曾先后出现了几位快意恩仇、舍亲取义的侠者型人物。

据史书记载，杜审言的曾祖杜叔毗（即杜甫的五世祖）事母至孝，后其兄杜君锡及侄杜映、杜晰被曹策所害，他便在白日里手刃曹策于京城，并"断首刳腹，解其肢体，然后面缚，请就戮焉"②。无独有偶，杜审言的次子杜并（即杜甫的叔父）也是个为亲报仇的热血少年。武后时期，杜审言因被周季童构陷而身陷囹圄，年仅十六岁的杜并决心为父报仇，于是在一次宴会上，他身怀利刃猛刺周季童，周季童身受重伤，他也被左右击杀。周季童临死时幡然悔悟，杜审言因此得救。时人得知杜并的事迹后，都深受感动，"文章大手笔"苏颋亲自为他作墓志，刘允济为之作祭文。杜甫也以家族中有这样一位人物为荣，在《唐故万年县君京兆杜氏墓志》一文中，他称赞这位叔父说："缙绅之家，诔为孝童。"杜家的男性如此，杜家的女性同样不乏这样的侠义之举。杜甫自幼丧母，被长期寄养在洛阳任风里的二姑家。一次他和姑母的儿子同时患病，女巫告诉姑母说把孩子放在床上的东南角就可以保全性命，可是东南角上只能容下一个人，这位贤德的姑母便忍痛割爱，把杜甫放在了东南角。结果杜甫身体痊愈，而二姑的儿子却不幸夭折了。故当姑母去世时，杜甫亲自为她服丧，并撰刻墓志以纪其德。在墓志铭中，他将二姑比作《列女传》中"弃子行义"的鲁国"义姑"，并称其为"有唐义姑"③。可以说，这些族辈

---

① 王力平：《四至九世纪襄阳杜氏家族论述》，《中国社会历史评论》第三卷，第65页，中华书局2001年版。

② 《北史·节义·杜叔毗传》。

③ 杜甫：《唐故万年县君京兆杜氏墓志》。

中人的侠义精神对杜甫的人生观、价值观产生了重要影响。

除了家族的渊源，杜甫结交的许多朋友也是侠义之士，他们的思想和行为对其侠义气质的形成也起到了不可忽视的作用。"性豪业嗜酒，嫉恶怀刚肠"①，"我生性放诞，雅欲逃自然"②，"欲填沟壑惟疏放，自笑狂父老更狂"③。杜甫性格中的这种放诞、狂傲气与游侠精神一拍即合，故其能结交到与自己同样嗜酒、爱剑、喜欢马和鹰的奇侠义士，从漫游时期的李白、高适、张玠、苏源明，到长安时期的郑虔、严武、岑参，再到晚年结识的严二别驾、苏涣等人，他们哪一个不是快意恩仇、性情豪放甚至是身怀绝技的侠者型人物？在与这些人登临赏玩、痛饮畅谈的交游中，杜甫的精神气质必然会受到影响。

2. 杜甫行为中的"侠义"因子

如前所言，侠义精神自诞生之初，就深受儒家思想文化的浸润，故以儒业立身的杜甫，在接受侠义精神时，总是有选择地吸收其与儒家思想的暗合之处。因此，杜甫的一些行事作风，有时既具有儒家的思想内涵，又包含侠义的精神因子。

最典型的例子就是上疏救房琯一事。至德二载（757）五月，杜甫冒着生命危险从长安奔赴凤翔行在，即位不久的肃宗见到这位"麻鞋见天子，衣袖露两肘"④ 的臣子后也被其忠心打动了，于是授予他左拾遗的官职。虽然这不过是个从八品下的小小谏官，但是杜

---

① 杜甫：《壮游》。
② 杜甫：《寄题江外草堂》。
③ 杜甫：《狂夫》。
④ 杜甫：《述怀》。

甫却尽职尽责，所以当他看到房琯因为"细罪"而被罢相时，便挺身而出为其鸣不平。由于言辞过于激烈，盛怒之下的肃宗竟将杜甫交由三司处理，可是面对着威严的三司，他仍不改口供，坚持认为"（房琯）罪细，不宜免大臣"①。最终，在宰相张镐和御史大夫韦陟的共同营救下，杜甫才免于获罪。虽然官复原职，但是作为房琯一党，他却日益被肃宗疏远了，直至后来贬为华州司功参军。可以说，上疏救房琯是导致杜甫政治生涯迅速夭折的主要原因，但是他却从来没有后悔过，相反，由于上疏未果，他一直备受良心谴责。广德元年（763），房琯卒于阆州，杜甫亲自作《祭故相国清河房公文》，提到此事时，他仍激切地写道：

> 拾遗补阙，视君如屦。公初罢印，人实切齿。甫也备位此官，盖薄劣耳。见时危急，敢爱生死！君何不闻，刑欲加矣。伏奏无成，终身愧耻。

上疏救房琯，既是出于朋友之义，更是因为家国大义，固然是其忠于职守、直言敢谏等儒家精神的外化，但是这其中隐含的不屈服于权威、为救朋友敢于两肋插刀的精神气质，不同样是侠义精神的体现吗？清人卢世淮正是看到了这一点，故评价说：

> 子美千古大侠，司马迁之后一人。子长为救奇陵，而下腐行；子美为救房琯，几陷不测，赖张镐申救获免，坐是蹉跌，卒老剑外，可谓为侠所累。②

"义"是侠义精神与儒家思想的最大契合点，李德裕在《豪侠

---

① 杜甫：《奉谢口敕放三司推问状》。

② ［清］卢世淮：《杜诗胥钞·大凡》。

论》中说："夫侠者，盖非常之人也，虽以然诺许人，必以气节为本。义非侠不立，侠非义不成。"① 儒家同样强调"义"，不过二者最大的不同在于，侠者强调的多是"私义"，而儒者强调的多为"家国大义"。杜甫在充分吸收儒家之"义"的同时，还"援儒入侠"，赋予侠义精神很多新的内容。如他强调的朋友之"义"，就绝不是简单的江湖义气，而是与伦理人情、国家民族相联系的"情义"、"忠义"。长安十年，穷困潦倒的杜甫在族人中也备受排挤，一次大病过后，杜甫想去从孙杜济那里叨扰一顿便饭，不料饭没吃着，还惹来一肚子的气。相比之下，交情并不怎么深厚的友人王倚却能倾其所有，用美酒佳肴招待自己，每次想起此事，杜甫都不禁感叹道："故人情义晚谁似？令我手脚轻欲漩。"② 故人孙宰同样义薄云天。天宝十五载（756）夏，安史之乱波及到奉先，杜甫携带家人加入到流亡的人群中，途径彭衙时，一家人已是饥寒交迫、筋疲力尽了，危急关头，幸好有故人孙宰的慷慨接纳。在孙府上，他们不仅填饱了肚子，还感受到了乱世难有的人间真情，杜甫发誓要与孙宰结为兄弟，并写诗称赞他是"高义薄曾云"③。朋友以情义对待自己，他也同样以情义报之。当太守李邕成为李林甫的眼中钉时，他敢于说："李邕求识面"④，与李林甫公然唱反调；当好友郑虔被流放至台州而生死未卜时，他敢于说："从来御魑魅，多为才

① [唐] 李德裕：《豪侠论》，见董诰等：《全唐文》（第 3 册），上海古籍出版社 1990 年版，第 3224 页。

② 杜甫：《病后遇王倚饮，赠歌》。

③ 杜甫：《彭衙行》。

④ 杜甫：《奉赠韦左丞丈二十二韵》。

名误。夫子嵇阮流，更被时俗恶"①，对肃宗的赏罚不公颇有微词；当李白因永王李璘案而被时人误解时，他敢于说："世人皆欲杀，吾意独怜才"②，高度肯定李白的诗才和人品。这一件件、一幕幕，无不是其侠义精神的体现。

知恩图报、爱憎分明，也是杜甫侠义精神的一种表现。寓居成都时，杜甫在生活上得到了成都府尹严武的不少帮助，为了报答好友的恩德，他情愿牺牲掉草堂悠游自在的生活，到严武的幕府里工作。当时的幕府要求非常严格，每天杜甫都要早出晚归，去整理那些堆积如山的公文，这对于疾病缠身、老眼昏花的诗人来说实在是个不小的挑战。而与之相比，更让他难以忍受的则是幕府中勾心斗角、互相猜疑的人事关系。他也曾多次萌生离开幕府的念头，但是每一次，他都用"暂酬知己分，还如故林夕"③来开导自己：再忍忍吧，等报答了知己的恩情，就可以回草堂过闲适的生活了。这种为报恩情、甘愿牺牲的精神，不正是侠义精神的应有之义吗？此外，杜甫爱憎分明的行事风格也颇有侠义色彩。夔州时期，都督柏茂琳命看守菜园的园官经常给杜甫送些瓜菜，可是这位园官却是个势利小人，看杜甫无权无势，就故意怠慢他，有时连续好几天也不送菜，即使送来了，也都是些苦苣、马齿苋之类的野菜。杜甫对此心知肚明，于是以苦苣、马齿苋作比，讽刺园官道：

　　清晨送菜把，常荷地主恩。守者恣实数，略有其名存。苦苣刺如针，马齿叶亦繁。青青嘉蔬色，埋没在中园。园吏未足

---

① 杜甫：《有怀台州郑十八司户》。
② 杜甫：《不见》。
③ 杜甫：《到村》。

怪，世事固堪论。呜呼战伐久，荆棘暗长原。乃知苦苣辈，倾夺蕙草根。小人塞道路，为态何喧喧！又如马齿盛，气拥葵荏昏。点染不易虞，丝麻杂罗纨。……

——《园官送菜》

很明显，诗中的苦苣、马齿苋等野菜比喻的就是势利的园官。在杜甫看来，正是因为这种势利小人的存在，世道才被弄得恶气冲天，致使蕙草般的君子没有了栖身之处，其对园官之流的厌恶之情是显而易见的。过了几天，柏都督又命一位普通的园人给杜甫送瓜，这位园人不仅如约而至，而且还许诺说等秋瓜成熟了，一定给他拣些又大又好的送来。听了这些话，杜甫不禁被这位园人的真诚淳朴打动了，于是作诗道：

江间虽炎瘴，瓜熟亦不早。柏公镇夔国，滞务兹一扫。……落刃嚼冰霜，开怀慰枯槁。许以秋蒂除，仍看小童抱。东陵迹芜绝，楚汉休征讨。园人非故侯，种此何草草。

——《园人送瓜》

诗的最后两句，化用《诗经·小雅·巷伯》中"劳人草草"的典故，表达了自己的歉意和对园人辛苦劳作的敬佩之情。这一前一后的"憎"与"爱"，把杜甫性格中爱憎分明的一面生动地展现了出来，原来"诗圣"并不是我们想象中的那样，总是板着一副面孔，在现实生活中，他也有喜欢的，有讨厌的，这与武侠小说中那些爱憎分明的侠义之士是何其相似啊！

3.《义鹘行》：杜甫对侠义精神的歌颂

每个文人的心中都有一个侠客梦，既然现实中成不了大侠，那么何不在诗文中尽情发挥想象，过一把侠客瘾呢？于是《少年行》、

《侠客行》、《白马篇》这一篇篇寄托了文人侠客梦的作品便诞生了。

杜甫的心中也有一个侠客梦，不过他却没有借用前人惯用的笔法、题材，而是通过寓言诗的方式将其表现了出来。乾元元年（758），时任左拾遗的杜甫在与潏水边上一位樵夫的交谈过程中，得知了一个鹃替苍鹰报仇而勇杀白蛇的传奇故事。深受义鹃精神感染的诗人，回去后立刻创作出这首充满侠义色彩的《义鹃行》：

> 阴崖有苍鹰，养子黑柏颠。白蛇登其巢，吞噬恣朝餐。
>
> 雄飞远求食，雌者鸣辛酸。力强不可制，黄口无半存。
>
> 其父从西归，翻身入长烟。斯须领健鹃，痛愤寄所宣。
>
> 斗上捩孤影，嗷哮来九天。修鳞脱远枝，巨颡坼老拳。
>
> 高空得蹭蹬，短草辞蜿蜒。折尾能一掉，饱肠皆已穿。
>
> 生虽灭众雏，死亦垂千年。物情有报复，快意贵目前。
>
> 兹实鸷鸟最，急难心炯然。功成失所往，用舍何其贤。
>
> 近经潏水湄，此事樵夫传。飘萧觉素发，凛欲冲儒冠。
>
> 人生许与分，亦在顾盼间。聊为《义鹃行》，用激壮士肝。

该诗的前十二句，叙述苍鹰遇难的过程。一对苍鹰夫妇在柏树之巅哺育鹰雏，不料一条贪婪阴险的白蛇却趁雄鹰远飞觅食之际侵入鹰巢，将几只嗷嗷待哺的鹰雏全部吞吃。雌鹰势单力薄，眼看着幼子遇害却无能为力，伤心欲绝的它在一旁不住地哀鸣。这时，远飞的雄鹰觅食归来，得知情由后，它没有贸然投入这场敌我力量悬殊的战斗中，而是翻身飞入长空，去向健鹃倾诉冤情。这一段叙事明晰，不仅清楚交代了事件的发展脉络，而且将白蛇的贪婪、雌鹰的辛酸以及雄鹰的悲愤都绘声绘色地表现了出来。

中间十六句为第二部分，其中前八句重在描写。健鹃听了雄鹰

的倾诉后，侠义之心陡然升起，它不顾生命安危，直冲九天，瞄准白蛇后，从高空猛扑下来，用利爪击破白蛇的额头。身受重伤的白蛇毫无还击之力，只能从树梢端坠下，直至脑裂、尾折、身断，最后一命呜呼。这笔笔叫绝的八句，将健鹘的猛与狠生动地刻画了出来，其"义薄云天"的侠者形象跃然纸上。后八句重在议论。诗人对吞灭众雏的白蛇进行了严厉批判，认为它"身死名灭"、"遗臭万年"的下场完全是咎由自取，而慷慨救难、不求回报的健鹘必将"名垂千古"。最后八句，杜甫交代了自己的创作动机，他说听樵夫讲完这个故事后，他的心灵立刻就激荡起来，热血也跟着沸腾，还有那飘萧的白发简直要上冲儒冠了。他觉得鸟类中尚且有这样的"侠义之士"，作为"万物灵长"的人类不是更应该出现这般见义勇为、打抱不平的义士吗？于是，他要借这篇《义鹘行》来激发壮士的忠肝义胆。

联系当时杜甫遭受谗言、被肃宗疏远的现实背景，这首诗固然有借义鹘以抒其愤的用意，但是作者对侠义精神的歌颂同样是显而易见的。后人在评论该诗时，大都看到了这一点，认为其可与司马迁的《游侠列传》相媲美。明人王嗣奭曰：

> 此明是太史公一篇义侠传，笔力相敌，而叙鸟尤难。鸟有父，下语极新极稳，更无字可代。至"斗上掠孤影"八句，摹神写照，千载犹生。"快意贵目前"一语，令人心快，令人解颐。谭云："天道反不能如此。""功成失所在，用舍何其贤"，分明一个鲁仲连。钟云："发许大道理。"又云："往此便有味有法，多下一段可恨。"余谓论他人诗应如是，杜又不然。"人情许与分，只在顾盼间"，道理更大，明是季札挂剑心事，岂

可少耶？①

明人杨伦评价此诗时也说：

> （《义鹘行》）记异之作，愤世之篇，便是聂政、荆轲诸传一
> 样笔墨，故足与太史公争雄千古。得之韵文，尤为空绝前后。②

第三节 "千古一情圣"

清代"性灵诗派"的代表诗人袁枚在论及杜甫时，曾说过这样一段话：

> 人必先有芬芳悱恻之怀，而后有沉郁顿挫之作。人但知杜
> 少陵每饭不忘君，而不知其于友朋、弟妹、夫妻、儿女间，何
> 在不一往情深耶？③

其实，无论是杜甫的儒家情怀，还是他的侠义精神，与袁枚所说的这个"情"字都有着莫大的关系。所谓"圣上忘情，最下不及情，情之所钟，正在我辈"④，摘掉"诗圣"的光环后，杜甫也是一个具有七情六欲的普通人，只是他的情感更加丰富、细腻，他表达情感的方式更加到位，再平常不过的情感到了他的笔下，也会变得异常感人，难怪梁启超先生要将"情圣"的徽号赠与他：

> 杜工部被后人上他个徽号叫做"诗圣"。诗怎么样才算
> "圣"，标准很难确定，我们也不必轻轻附和。我以为工部最少

---

① ［明］王嗣奭：《杜臆》卷二。
② ［明］杨伦：《杜诗镜铨》卷四。
③ ［清］袁枚：《随园诗话》卷十四。
④ ［南朝］（宋）刘义庆：《世说新语·伤逝》十七。

可以当得起"情圣"的徽号。因为他的情感的内容，是极丰富的，极真实的，极深刻的。他表情的方法又极熟练，能鞭辟到最深处，能将他全部反映不走样子，能像电气一般一振一荡的打到别人的心弦上。中国文学界写情圣手，没有人能比得上他，所以我叫他做"情圣"。①

一、亲情篇

1. 夫妇之情

唐君毅先生曾把杜甫与陆游并称为"中国言夫妇之情之最好者"，他说：

> 中国夫妇之相处，恒重其情之能天长地久，历万难而不变。而惟在离别患难之际，其情之深厚处乃见。如前所言之浩然之气，平日只是含和吐明庭，非时穷不见也。故中国言夫妇之情之最好者，莫如处乱离之世如杜甫、处伦常之变如陆放翁等之所作。②

虽然，杜甫的一生没有享受到陆游的荣华富贵，但比对方幸运的是，他与妻子杨氏却能终身厮守、白头偕老，仅此一点，就足以羡煞许多人了。

开元二十九年（741），三十岁的杜甫在洛阳同司农少卿杨怡的女儿喜结连理，从此，这对夫妻便开始了聚少离多、辗转飘零的艰难生活。由于杜甫常年在外，杨氏夫人便主动承担起了家里的一

---

① 梁启超：《饮冰室全集·文集》第三十八册。
② 唐君毅：《中国文化之精神价值》，江苏教育出版社 2006 年版，第 230 页。

切，她不仅操持家务、教儿育女，还时时刻刻为远在他方的丈夫牵肠挂肚。"筋力妻孥问，菁华岁月迁"①，是她对丈夫健康状况的挂念；"老妻书数纸，应悉未归情"②，是她对丈夫生死未卜的担忧；"妻孥怪我在，惊定还拭泪"③，是她与丈夫久别重逢的喜极而泣。这一切，杜甫看在眼里，记在心里，他没有像其他男子一样，把妻子的付出看成是理所应当，在他写给妻子的三十多首诗中，我们读到的是一个丈夫对妻子深深的谢意、歉意还有缠绵不尽的爱意。"晒药能无妇"④、"家贫仰母慈"⑤，是杜甫对妻子辛勤付出的肯定；"何日干戈尽，飘飘愧老妻"⑥，"叹息谓妻子，我何随汝曹"⑦，是他对不能给妻子一个安定生活的无限愧疚；"香雾云鬟湿，清辉玉臂寒"⑧、"仳离放红蕊，想象颦青蛾"⑨，在他眼里，妻子的美貌堪比月里的嫦娥，字里行间充盈着浓浓的爱意。

为了弥补对妻子的亏欠，生活稍稍安定后，杜甫总是竭尽所能给妻子带来些快乐。春日的午后，他和孩子们下棋，妻子就在一旁为他们画纸作棋盘；夏天的时候，他还带着妻子去湖上泛舟，一家人其乐融融。然而这样的快乐毕竟是短暂的，很快他们的生活又陷入了"计拙无衣食，途穷仗友生"⑩的窘境中。所幸的是，无论贵

---

① 杜甫：《秋日夔府咏怀奉寄郑监李宾客一百韵》。
② 杜甫：《客夜》。
③ 杜甫：《羌村三首》其一。
④ 杜甫：《秦州杂诗二十首》其二十。
⑤ 杜甫：《遣兴》。
⑥ 杜甫：《自阆州领妻子却赴蜀山行三首》其二。
⑦ 杜甫：《飞仙阁》。
⑧ 杜甫：《月夜》。
⑨ 杜甫：《一百五日夜对月》。
⑩ 杜甫：《客夜》。

贱贫富，他们始终都相濡以沫、不离不弃，直到大历五年（770）
的冬天，杜甫在贫病交加中死去。操办完丈夫的丧事后，这位杨氏
夫人不久也去世了，年仅四十九岁，至此，这对贫贱夫妻的坎坷一
生宣告结束。

2. 父子亲情

杜甫不仅是位忠于爱情的好丈夫，也是个关心子女、爱护子女
的好父亲。据学界考证，杜甫一生共有五个孩子，除了在饥荒中夭
折的幼子外，还有宗文、宗武以及两个女儿①。作为父亲，杜甫无
时无刻不在为孩子的温饱奔波：

> 朝扣富儿门，暮随肥马尘。
>
> 残杯与冷炙，到处潜悲辛。
>
> ——《奉赠韦左丞丈二十二韵》
>
> 苦摇求食尾，常曝报恩腮。
>
> ……　……
>
> 饥籍家家米，愁征处处杯。
>
> 休为贫士叹，任受众人咍。
>
> ——《秋日荆南述怀三十韵》

可即便如此，他的孩子仍不免于饥饿中，年幼的小女儿饿得直咬他：

> 痴女饥咬我，啼畏虎狼闻。
>
> 怀中掩其口，反侧声愈嗔。
>
> 小儿强解事，故索苦李餐。
>
> ——《彭衙行》

---

① 参见陈贻焮：《杜甫评传》。

大雪封山的冬天，他和儿子搜遍了整个山林，也没有找来丁点儿充饥的食物：

> 黄精无苗山雪盛，短衣数挽不掩胫。
>
> 此时与子空归来，男呻女吟四壁静。
>
> ——《同谷七歌》其二

在靠亲友接济的日子里，若是故人断了资助，杜甫一家就只好在饥饿边缘挣扎了：

> 厚禄故人书断绝，恒饥稚子色凄凉。
>
> ——《狂夫》

最严重的一次，他的幼子竟在饥荒中丧生了，得知这一噩耗后，杜甫简直要肝肠寸断："所愧为人父，无食致夭折"①，这是他对自己不能尽到父亲职责的深深的自责。可是我们却不能责怪诗人，要知道，在兵荒马乱、天灾不断的那个年代，连大人都朝不保夕，更何况是襁褓之中的孩子呢？况且，为了一家人的生计，杜甫真的是竭尽全力了。

在杜甫书写子女的诗篇中，"怜"字是他用得最多的一个情感词语：

> 遥怜小儿女，未解忆长安。
>
> ——《月夜》

> 熊儿幸无恙，骥子最怜渠。
>
> ——《得家书》

> 骥子好男儿，前年学语时。问知人客姓，诵得老夫诗。世乱怜

---

① 杜甫：《自京赴奉先县咏怀五百字》。

渠小，家贫仰母慈。

——《遣兴》

这一个个的"怜"字，是他对儿女怜爱之情的最好表达。有人说，杜甫在两个儿子中，尤其偏爱宗武，对宗文似乎不太关心。其实这种说法是不够全面的，宗武与宗文在资质上确有"贤"、"愚"之分，但这带来的只是二人在分担家庭责任中的不同。长子宗文，虽然在读书方面资质平庸，但却是个料理家务的能手，无论是种苗插秧还是蓄养家禽，宗文都出了不少的力。幼子宗武，因资质聪慧，自然就担当起了光耀门楣的重任。因此，杜甫对宗武的文化教育就更为上心些，还在宗武牙牙学语时，就教他背诵诗歌，长大一点后，又让他熟读《文选》：

诗是吾家事，人传世上情。

熟精文选理，休觅彩衣轻。

——《宗武生日》

不可否认，杜甫在宗武身上寄予的厚望更大一些，故其在诗中被提到的次数也就更多一些。但是，杜甫对宗文、宗武的爱却没有孰优孰劣之分，两个儿子生病后，他一样地心焦，得知他们痊愈后，他一样地开心。更值得一提的是，在德性教育方面，杜甫对宗文、宗武是一视同仁的，如他在让宗文树立鸡栅的同时，还不忘告诉宗文："我宽蝼蚁命，彼免狐貉厄。应宜各长幼，自此均勍敌"[1]，注意培养长子的仁爱之心；在《课伐木》一诗中，他以自己"报之以微寒，共给酒一斛"的实际行动，告诉宗武应体恤下人、爱惜人力

---

[1] 杜甫：《催宗文树鸡栅》。

的道理。可见，无论成才与否，杜甫都要让孩子先成为一个有仁爱之心的人。

不仅是宗文、宗武，杜甫对女儿的爱同样深厚。自魏晋诗人左思创作《娇女诗》以来，诗坛在很长一段时间内，都没有出现精彩的歌咏女儿的诗篇了。好在杜甫的《北征》打破了这一沉寂：

床前两小女，补绽才过膝。

海图坼波涛，旧绣移曲折。

天吴及紫凤，颠倒在裋褐。

［宋］苏汉臣《秋庭戏婴图》

老夫情怀恶，呕泄卧数日。

那无囊中帛，救汝寒凛栗。

粉黛亦解苞，衾裯稍罗列。

瘦妻面复光，痴女头自栉。

学母无不为，晓妆随手抹。

移时施朱铅，狼藉画眉阔。

——《北征》

诗中的两个小女儿，穿着妈妈为她们"量身定制"的补丁衣服，沉浸在父亲归来的喜悦中，看到妈妈在涂脂抹粉，她们也依葫芦画瓢，在自己的脸上乱抹一气，结果弄成了大花脸。可是，杜甫不但没有呵斥她们，反而还陶醉在女儿制造的这种欢乐气氛中，这

样的慈父怎么能不让她们感到亲近呢？从"娇儿不离膝，畏我复却去"①，到"幼女问头风"②、"儿扶犹杖策"③，我们看到了诗人与儿女间哺育与反哺的过程，这浓浓的人间真情至今令人感动。

3. 手足之情

古人云："兄敬爱弟谓之友，弟敬爱兄谓之悌。"④ 在重视人伦亲情的儒家看来，孝悌实乃仁之本，一生以儒者自居的杜甫自然也十分重视这份手足亲情。

作为家中的长子，杜甫有四个同父异母的弟弟：杜颖、杜观、杜丰、杜占，还有一个远嫁钟离的韦氏妹。虽然杜甫从小就被寄养在二姑家，但是他与这五个弟妹之间的感情却十分深厚，无论何时，他都有诗篇思念他们。尤其是安史之乱爆发后，与弟妹们四处分散，他就更为他们的生命安危担忧了：

> 戍鼓断人行，边秋一雁声。
>
> 露从今夜白，月是故乡明。
>
> 有弟皆分散，无家问死生。
>
> 寄书长不达，况乃未休兵。
>
> ——《月夜忆舍弟》
>
> 干戈犹未定，弟妹各何之？
>
> 拭泪沾襟血，梳头满面丝。
>
> 地卑荒野大，天远暮江迟。
>
> 衰疾那能久，应无见汝期。
>
> ——《遣兴》

---

① 杜甫：《羌村三首》其二。
② 杜甫：《遣闷奉呈严公二十韵》。
③ 杜甫：《别常征君》。
④ 贾谊：《新书·道术》

得不到弟妹们的消息，他坐立难安；得到弟妹们的消息后，他又为彼此不能相见而闷闷不乐：

> 有弟有弟在远方，三人各瘦何人强？
>
> 生别展转不相见，胡尘暗天道路长。
>
> 前飞鸳鹅后鹙鸧，安得送我置汝傍？
>
> 呜呼三歌兮歌三发，汝归何处收兄骨？
>
> ——《乾元中寓居同谷县作歌七首》其三
>
> 有妹有妹在钟离，良人早殁诸孤痴。
>
> 长淮浪高蛟龙怒，十年不见来何时？
>
> 扁舟欲往箭满眼，杳杳南国多旌旗。
>
> 呜呼四歌兮歌四奏，林猿为我啼清昼。
>
> ——《乾元中寓居同谷县作歌七首》其四

所以，一旦有弟妹们从远方过来看望他，他所有的疾病、所有的苦恼立刻就烟消云散了，心情也跟着愉悦起来。大历二年（767），远在洛阳的弟弟杜观要去蓝田迎娶新妇，途径夔州时，与杜甫小聚了几日，这下可把诗人高兴坏了，他一口气连写五首诗，也难以将其内心的激动与喜悦完全表露出来。其中一首写道：

> 汝去迎妻子，高秋念却回。
>
> 即今萤已乱，好与雁同来。
>
> 东望西江水，南游北户开。
>
> 卜居期静处，会有故人杯。
>
> ——《舍弟观归蓝田迎新妇送示二首》其一

杜观还未去蓝田，杜甫就为他拟定好了归期，而且还与他约定好要一起到江陵定居去。看来，杜甫的身体真的因为弟弟的到来而重新变得

康健了，这其中虽有离别的淡淡哀伤，但更多的是期盼重逢的希望。

或许是因为自己备尝手足分离之苦，所以他不愿宗文与宗武重蹈自己的"覆辙"，故在教育儿子时，他总是反复叮嘱他们要顾念手足、不离不弃：

> 令节成吾老，他时见汝心。
>
> 浮生看物变，为恨与年深。
>
> 长葛书难得，江州涕不禁。
>
> 团圆思弟妹，行坐白头吟。
>
> ——《又示两儿》

诗中杜甫现身说法，他说自己的心情之所以如此痛苦乃是因为长久得不到弟妹们的书信，言外之意是希望宗文、宗武长大后要笃于亲情，彼此挂念。诗人用心，何其良苦？

二、友情篇

杜甫一生辗转飘零，与弟妹们聚少离多，每当生活陷入困境时，多亏身边的朋友慷慨解囊，故友情对杜甫来说，是极为珍贵的一种情感。他交朋友，看重的从不是对方的地位出身，而是能否与己意气相投，只要符合这一标准，无论是政治大员（如房琯、严武、韦之晋、郑潜曜等），文坛精英（如李邕、李白、高适、岑参等），还是游侠豪杰、渔民农夫，他都可以推心置腹。虽然在物质上，他并不能为朋友提供多少帮助，但是在情感上，他却始终以诚待友。

杜甫与李白的友谊一直是人们津津乐道的话题，不过性格如此迥异、人生趋向也如此不同的两位诗人之所以能够成就这段友谊，与杜甫的积极努力是分不开的。也许在天高海阔的李白看来，与杜

甫的相逢不过是人生中的一段插曲，很快它就如清风拂面般匆匆掠过了。可是在杜甫眼中，这段友谊却弥足珍贵，不是因为李白在诗坛的地位，而是因为李白与自己的心灵相契。所以无论是李白因诗名被世人追捧，还是因永王李璘案而被世人嫌弃、误解，杜甫对李白的关心、信任都始终如一。"笔落惊风雨，诗成泣鬼神"①，"千秋万岁名，寂寞身后事"②，是他对友人诗才的充分肯定；"故人入我梦，明我长相忆"③，"三夜频梦君，情亲见君意"④，是他对友人生死未卜的深深担忧；"不见李生久，佯狂真可哀。世人皆欲杀，吾意独怜才"⑤，是他对好友精神人格的充分信任。备受误解的李白若是有幸读到了这些诗句，相信他一定会为自己交到这样一位挚友而感到欣慰的。

在杜甫的朋友中，高适与严武是少有的位居高位者，杜甫流落川蜀时，他们给予了他不小的帮助，对此，杜甫深表感激。但是，他并没有因此而在朋友面前低声下气、唯唯诺诺，而是时刻保持着自己的独立人格和价值立场。而且，为了让友人更好地为国效力、为民解忧，他还积极地献言献策，当发现他们的做法不合时宜时，他还会毫不讳言地指出。广德元年（763）的秋末，吐蕃进犯陇右，直逼长安，为解长安之困，时任西川节度使的高适准备进攻吐蕃南境，以牵制敌军兵力。听闻这一消息后，杜甫备受振奋，于是作诗勉励高适说："才名旧楚将，妙略拥兵机。玉垒虽传檄，松州会解

---

① 杜甫：《寄李十二白二十韵》。
②④ 杜甫：《梦李白二首》其二。
③ 杜甫：《梦李白二首》其一。
⑤ 杜甫：《不见》。

围。"① 他对朋友的军事才能充满了信心。

严武第一次镇守成都时，曾遭遇大旱，看在眼里、急在心里的杜甫从"谷者百姓之本"的立场出发，写成《说旱》一文，劝谏好友施行仁政、大赦囚徒，认为只要天地间怨气一消，旱灾自会解除。也许是巧合，严武采纳了杜甫的建议后不久，成都就天降甘霖，百姓们也争说严府尹的好处。广德二年（764）十月，再次镇守成都的严武因破贼有功而被封为郑国公，这也再次助长了他骄奢无度的本性。作为朋友，杜甫也曾好言相劝，并写有《三韵三篇》以微讽之，然而这次严武却没有听进去，失望的杜甫只好辞去幕府一职，重回草堂。虽然朋友之间会有这样那样的不愉快，但是事情一过，朋友还是朋友，他们的友谊不会减少一分一厘。所以，当得知高适、严武去世的噩耗后，杜甫悲痛得简直要撕心裂肺了：

> 归朝不相见，蜀使忽传亡。
>
> 虚历金华省，何殊地下郎。
>
> 致君丹槛折，哭友白云长。
>
> 独步诗名在，只令故旧伤。
>
> ——《闻高常侍亡》
>
> 素幔随流水，归舟返旧京。
>
> 老亲如宿昔，部曲异平生。
>
> 风送蛟龙雨，天长骠骑营。
>
> 一哀三峡暮，遗后见君情。
>
> ——《哭严仆射归榇》

---

① 杜甫：《警急》。

"故旧谁怜我，平生郑与苏"①，这里的"苏"是指苏源明，"郑"则是指"广文先生"郑虔，郑、苏二人虽没有李白一样的诗名，也没有高适、严武般的官爵，但却最懂得杜甫心，与杜甫是患难之交。杜甫与苏源明的友情，从漫游齐赵时便开始了，那时的杜甫还是一个裘马轻狂的阔少，苏源明则是一个脱贫不久的监门胄曹，意气相投的两个年轻人很快就成了至交，春天里，他们一起登临邯郸的古丛台，冬天里，他们则在青丘上纵马放鹰。长安十年，杜甫穷困潦倒，他新结识的好友郑虔——这个曾被玄宗誉为"郑虔三绝"的广文博士，也同样过着节衣缩食的紧巴生活，"同是天涯沦落人"的两位好友就天天在一起借酒浇愁，为了喝到酒，杜甫曾把一家人的救济粮卖了换酒钱：

> 日籴太仓五升米，时赴郑老同襟期。
>
> 得钱即相觅，沽酒不复疑。
>
> ——《醉时歌》

可这毕竟不是长久之计，幸好时任国子司业的苏源明经济稍稍宽裕些，于是便常常接济这两个嗜酒如命的人买酒喝，对此，杜甫戏谑地说道：

> 赖有苏司业，时时乞酒钱。
>
> ——《戏简郑广文兼呈苏司业》

虽然用了一个"乞"字，但我们却读不出丝毫的不快，因为只有从这样的莫逆之交手中接过来的援助，杜甫才不觉得是"可怜的施舍"。

---

① 杜甫：《哭台州郑司户苏少监》。

　　然而，三个好友之间惺惺相惜的日子很快就结束了，安史之乱爆发后，他们各奔东西：苏源明留守长安，称病不受叛军授予的伪职，叛乱平息后，还做到了秘书少监；杜甫因奔赴凤翔行在，被授予左拾遗，后与家人漂泊川蜀、湖湘一带；而被叛军抓到洛阳的郑虔，结局尤为悲惨，虽然他称病未就安禄山授予的水部郎中一职，而且还"潜以密章达灵武"①，但最终还是以三等罪被流放到了台州（今浙江临海）。对此，杜甫一直耿耿于怀，他始终觉得好友郑虔并未失节，朝廷这么做实在有点赏罚不明，所以在诗中他一再地为好友鸣不平：

　　　　万里伤心严谴日，百年垂死中兴时。

　　——《送郑十八虔贬台州司户伤其临老陷贼之故阙为面别情见于诗》

　　　　可念此翁怀直道，也沾新国用轻刑。

　　　　　　　　　　——《题郑十八著作丈故居》

那时的台州被视为蛮荒之地，与外界的联系极不畅达，有时一连好几年杜甫都得不到郑虔的半点讯息，这时他不免为好友的生命安危牵肠挂肚起来：

　　　　天台隔三江，风浪无晨暮。

　　　　郑公纵得归，老病不识路。

　　　　昔如水上鸥，今为罦中兔。

　　　　性命由他人，悲辛但狂顾。

　　　　山鬼独一脚，蝮蛇长如树。

---

① 《新唐书·郑虔传》。

呼号傍孤城，岁月谁与度？

…… ……

——《有怀台州郑司户》

好在不久，他就收到了郑虔的来信，得知友人一切安好之后，他才长长松了口气。可是杜甫担心的事情最终还是发生了，广德二年（764）一个深秋的午后，杜甫拆开了一封从长安寄来的书信，寥寥几字读罢后，他觉得天都要塌下来了，没想到苏源明、郑虔这两个平生最要好的朋友竟同时离他而去了，从今往后，他真的变成一只离群的孤雁了：

> 故旧谁怜我，平生郑与苏。
>
> 存亡不重见，丧乱独前途。
>
> 豪俊何人在，文章扫地无。
>
> …… ……

——《哭台州郑司户苏少监》

多年之后，他痛定思痛，把对苏、郑二人的思念写入了《八哀诗》的其六、其七中。这两首诗就如同是苏、郑二人的两篇列传一样，对他们的生平事迹、人格品性以及文学成就都作了全面概述，这不仅让我们看到了两个比史书更为鲜活生动的人物形象，更让我们感受到杜甫对友人的款款真情。

其实，杜甫的深情又何止这些？当友人王倚施与他"一饭之恩"时，他便连连称谢道：

> 麟角凤嘴世莫识，煎胶续弦奇自见。
>
> 尚看王生抱此怀，在于甫也何由羡？

——《病后过王倚饮赠歌》

当友人孙宰为他打开温暖的大门，送上可口的饭菜，为他驱走奔波的疲惫时，他便永远不忘对方的好：

> 谁肯艰难际，豁达露心肝？
>
> 别来岁月周，胡羯仍构患。
>
> 何当有翅翎，飞去堕尔前！
>
> ——《彭衙行》

当他衣食尚且堪忧，而友人前来投奔时，他却要倾其所有、慷慨解囊：

> 托赠君家有，因歌野兴疏。
>
> 残生逗江汉，何处狎樵渔？
>
> ——《将别巫峡赠南卿兄瀼西果园四十亩》

也许有人会说，杜甫这一生之所以仕途不顺、穷困潦倒，就是因为太重情了。事实或许如此吧。但如果不是因为这样一个重情重义的杜甫，我们的诗坛又怎会出现一个流芳千古的"诗圣"呢？

三、自然之情篇

如果说，杜甫只是对亲人、朋友充满深情的话，那么"情圣"的徽号还是稍嫌太重了，可喜的是，杜甫并没有局限于此，凭着一种民胞物与的情怀，他将自己的一腔深情倾注到黎民百姓、自然万物中去，"情圣"这一角色直被他演绎得熠熠生辉。

杜甫对黎民百姓的关爱，前面章节已多有论述，此处不再赘言。这里我们着重想谈一下，他对自然万物的热爱之情。可以说，任何一个优秀的诗人，都有一颗洞察自然万物的敏感心灵，正是这种特有的"敏感"，使他们看到了常人看不到的东西，听到了常人

听不到的声音，体会到了常人体会不到的一种细腻情感。王维如此，李白如此，杜甫同样如此……

一个春日的午后，杜甫在院子里独自饮酒，酒意微醺，他便对花间的蜜蜂和上树的蚂蚁起了兴趣，仔细一看，他不由得会心一笑，于是挥笔写下：

> 步屧深林晚，开樽独酌迟。
>
> 仰蜂黏落絮，行蚁上枯梨。
>
> 薄劣惭真隐，幽偏得自怡。
>
> 本无轩冕意，不是傲当时。
>
> ——《独酌》

原来，那只只顾采蜜的蜜蜂连身上粘上了落絮都不知道，而一只蚂蚁正在行色匆匆地攀登一棵干枯的梨树。诗人的观察何其细致啊！然而，例子远不止这些，请看：

> 芹泥随燕觜，花蕊上蜂须。
>
> ——《徐步》

> 迟日江山丽，春风花草香。
>
> 泥融飞燕子，沙暖睡鸳鸯。
>
> ——《绝句》其一

> 糁径杨花铺白毡，点溪荷叶叠青钱。
>
> 笋根稚子无人见，沙上凫雏傍母眠。
>
> ——《绝句漫兴九首》其七

如果没有一颗对自然万物充满了爱意的心灵，这样细腻传神的诗句又有谁能写得出来呢？正因为心中有爱，所以雨在他眼中是"细"的：

［宋］刘寀《落花游鱼图》

细雨鱼儿出，微风燕子斜。

——《水槛遣心》其一

衰年催酿黍，细雨更移橙。

——《遣意》二首其一

树在他眼中，是"小"的：

云掩初弦月，香传小树花。

——《遣意》二首其二

就连那恼人的飞虫也变得可爱起来：

啅雀争枝坠，飞虫满院游。

——《落日》

衔泥点污琴书内，更接飞虫打著人。

——《绝句漫兴九首》其三

　　他还喜欢用叠字表现这种细腻的情感，比如"时时舞"的"戏蝶"，"恰恰啼"的"娇莺"，还有那"款款飞"的蜻蜓，以及那"柔柔"的细麦，"袅袅"的杨柳……也正因为心中有爱，所以，自然万物到了他的笔下也都成了"含情脉脉"的多情种。不用说那感时溅泪的花儿，也不用说恨别惊心的鸟儿，更不用说那"留人"的

"樯燕"和"送客"的"岸花"，就是那"自来自去"的"梁上燕"，"相亲相近"的"水中鸥"，不也同样让人感到"一山一石皆兄弟，花草树木皆有情"吗？

［宋］王凝《子母鸡图》

凭着这份爱，无论生活如何艰难、无论世事如何变幻，杜甫都没有因此而变得麻木不仁、冷血无情，相反，他的心始终充满了爱意、怜意和情义。一天，儿子宗文打算把家里的鸡卖掉几只以换取家用，不料刚捉到一只，就被父亲撞见了。杜甫得知情由后，便让儿子放掉这只鸡，并语重心长地说出了自己的理由：虽然鸡在家里贪吃虫蚁，但是若把它卖给别人的话，它也必将遭受被杀戮的厄运。无论是虫蚁还是鸡，都是一条生命，何必重此轻彼呢？宗文听后，觉得父亲说的也有道理，便把鸡放了。杜甫对此有感而发，作了一首《缚鸡行》：

> 小奴缚鸡向市卖，鸡被缚急相喧争。
>
> 家中厌鸡食虫蚁，不知鸡卖还遭烹。
>
> 虫鸡于人何厚薄，吾叱奴人解其缚。
>
> 鸡虫得失无了时，注目寒江倚山阁。

杜甫就是这样对万物生灵充满怜爱之情，所以，当看到跟随自己多年的老马病倒时，他会伤心不已：

> 乘尔亦已久，天寒关塞深。
>
> 尘中老尽力，岁晚病伤心。

毛骨岂殊众，驯良犹至今。

物微意不浅，感动一沉吟。

——《病马》

当看到那株心爱的楠树被狂风吹倒时，他会悲痛欲绝：

虎倒龙颠委榛棘，泪痕血点垂胸臆。

我有新诗何处吟？草堂自此无颜色。

——《楠树为风雨所拔叹》

当看到风吹花落时，他竟不忍醒来，只因怕看见那花儿渐少的景象：

楸树馨香倚钓矶，斩新花蕊未应飞。

不如醉里风吹尽，可忍醒时雨打稀。

——《三绝句》其一

在中国诗人中，我们很少能见到如杜甫这般多情、重情的，难怪清人叶燮会说：

千古诗人推杜甫，其诗随所遇之人、之境、之事、之物，无处不发，其思君王、忧祸乱、悲时日、念友朋、吊古人、怀远道，凡欢愉、幽愁、离合、今昔之感，一一触类而起，因遇得题，因题达情，因情赋句，皆因甫有胸襟以为基。①

---

① 郭绍虞：《中国历代文论选》，上海古籍出版社 1979 年版，第 322 页。

第四章

千古诗圣，万古流芳

第一节　"千秋万岁名，寂寞身后事"

天宝十二载（753），一位名叫殷璠的唐人编选了一部名为《河岳英灵集》的唐诗选集，所谓"英灵"就是"英杰、英才"的意思，顾名思义，这部书就好比是今天的知名作家排行榜，收录的自然是一些在当时人看来颇有名气的诗人诗作，像我们所熟知的李白、王维、孟浩然、高适、岑参等都荣登榜首，甚至连张谓、王季友、崔国辅这样的二、三流诗人也榜上有名，可奇怪的是，书中对杜甫却只字未提。无独有偶，在后出的《箧中集》、《中兴间气集》等知名的唐诗选集中，杜甫同样"名落孙山"，而更令人不解的是，《箧中集》的编选者元结还是杜甫的好友，相似的人生遭遇让他们

有着共同的文化立场，如果说其他人因为不了解杜甫而不选杜诗还情有可原的话，那么元结的做法就实在说不通了。难道杜甫的同时代人一点儿都不喜欢杜诗吗？

其实与其说"不喜欢"，倒不如说"未发现"，同所有伟大的灵魂一样，杜甫在有生之年不仅难寻知音，甚至还常常遭到世人的误解。"百年歌自苦，未见有知音"①，在杜甫给予同时代诗人以客观公正评价的同时，却很少有人站出来为他说句公道话，杜甫心中的感慨和悲凉该是多么深沉和巨大啊！但是，历史总会做出它公正的裁判，经过时代大浪淘沙般的千挑万选，杜甫还有他的诗歌终于作为那颗闪闪发光的真金被保留了下来，这颗金子不仅被后人奉为诗歌创作的圭臬，更成为人们精神的导师，为那些在黑暗中踽踽独行的人们送去无限的光明和希望。

一、中晚唐："李杜文章在，光焰万丈长"

就在杜甫刚刚谢世不久的大历六年（771）左右，时任润州刺史的诗人樊晃做了一件具有开创之功的"壮举"，他把杜甫的诗歌辑成了一部名为《杜工部小集》的六卷本诗集，它成为杜诗传播史上流传最早的一个选本。从此，人们对杜甫以及杜诗的喜爱便日甚一日，直至杜甫被尊为"诗圣"，杜诗被称作"诗史"。中唐时期，面对着日益加剧的内忧外患，一批有良知、有社会责任心的士大夫掀起了一场政治革新运动，与之相应，诗文界也风起云涌，出现了元白和韩孟两大革新诗派。这两派虽然一个主张"通俗畅达"，一

---

① 杜甫：《南征》。

个主张"奇崛险怪",但是在对杜甫及其诗歌的推崇上却是一致的。

作为元白诗派的领袖人物,元稹的爱情故事似乎比他的诗歌创作更值得玩味,无论是含情脉脉的《离思五首》,还是千古流传的《莺莺传》,元稹的"情种"形象早已深入人心。然而就是这样一位诗人,却对沉郁顿挫的杜诗情有独钟,在他看来,杜甫的诗歌可谓博采古今、融汇众长,具有"总萃"的集大成性质,所以在写给好友李甫的诗歌中,他这样称赞道:

> 杜甫天材颇绝伦,每寻诗卷似情亲。
>
> 怜渠直道当时语,不著心源傍古人。
>
> ——《酬李甫见赠十首》其二

不仅如此,他还首次掀起了"李杜优劣论"的论争,说虽然时人喜欢李、杜并称,但是他觉得"壮浪纵恣"、以奇文取胜的李白却不如"词气豪迈"、"风调情深"的杜甫。他说:

> 是时山东人李白,亦以奇文取称,时人谓之李、杜。欲观其壮浪纵恣,摆去拘束,模写物象,及乐府歌诗,诚亦差肩于子美矣。至若铺陈终始,排比声韵,大或千言,次犹数百,词气豪迈,而风调情深,属对律切而脱弃凡近,则李尚不能历其藩翰,况堂奥乎![1]

这一观点在好友白居易那里得到了响应,在《与元九书》中,白居易说李白之作"才矣奇矣",不是常人所能学来的,但美中不足的是,"风雅比兴"之作在李白诗集中却极为缺乏;与之相比,杜甫的诗不仅"可传者千余首",而且首首都能"贯穿古今,觑缕格

---

① [唐]元稹:《唐检校工部员外郎杜君墓系铭并序》。

律"，可谓"尽工尽善"，因而李白不如杜甫。

其实，元、白二人之所以如此崇杜抑李，与他们的"新乐府"主张有很大关系，所谓"文章合为时而著，歌诗合为事而作"①，"救济人病，裨补时阙"②，天底下哪还有比杜诗更适合阐释这些主张的呢？而相似的为官经历，更使得他们与杜甫有了一种天生的亲切感。元和初年，白居易曾沉沦下僚，做过一段时间的左拾遗，每当他因遭受谗言而心情抑郁，因怀才不遇而嗟叹伤悲时，他都会用杜甫的精神勉励自己：

> 杜甫陈子昂，才名括天地。
>
> 不时非不遇，尚无过斯位。
>
> ——《初授拾遗》
>
> 诗人多蹇厄，近日诚有之。
>
> 京兆杜子美，犹得一拾遗！
>
> ——《读邓鲂诗》

同样以乐府诗见长的张籍，也是一位杜诗爱好者，不过他的喜好却有点特别。据五代冯贽的《云仙杂记》记载，一日，张籍拿出一帙杜诗，在火上焚为灰烬后竟"副以膏蜜，频饮之"③，朋友问他为什么这样做，他回答说因为喝过杜诗沏的茶后可以让他的肝肠"从此改易"④。这虽然是小说家者言，但是其对杜诗的喜爱由此可见一斑。

被苏轼誉为"文起八代之衰"的昌黎先生韩愈，在忧国忧民的

---

① ② ［唐］白居易：《与元九书》。
③ ④ ［五代］冯贽：《云仙杂记》卷七。

情怀上与杜甫颇为相像，无论是上书请求减免徭役，还是力阻宪宗迎佛骨，韩愈"以天下为己任"的赤诚忠心日月可鉴。相同的政治理想，让他对杜甫及杜诗情有独钟，不过与元、白不同的是，他在崇杜的同时并不抑李，而是给予他们同样高的评价，所谓"李杜文章在，光焰万丈长"①，故在诗文中，他往往喜欢李、杜并称：

> 国朝盛文章，子昂始高蹈。
>
> 勃兴得李杜，万类困陵暴。

——《荐士》

> 昔年因读李杜诗，长恨二人不相从。
>
> 吾与东野生并世，如何复蹑二子踪。

——《醉留东野》

应该说，韩愈对李、杜的这种态度才是更加可取的。

晚唐五代是继齐梁之后，又一个注重诗歌形式美的时期，这一时期的诗人们在艺术的道路上朝着窄而深的方向努力开掘，"集大成"的杜甫同样为他们提供了充足的养料。其中，最得杜甫神韵的乃是"小李杜"中的李商隐。宋人叶梦得在《石林诗话》中说："唐人学老杜，唯商隐一人而已；虽未尽造其妙，然精密华丽，亦自得仿佛。"清人薛雪也说："有唐一代诗人，惟李玉溪直入浣花之室。"② 虽然李商隐的性格气质与杜甫不尽相同，但是在人生遭际上，他们却都是历经坎坷。身陷"牛李党争"的李商隐，空有一身才华却始终得不到重用，为求一官半职，他一生也辗转飘零。大中

---

① ［唐］韩愈：《调张籍》。

② ［清］薛雪：《一瓢诗话》。

六年（852）春，李商隐奉命到西川推狱，途径梓州时，朋友为他饯行，此情此景不禁让他想起了当年流落于此的杜甫，于是他赋诗《杜工部蜀中离席》以抒发人生世路之叹：

> 人生何处不离群？世路干戈惜暂分。
>
> 雪岭未归天外使，松州犹驻殿前军。
>
> 座中醉客延醒客，江上晴云杂雨云。
>
> 美酒成都堪送老，当垆仍是卓文君。

与李商隐并称的杜牧，对杜甫同样推崇有加：

> 命代风骚将，谁登李杜坛？
>
> 少陵鲸海动，翰苑鹤天寒。
>
> ——《雪晴访赵嘏街西所居三韵》

杜牧不仅喜欢李、杜并称，也喜欢杜、韩并称：

> 杜诗韩笔愁来读，似倩麻姑痒处搔。
>
> 天外凤凰谁得髓？无人解合续弦胶。
>
> ——《读韩杜诗》

"杜诗"与"韩集"的说法，开了后人"杜诗韩笔"的先声。

令人欣慰的是，唐人不选杜诗的情况在这时终于大有改观，其中一部名为《唐诗类选》的散佚诗集，就选了杜甫的 27 首诗歌（该诗集选有约 200 位唐代诗人的 1200 首诗，如此来看，27 首所占的比例的确很高）。不仅如此，该诗集的选编者还将人们习惯的"李杜"称呼改为"杜李"，其尊杜的心理一目了然，故这部散佚诗集被学界称为"第一部尊杜选本"。很快，在唐昭宗光化三年（900），韦庄就编成了《又玄集》，这部诗集虽然只选了杜甫的 7 首诗歌，但是却成为传世的唐人选唐诗中唯一选录杜诗的选集，并且

在选入的 142 位诗人中，杜甫名列第一。天复二年（902），韦庄来到成都寻觅杜甫当年的草堂故址，次年，又将自己的诗集命名为《浣花集》。如果说这些只是韦庄的个人行为的话倒也不足为奇，但是当我们发现，皮日休、陆龟蒙、司空图、罗隐、裴说等等一大批诗人都在争相谈论杜甫、杜诗时，我们是不是可以说，此时的杜甫已经跻身于一流诗人的行列，并且即将迎来一个前所未有的春天？果然，宋人对杜甫的评价证明了这一切。

二、宋金元：“少陵自有连城璧，争奈微之识碔砆”

有宋一代，文人士大夫的政治地位和社会地位空前提高，他们的参政意识和主体意识也达到了前所未有的高度。怀揣着“以天下为己任”的历史使命感，他们“不戚戚于贫贱，不汲汲于富贵”，重视外部功业的同时更重视内心的修养，这样一种文化心态，使他们与终生穷困潦倒却“一饭未尝忘君”的杜甫产生了强烈的精神共鸣，在宋代文人的共同努力下，杜甫逐渐走向“圣化”。

首先，宋人明确提出了杜诗“集大成”的说法。虽然中唐时期，元稹就已经意识到杜诗具有荟萃百家的“总萃”性质，但是明确指出杜诗具有“集大成”特点还是到了宋人这里。大文豪苏轼于此事有不訾之功，在《书吴道子画后》中，他说：

> 诗至于杜子美，文至于韩退之，书至于颜鲁公，画至于吴道子，而古今之变、天下之能事毕矣。①

这里，苏轼将杜甫置于一个宽广的文化视野中去考察，认为杜诗在

---

① ［宋］苏轼：《书吴道子画后》，见《苏轼文集》卷六十七。

诗歌史上的价值，堪比韩愈之文、吴道子之画和颜真卿之书在各自领域的巅峰地位，苏公之真知灼见的确令人服膺。稍后，"苏门四学士"之一的秦观又对此做了进一步的发挥，明确提出了杜诗"集大成"之说：

> 杜子美之于诗，实积众流之长，适当其时而已。昔苏武、李陵之诗，长于高妙；曹植、刘公干之诗，长于豪逸；陶潜、阮籍之诗，长于冲淡；谢灵运、鲍照之诗，长于峻洁；徐陵、庾信之诗，长于藻丽。于是杜子美者，穷高妙之格，极豪逸之气，包冲淡之趣，兼峻洁之姿，备藻丽之态，而诸家之作所不及焉。然不集诸家之长，杜氏亦不能独至于斯也，岂非适当其时故耶？《孟子》曰："伯夷，圣之清者也；伊尹，圣之任者也；柳下惠，圣之和者也；孔子，圣之时者也。孔子之所谓集大成。"呜呼！子美亦集诗之大成者欤？①

秦观认为，杜诗不仅集前人的高妙之格、豪逸之气、冲淡之趣和峻洁之姿、藻丽之态于一身，而且这种"集大成"性可与孔圣人的集大成相提并论，这无疑是将杜甫提到了诗圣的地位。

如果说晚唐五代诗人对杜诗的接受还多是风格模仿的话，那么到了宋代，诗人已经开始有意识地借鉴杜诗中的艺术技巧了，首开这一风气的是宋初诗人王禹偁。王禹偁（954～1001），字元之，济州巨野（今山东巨野）人，宋太宗太平兴国八年（983）进士，历任右拾遗、左司谏、翰林学士等职，是北宋诗文革新运动的先驱。还在宋初诗人争相模仿白居易、李商隐、贾岛、姚合等中晚唐诗人

---

① ［宋］秦观：《韩愈论》，见《淮海集》卷二十二。

时，王禹偁就独具慧眼发现了杜甫的价值，他不仅提出了"子美集开诗世界"①的说法，还以诗歌技艺暗合杜甫为荣。据《蔡宽夫诗话》记载，王禹偁本学白居易，一次，他将自己新作的《春居杂兴》念给儿子听，不料其子嘉祐听后，说此诗"何事春风容不得？和莺吹折数只花"一联颇有老杜"恰似春风相欺得，夜来吹折数枝花"的风韵，王禹偁听后大为惊喜，于是即兴赋诗曰："本与乐天为后进，敢期子美是前身？"——我本来以为自己水平不足，只能学习白居易，不料今天却被人夸赞深得杜甫神韵，这是我想都不敢想的——可见，在王禹偁心中，杜甫的地位是何其神圣！

经过北宋初年的一段回落，到了北宋中期，尊杜学杜几乎成为整个诗坛的共识。政治改革家王安石对杜诗就颇为倾心，他曾编有《四家诗》，其中杜甫位居四家之首（其余三家为欧阳修、韩愈、李白）。他还十分喜欢杜诗的语言，曾发出"世间好言语已被老杜道尽"②的慨叹。为了追步杜甫，在创作实践中，他还时时注意向杜诗学习，如其《画虎行》就是从老杜《画鹘行》中脱胎而来，其工巧精美的绝句诗风无疑也是受到了杜甫绝句的影响。苏轼对杜诗也曾下过一番功夫，不过苏轼并不在词句、风格上"费心思"，而是从大处着眼，注重借鉴杜诗的章法、构思，如其作于凤翔仟卜的《石鼓歌》就颇有少陵之风。再如苏轼所作的题画诗，其渊源就本自杜甫，不过到了苏轼手里，题画诗的传统则更加发扬光大了，如《书韩干牧马图》、《韩干马十四匹》、《书王定国所藏烟江叠嶂图》

① ［宋］王禹偁：《日长简仲咸》，见《小畜集》卷九。
② 见《陈辅之诗话》。

等诗的章法结构、骨干气象在深得杜诗精髓的基础上，更有苏轼的别具匠心，其艺术成就几与杜诗一争高下。

不过，学杜最深、对杜诗艺术经验把握最全面的还是与苏轼并称为"苏黄"的黄庭坚。黄庭坚（1045～1105），字鲁直，号山谷道人，洪州分宁（今江西修水）人，世称黄山谷，北宋著名的书法家、诗人、词人，钱锺书先生称他是史上"大吹大擂地"向杜甫学习的第一人。山谷的学杜，不仅体现在炼字、用典、造句上，也体现在谋篇、布局、构思上，对杜诗的艺术经验做了全方位的把握。正因为学杜如此用心，所以山谷评杜论杜往往妙语连珠，不少论断已成为人人耳熟能详的"至理名言"。如在《答洪驹父》一文中，山谷就提出了杜诗"无一字无来处"的说法，他说：

> 自作语最难，老杜作诗，退之作文，无一字无来处。盖后
> 人读书少，故谓韩、杜自作此语耳。①

正因为杜诗每一字皆有所本，故只要熟悉古人之语，再对其进行加工创造，就可以"化腐朽为神奇"，这就是山谷著名的"夺胎换骨、点铁成金"之说：

> 古之能为文章者，真能陶冶万物，虽取古人之陈言入于翰
> 墨，如灵丹一粒，点铁成金也。②

另外，山谷还指出杜诗的妙处乃在于"无意为文"，认为杜甫作于夔州时期的诗歌，是"不烦绳削而自合"、"平淡而山高水深"这种审美理想的杰出典范，故山谷有许多拗体七律都是模仿杜甫夔州诗而作，如其著名的《题落星寺四首》、《汴岸置酒赠黄十七》等

---

①② ［宋］黄庭坚：《答洪驹父书》，见《豫章黄先生文集》卷一九。

就是其中的代表作。山谷对杜诗的借鉴、推崇深刻影响了后来人，从陈师道开始，一大批诗人开始奉杜诗为圭臬，尊山谷为师宗。宋徽宗初年，吕本中作《江西诗社宗派图》，首次提出了"江西诗派"的说法，并推黄庭坚为诗派之祖，陈师道、潘大林、谢逸、洪鹏、洪刍等25人为诗派成员。宋末元初，方回在《瀛奎律髓》中又提出了"一祖三宗"的说法，其中杜甫为江西诗派之"祖"，黄庭坚、陈师道、陈与义为该派"三宗"，杜甫与江西诗派从此紧紧地联系在了一起。

在宋人看来，杜甫的"集大成"不仅体现在诗歌技艺和境界上，更体现在其忠君爱国、忧国忧民的人格精神上。当年，王安石看到杜甫的画像后之所以感动涕零，黄庭坚在《老杜浣花溪图》前之所以顶礼膜拜，无不是被他"一饭未尝忘君"的忠义之心所打动。① 尤其是靖康事变发生以后，一大批遭受亡国之痛的文人士子们，更加深刻地体会到杜甫身处乱世的心境，杜甫已然成为他们心中忠臣义子的精神楷模。北宋末年抗金名将宗泽刚直豪爽、少有大志，在任东京留守期间，曾先后上书二十多次，劝谏高宗赵构收复中原，但由于投降派的牵制，终其一生都未能如愿，在生命的弥留之际，他长吟杜甫的"出师未捷身先死，长使英雄泪满襟"诗句，以抒其内心之忧愤。另一位抗金名将李纲，在历经兵火丧乱之后重读杜诗时，不由得发出这样的感叹：

子美之诗凡千四百三十余篇，其忠义气节，羁旅艰难，悲愤无聊，一见于诗，句法理致，老而益精。平时读之，未见其

---

① ［宋］邹浩：《送裴仲孺赴官江西序》。

工，追亲更兵火丧乱之后，诵其诗如出乎其时，犁然有当于人心，然后知其语之妙也。①

南宋诗人陆游，中年时也曾有过一段入蜀经历，在这里他"重寻子美行程旧"②，凭吊了许多与杜甫有关的遗迹，无论是龙兴寺、锦屏山还是浣花草堂、白帝城……每到一处，他都要发一段"思古之幽情"：

> 拾遗白发有谁怜？零落歌诗遍两川。
>
> ——《夜登白帝城楼怀少陵先生》

> 我思杜陵叟，处处有遗踪。
>
> 锦里瞻祠柏，绵州吊海棕。
>
> 蹉跎悲枥骥，感会失云龙。
>
> 生世后斯士，吾将安所从。
>
> ——《感旧》

后来，陆游又作《读杜诗》，在诗中，他不仅充分肯定了杜甫爱国忧民的忠义之心，更对其卓尔不群的"治世之才"给予了高度赞扬：

> 一门酝法到孙子，熟视严武名挺之。
>
> 看渠胸次隘宇宙，惜哉千万不一施。
>
> ——《读杜诗》

只可惜，杜甫生不逢时，没有遇到唐太宗一样的明主，所以他的一生都只能沉沦下僚："后世但作诗人看，使我抚几空长嗟。"其实，

---

① ［宋］李纲：《重校正杜子美集序》。
② ［宋］杨万里：《跋陆务观剑南诗稿二首》其一。

陆游在为杜甫扼腕叹息的同时，也是在为自己的壮志难酬鸣不平，两个报国无门的异代知己所产生的共鸣是何其悲壮啊！

公元 1279 年，南宋灭亡，元朝统一全国。在异族统治者的残酷压迫下，以文天祥为代表的一批爱国诗人或坚持抵抗，或拒不合作，以各种方式彰显着民族气节。须溪先生刘辰翁，宋亡后坚决不仕，在易代之悲的强烈感触下，他开始潜心研究杜诗，其批点的《集千家注批点杜工部诗集》二十卷成为杜诗评点的开山之作。度宗（南宋末代皇帝，公元 1265 ～ 1274 年

文天祥

在位）琴师汪元亮，少年时读杜诗，觉其太过"枯槁"，但是历经宋元鼎革的风云变幻后，他终于发现了杜诗的独特魅力，觉其"句句好"。受杜诗影响，他的诗歌也颇具"诗史"性质。这里尤其值得一提的是民族英雄文天祥，宋亡之后他坚持抗元，兵败被俘后，他仍不改气节，在被押往大都的途中，他模仿杜甫的《同谷七歌》作《乱离六歌》，叙述自己和亲人的惨痛遭遇。在燕京狱中三年多的时间里，他时时刻刻怀揣着一部杜诗，并集有一部二百多首的《集杜诗》。在《集杜诗自序》中他说：

> 予坐幽燕狱中，无所为，诵杜诗稍习。诸所感兴，因其五言，集为绝句。久之，得二百首。凡吾意所欲言者，子美先为代言之。……子美于吾隔数百年，而其言语为吾用，非情性同哉？昔人评杜诗为诗史，盖其以咏歌之辞，寓记载之实，而抑

扬褒贬之意，灿然于其中，虽谓之史可也。予所集杜诗，自予

颠沛以来，世变人事，概见于此矣。①

这段话不仅详细交代了文天祥集杜的初衷，更说出了他视杜甫为隔代知己的心声，可以说，在支持文天祥"威武不屈"、"富贵不淫"的浩然正气中，杜甫的人格力量发挥了不可忽视的作用。

金元时期，由于异族统治、国运短祚，宋代一度出现的学杜高潮有所回落，不过其中也不乏一些喜人的亮点，如元人赵汸的《杜律五言注释》是杜诗学史上第一个五言注本；诗论家方回提出了"一祖三宗"的说法，将杜甫推向江西诗派"宗祖"的至尊地位；大诗人元好问的《论诗绝句三十首》就是在杜甫《戏为六绝句》影响下而创作的又一组论诗诗，其中有两则与杜甫有关，其十曰：

> 排比铺张特一途，藩篱如此亦区区。

> 少陵自有连城璧，争奈微之识碔砆。

其二十八曰：

> 古雅难将子美亲，精纯全失义山真。

> 论诗宁下涪翁拜，未作江西社里人。

除此之外，元好问在诗歌创作中直接或间接引用杜诗竟有110首②之多，其对杜诗的钟爱之情可见一斑。据清人黄虞稷《千顷堂书目》记载，元好问还著有《杜诗学》一卷，可惜此书早已失传，不过作为此书序言的《杜诗学引》却被保留了下来。虽然该序言中关于杜诗的一些观点多是老生常谈，但令人惊喜的是，"杜诗学"

---

① ［南宋］文天祥：《集杜诗自序》，见《文山先生文集》卷一十六。

② 参见詹杭伦、沈时蓉：《元好问的杜诗学》，《杜甫研究学刊》1990 年第4 期。

这一概念却被元好问首次提了出来，从此，杜诗成了一门独立的学问。

三、明清："文章有神交有道，谁得其皮与其骨"

在明代诗坛复古主义思潮的影响下，杜诗又重新成为万众瞩目的焦点。自开国功臣刘基奉杜甫为正宗以来，后来的文坛领袖李东阳，前、后七子莫不师法杜甫的古体诗和近体诗，尤其是老杜的七律更成为大家一致学习的对象。明人喜欢评诗论诗，这一时期出现的许多诗学论著中，几乎都有对杜诗的评价，如后七子中的谢榛在《四溟诗话》中评杜甫的七言诗：

> 然子美七言，近体最多，凡上三句转折抑扬之妙，无可议者，其工于声调，盛唐以来，李杜二公而已。

继李攀龙之后主持文坛的后七子领袖人物王世贞，也对杜甫推崇备至，在《艺苑卮言》中他说：

> 五言律、七言歌行，子美神矣，七言律，圣矣。

"少室山人"胡应麟，是明代著名的诗论家，在其代表性著作《诗薮》一书中，他提出了著名的"三难"说：

> 大概杜有三难：极盛难继，首创难工，遭衰难挽。子建以至太白，诗家能事都尽，杜后起集其大成，一也；排律近体，前人未备，伐山道源，为百世师，二也；开元继往，大历继兴，砥柱其间，唐以复振，三也。

其实，所谓的"三难"就是继承之难、开创之难和振衰之难：一，杜甫之前，诗家之能事毕矣，杜甫却能博采众长，集诗家之大成，此为"继承之难"；二，杜甫在排律近体方面创前人所未创，

成为百代之宗师，此为"开创之难"；三，开元诗坛兴盛之后，唐诗出现颓败趋势，杜甫却能力挽狂澜，成为中流砥柱，此为"振衰之难"。"三难说"不仅体现了胡应麟论杜的远见卓识，也对杜甫在诗歌史上的地位和价值做出了一个公允评价。

清代学人治学之严谨，古今独步，在"朴学精神"的影响下，他们对杜诗的注释成就取得了令人瞩目的成绩，下面仅举几例以飨读者：

1. 王嗣奭《杜臆》十卷

王嗣奭（1566～1648），字右仲，又字于越，浙江鄞县人，明神宗万历二十八年（1600）中乡举。作为明代遗民，他入清后坚决不仕、不剃发，颇有民族气节。在五古《梦杜少陵》一诗中，他说："青莲号诗仙，我翁号诗圣"，成为文学史上明确称杜甫为"诗圣"的第一人。他潜心研究杜诗三十多年，终于在清顺治二年（1645）完成了《杜臆》的撰写。据王嗣奭自己说，他之所以为此书取名为《杜臆》，是因为："臆者，意也。'以意逆志'，孟子读诗法也。诵其诗，论其世，而逆以意，向来积疑，多所披豁；前任谬误，多所驳正。"本着这样一种"以意逆志"的精神，他的《杜臆》一书在杜诗笺注领域很有特色：首先，此书不录杜诗原文；其次，它并不逐句作注，而是在每篇诗题下评论与注释同行；再次，他注重对诗歌的细心揣摩，因而往往有一些深刻独到的见解。故《杜臆》一书历来受到其他注家的重视，如仇兆鳌的《杜诗详注》就对其大量采录。

2. 钱谦益《钱注杜诗》

钱谦益（1582～1664），字受之，号牧斋，晚号蒙叟，江苏常

熟人。作为明末清初的诗坛领袖，他一生著作颇丰，其中有《杜诗笺注》二十卷，即人们习惯称呼的《钱注杜诗》。作为钱氏精心杰构的一部学术著作，《钱注杜诗》尤其注重"以史论诗"，即通过对历史事实的考察来阐释杜诗主旨，其中对唐代的地理沿革、典章制度以及杜甫交游的考证都颇为精审。钱谦益曾为明室旧臣，降清后不但未受重用，还深受人格侮辱，这种身世之悲在《钱注杜诗》中时有流露，如其对《洗兵马》注释时就说："刺肃宗也，刺其不能尽子道，且不能信任父之贤臣，以致太平。"很明显，这里是言在此而义在彼。或许是因为钱氏经常在书中借唐史来影射清初的政治，故《钱注杜诗》曾遭政府禁毁。然而有趣的是，越是禁止，该书流传得越是广泛，至今还是一个颇有价值的杜诗注本。

3. 仇兆鳌《杜诗详注》二十五卷

仇兆鳌（1640～1714以后），字沧注，晚号知几子，浙江鄞县人，人称甬上先生、仇少宰，康熙二十四年（1685）进士，官至吏部侍郎。《杜诗详注》是他用二十多年时间才完成的一部学术著作，其最大特点就在于一个"详"字。该书不仅汇集了康熙以前的所有注本，甚至对唐宋以来的各种笔记、诗话也都采录颇丰，许多罕见之书因它而被世人知晓，如王嗣奭的《杜臆》就是如此。此外，它还是唯一一部被收入《四库全书》的杜诗注本。不过，由于注释过于追求"详尽"，其中也有许多穿凿附会之处，对此，浦起龙的《读杜新解》、杨伦的《杜诗镜铨》以及施鸿保的《读杜诗说》都对其进行了补充纠正。

4. 浦起龙《读杜新解》六卷

浦起龙（1679～1762），字二田，号孩禅，晚号三山伧父，时称山伧先生。他屡试不第，困顿场屋三十余年，遂对科考心灰意懒，开始潜心研究杜诗，《读杜新解》是他研究的杰出成果。"文章有神交有道，谁得其皮与其骨"，就出自浦起龙之口，在这里，他化用了苏轼的"天下几人学杜甫，谁得其毛与其骨"，突出一个"神"字。在注解杜诗时，他也十分注重对其"诗神"、"诗法"的解读，强调以心解心、以心传心，因而时常会有许多议论精妙之处。不过，这种"感悟式"批评有时也容易犯穿凿附会、主观臆测的毛病，对此，一些学人早就指出过。

5. 杨伦《杜诗镜铨》二十卷

杨伦（1747～1803），字敦五，一字西河，号罗峰，江苏阳湖人，乾隆四十六年（1781）进士，历任江汉书院山长、江西白鹿洞书院讲席。他与同里学人洪亮吉、孙星衍、赵怀玉、黄景仁、吕星垣、徐书受等号为"毗陵七子"。《杜诗镜铨》成书于乾隆五十六年（1791），是一部博采众长、注释简要的杜诗注本。杨伦在书中特别注意杜诗的编年问题，对杜诗涉及史实处也注意辨明真伪。他反对之前一些笺注者主观臆测的做法，强调注者应该"平心静气"、"语语求其着落"，因而《杜诗镜铨》的注释往往平正通达，少有穿凿附会之病，但同时也缺乏自己独到的见解。该注本翻刻极多，流传甚广。

除了以上列举的五种注本之外，像金圣叹的《杜诗解》、朱鹤龄的《杜诗集辑注》、吴见思的《杜诗论文》、刘凤诰的《杜工部诗

话》以及施鸿保的《读杜诗说》等都是杜诗笺注领域颇有特色的一些注本。总之，清代的杜诗研究者在前代学人的研究基础之上，继续刻苦钻研、潜心著述，终于将杜诗学推向了一个前所未有的高度。

第二节　浣花溪畔的那座草堂

公元 760 年的暮春时节，当几间朴素简陋的草堂在亲朋好友的帮助下终于落成时，杜甫也许怎么都没有想到，千百年后，这里居然会成为中国文学史上的一块圣地，从此，"人们尽可以忽略了他的生地和死地，却总忘不了成都的草堂"[①]。其实，杜甫在成都草堂待的时间并不算长，从 760 年春天入住到 765 年离开，前后加起来也不过三四年的时间。但是因着深厚的文化底蕴和秀丽的自然风光，再加上后来一大批文人士子的共同努力，成都草堂不仅有了今天将近 20 万平方米的规模，还藏有近 3 万册的珍贵资料，2000 余

件的文物古迹，成为现存杜甫行踪遗迹中规模最大、保存最好、最具特色的一处人文景观。

成都草堂

最早对成都草堂寻迹觅踪的是五代前蜀诗人韦庄，天复二

---

①　冯至：《杜甫传》，百花文艺出版社 1999 年版，第 96 页。

年（902），时任西蜀奏记的韦庄经过苦苦寻觅，终于在一片荒芜中发现了杜甫草堂的旧址。为了表达对这位前辈的仰慕思念之情，韦庄在原有旧址的基础上，又重结茅屋，草堂胜迹得以保存下来。北宋元丰年间（1078～1085），成都知府吕大防重修草堂，并画杜甫像于墙，从此草堂具有了纪念祠堂的性质。南宋、元、明、清各代，草堂也历经多次修葺，其中两次较大的修缮发生在明代弘治十三年（1500）和清嘉庆十六年（1811），尤其是嘉庆年间的这次大修，基本上奠定了今日草堂的规模和布局。新中国建立以来，我们又先后成立了杜甫纪念馆（1955），杜甫研究学会（1980），还创办了《杜甫研究学刊》这一引领最新杜甫研究的学术期刊，这一切都显示出杜甫在今天的文化意义。

相信到过杜甫草堂的人，第一眼都会被正门匾额那道劲有力的"草堂"二字所吸引，此乃康熙皇帝十七子果亲王爱新觉罗·允礼的真迹。进入正门，跨过石桥，映入眼帘的便是一座高朗明亮的通堂式敞厅，这便是草堂大廨。大廨内部悬挂有多副对联，其中清代学者顾复初的一副长联尤为知名，上联曰："异代不同时，问如此江山，龙蜷虎卧几诗客"；下联为："先生亦流寓，有长留天地，月白风清一草堂"。对联意深语工，蕴含着深深的异代同悲之感。

顺着正门、大廨这条中轴线往里走，人们依次看到的将是诗史堂、柴门、工部祠等人文景观。其中诗史堂是杜甫草堂的中心建筑，在它的正中矗立着一座古铜色的杜甫全身雕像，堂内则藏有历代名人题写的楹联、匾额，书卷墨香与堂前的梅林相得益彰，更显草堂的清新优雅。诗史堂的后面是一座小桥，小桥的那头连接的便是柴门，柴门虽然占地仅二十多平方米，高也不过三四米，但是这座简

朴低矮的建筑却是当年杜甫营造草堂时的大门。穿过柴门，便是工部祠，当年杜甫曾做过严武幕下的检校工部员外郎，此祠便因此得名。工部祠一屋三楹，高台石阶，花窗格门，显得肃穆庄重。祠内除了供奉有杜甫的画像外，还供有黄庭坚、陆游二位诗歌大家的画像作为陪祀，故堂中有"荒江结屋公千古，异代升堂宋两贤"的联语，于是人们又称这里为"三贤堂"。

杜甫对书画艺术情有独钟，其书画鉴赏的能力堪称大家，杜诗中就有不少评赏书画作品的篇章，如《丹青引赠曹将军霸》、《戏韦偃为双松图歌》、《韦讽录事宅曹将军画马图》、《题壁上韦偃画马歌》、《戏题王宰画山水图歌》等等。杜甫谢世之后，后来的书画家也用书写杜诗、为杜甫画像的方式表达对这位先贤的追慕之情，仅成都草堂收藏的书法作品就有出自祝允明、董其昌、张瑞图、傅山、郑燮、刘墉、康有为、章太炎、吴昌硕、于右任、沈尹默、叶恭绰等十多位名家的数十幅珍品。宋人赵葵的杜甫诗意图长卷是现存最早的杜甫诗意图，到了现代，齐白石、徐悲鸿、傅抱石、潘天寿、陈之佛、吴作人、陈半丁、李苦禅、吴湖帆等诸家都先后创作有杜甫诗意图，且各具风格，美不胜收。

除了成都草堂之外，在杜甫的出生地河南巩县瑶湾村，还建有杜甫故里纪念馆，这里背靠笔架山，前临泗河，环境清幽，风景秀

杜甫塑像

丽，与杜甫纪念馆、杜公祠以及杜甫墓等人文景观相得益彰。说起杜甫墓，除了这一处外，在河南偃师，湖南耒阳、平江等地据说都有杜甫墓的遗址，孰是孰非，至今仍争论未息，可见杜甫在人们心目中的崇高地位。

杜甫的一生游历甚广，他的诗集中也留下了诸多描绘祖国大好河山的壮丽诗篇，泰山、白帝城、岳阳楼、三峡、洞庭湖等数不尽的风景名胜都被他歌颂吟咏过，如今他的这些佳词丽句被镌刻在这些地方的碑石上，成为当地一道亮丽的风景。这些都是"诗圣"杜甫为我们留下的精神财富，虽然他已经谢世千年，但是当我们看到这些与他相关的遗迹，吟诵他留下的诗句时，我们依然会被他巨大的人格魅力所打动。这一刻，我们才明白，原来杜甫一直未离我们远去，我们才明白，"千秋万岁名，寂寞身后事"的真正含义。

第三节　人日节——"诗圣"的节日

今天，在成都，人们还一直保有这样的风俗，那就是在人日节（每年正月初七）这一天，人们会自发地携亲带友来到成都草堂前，或吟诵杜诗、或赏梅祈福，在向"诗圣"拜谒凭吊的同时也增进了人与人之间的感情，这便是"人日游草堂"的意义所在。

人日节，又称人胜节，其习俗起源于西汉初年，是比清明、端午、中秋等还要古老的一个传统节日。至于为什么要把阴历的正月初七定为人日节，《北齐书·魏收传》解释说："正月初一是鸡，初二是狗，初三是猪，初四为羊，初五为牛，初六为马，七日为人。"后来的人们也愿意相信，上天创造万物的顺序依次是鸡、狗、猪、

羊、牛、马、人，于是人被创造出来的第七日便被称为"人日节"。据宗懔《荆楚岁时记》以及贾充的《李夫人典戒》载，荆楚一带的人们每逢人日节都要做"七菜羹"，又剪彩纸为人以贴屏风或戴之头鬓，心灵手巧的女子还会制作花胜（妇女首饰）赠给闺中密友，士子们则要登高赋诗以联络友谊等等。其实，人日的这些风俗不只限于楚地，北方的燕赵，更南一些的巴蜀，都留有相似的人日之风。可见，在古代国人的心中，人日节乃是一个强调人的价值的重要节日，这一天，人们祈求亲友福寿两全，祈求人事事事顺心，而独在异乡的游子也会倍加思念家乡的亲人和朋友。"入春才七月，离家已二年。人归落雁后，思发在花前"，隋代诗人薛道衡的这首《人日思归》就很好地把这种思归的情感表达了出来，所以说人日节是"思归日"、"友情日"一点儿也不为过，而杜甫与人日节的渊源也就在于此。

上元二年（761）的人日那天，高适在蜀州（今四川崇州）刺史的任上想念在成都寓居的杜甫，便写下《人日寄杜二拾遗》一诗遥寄自己的思念之情：

> 人日题诗寄草堂，遥怜故人思故乡。
>
> 柳条弄色不忍见，梅花满枝空断肠！
>
> 身在南藩无所预，心怀百忧复千虑。
>
> 今年人日空相忆，明年人日知何处？
>
> 一卧东山三十春，岂知书剑老风尘。
>
> 龙钟还忝二千石，愧尔东西南北人！

后来杜甫因忙于他事，一直没来得及回复，不料四年之后（即永泰元年，公元765年），高适就在长安去世了，"今年人日空相忆，明

年人日知何处"最终一语成谶。五年之后（大历五年，公元770年），当杜甫在潭州的船中整理诗集，偶然翻检出高适的这首诗时，不禁潸然泪下，想到如今友人早殁，而自己也风烛残年，于是写下《追酬故高蜀州人日见寄》以表其情：

> 自蒙蜀州人日作，不意清诗久零落。
>
> 今晨散帙眼忽开，迸泪幽吟事如昨。
>
> 呜呼壮士多慷慨，合沓高名动寥廓。
>
> 叹我惨凄求友篇，感时郁郁匡君略。
>
> 锦里春光空烂熳，瑶墀侍臣已冥寞。
>
> 潇湘水国傍鼋鼍，鄂杜秋天失雕鹗。
>
> 东西南北更谁论？白首扁舟病独存！
>
> ……　……

这两首诗字字含悲、句句催泪，一个感慨万端，一个情深意切，就算生死也难以阻挡高、杜二人的深挚友情。从此，人日节互寄书信、遥相唱和的习俗便流传开来，人们愿意在最有人气、最代表希望的人日这天，将最好的祝福送给自己最爱的亲人和朋友。

从"人日游草堂"这一风俗可以看出，杜甫的意义早已超越了诗国，也不再限于文学界，而是进入到了更广大更深远的文化领域，成为中国优秀传统文化的重要组成部分。从金院本的《杜甫游春》开始，以杜甫为主人公的元杂剧、明清传奇就先后有八种之多，可见广大百姓对"诗圣"的喜爱。不仅如此，随着中国文化在世界范围内的广泛传播，杜甫的影响也早已"冲出国门，走向世界"，从亚洲的日本、朝鲜、越南到欧美等西方诸国，杜诗所到之处无不激起一系列的追捧、热议效应。

自 11 世纪日本平安朝末杜诗传入以来，日本先后出现了虎关师练（1278～1346）、中严圆月（1300～1375）、义堂周信（1325～1388）等研究杜诗的大家，尤其是江户时代的著名诗人松尾芭蕉（1644～1694），不仅奉杜诗为创作圭臬，更在人格精神上以杜甫为楷模。在《虚栗》跋中，他说自己是个不断"品尝杜甫心酒"的人，其诗句"垂须风叹暮秋者谁子"就是模仿杜甫的"杖藜叹世者谁子，泣血迸空回白头"而来。据文晓的《花屋日记》记载，芭蕉死后，在他的遗物头陀袋中竟藏有一部《杜工部集》，可见杜甫对他影响之深。在朝鲜，李朝世宗二十五年（1443）时，朝廷就动员当时一大批优秀学者翻译杜诗，经过四十年的努力，终于在成宗十二年（1481）刊行了世界第一部杜诗译本——《杜诗谚解》，此书对朝鲜历代诗人都产生了极大的影响。在欧美，杜甫也日益被认同为世界上"最伟大的非史诗、非戏剧性诗人"①，关于其人其诗的研究成为一个热门话题。20 世纪 30 年代，德国学者埃德温·里特·冯·察赫先后翻译杜诗 1400 多首，并发表在《德国勇士》、《中国学志》等德文版杂志上。1952 年，哈佛大学东亚语文系研究员洪业（1893～1980）出版的英文专著《中国最伟大的诗人杜甫》，被西方学界公认为"研究杜甫生平及诗作的一部重要论著"②。著名汉学家宇文所安的《盛唐诗》就专设"杜甫"一章，讨论杜诗等相关问题；而汉学家弗劳伦斯·艾斯库的《杜甫：诗人的自传》，则"以诗解诗，以杜解杜"，是杜甫传记研究中不可忽视的一部著作③。在

① 莫砺锋：《杜甫评传》，南京大学出版社 1993 年版，第 419 页。
② 张忠刚：《杜甫大辞典》，山东教育出版社 2009 年版，第 665 页。
③ 吴中胜：《杜甫批评史研究》，中国社会科学出版社 2012 年版，第 404 页。

俄国，谢列布里科夫的《杜甫评传》、别仁的《杜甫传》也是外文版杜甫传记中不可忽视的著作。2006年，中俄举办"中俄文化友好年"，杜甫等中国文化名人在俄国又一次引起广泛关注。除了诗歌，杜甫的精神也影响着欧美学人，美国著名现代诗人雷克斯罗思（Kenneth Rexroth）称颂杜甫说："我三十年来沉浸在他的诗中，我深信，他使我成了一个较为高尚的人。"①

1961年12月15日，杜甫被世界和平理事大会评为次年将要纪念的"世界文化名人"。1962年是杜甫诞生的一千二百五十周年，世界各地先后举办各种纪念活动来表达对这位文化名人的思念之情。相信，随着中国综合国力的逐步增强，杜甫——这一中国历史中最璀璨、最庄严、最永久的文化之星必将放射出最灿烂、最瑰丽的一道光彩！

---

① 屈夫、张子清：《论中美诗歌的交叉影响》，《外国文学评论》1991年第3期。

结　语

　　在中国历史上，以"开放"与"浪漫"并称的唐朝无疑是最辉煌、最值得骄傲的一个时代。在这个时代里，出现了一位最具有"民本主义"精神的伟大君主——唐太宗。他"以民为本"和"任人唯贤"的治国思想，不仅赢得了民心、招揽了人才，更创造出了"贞观之治"的伟大盛世。在这个时代里，还出现了这样一位诗人，他没有万贯的家财，也没有显赫的官爵，但是凭着自己那颗"民胞物与"的大爱情怀，却获得了"千古诗圣"的称号，赢得了与太宗李世民几乎同等的荣耀。他就是杜甫。

　　杜甫的一生是坎坷的，这种坎坷不只体现在他现实的人生之路中，更体现在他漫长的心路历程中。如果说长安十年之前，杜甫还是一个率真浪漫的青年，对一切都充满了美好的幻想的话，那么十年的求仕之路，让他深刻地明白了世事的艰辛、官场的腐败与人民的苦难，从此他开始了转型，那场突如其来的安史之乱无疑加剧了

这场转型。冒着生命危险换来的左拾遗，在让杜甫圆了"在朝为官"之梦的同时，也彻底粉碎了他这个不切实际的梦。从杜甫毅然辞去华州司功参军的那一刻开始，我们知道，他的转型又将迈入一个更高的层次。果然，从寓居陇蜀到漂泊潇湘，杜甫所受的苦难一次比一次艰难，心灵所受的折磨一次比一次巨大，然而他创作出的诗篇也一次比一次壮丽，这或许就是练就"诗圣"的必经之路吧！

虽然杜甫辞世已有千百年之久，但是我们却并不觉得他很遥远，因为他的诗歌、他的人格魅力时时刻刻都在焕发着耀眼的光彩，为黑暗中匍匐前进的你我指点迷津，这就是杜甫的意义所在。

唐朝大事年表

年代	唐朝大事记	杜甫生平
玄宗先天元年（公元712年）	八月，玄宗即位，尊睿宗为太上皇	正月，杜甫出生于河南巩县瑶湾村
玄宗开元元年（公元713年）	七月，太平公主谋反，事发，赐死，党羽伏诛	杜甫二岁
玄宗开元二年（公元714年）	正月，置左右教坊于蓬莱阁宫，玄宗自教法曲，受业乐工数百人，称为"梨园弟子"	杜甫三岁
玄宗开元三年（公元715年）	九月，监察御史张孝嵩奉使定西域，大食等八国请降	杜甫四岁，或从此年寄居于洛阳仁风里二姑万年县君家，得到姑妈无微不至的照顾
玄宗开元四年（公元716年）	闰十二月，姚崇被罢官，以宋璟为黄门兼同中书门下三品，苏颋同平章事	杜甫五岁

（续表）

年代	唐朝大事记	杜甫生平
玄宗开元五年（公元717年）	正月，玄宗赴东都洛阳	杜甫六岁。随家人寄居郾城，尝观公孙大娘舞剑器、浑脱
玄宗开元六年（公元718年）	十一月，玄宗还西京。吐蕃奉表请和	杜甫七岁。始作诗文，有《壮游》"七龄思即壮，开口咏凤凰"为证
玄宗开元七年（公元719年）	徙宋王宪为宁王	杜甫八岁
玄宗开元八年（公元720年）	正月，宋璟、苏颋被罢官	杜甫九岁。致力于书写大字，《壮游》："九龄书大字，所作成一囊"
玄宗开元九年（公元721年）	突厥昆伽可汗遣使求和，玄宗赐书许之，由是连年入贡	杜甫十岁
玄宗开元十年（公元722年）	四月，以张说兼知朔方军节度使，五月，玄宗赴东都	杜甫十一岁
玄宗开元十一年（公元723年）	正月，玄宗北巡。以张说为中书令。初制《圣寿乐》，令教坊女弟子穿五色衣歌舞之	杜甫十二岁
玄宗开元十二年（公元724年）	废皇后王氏。八月，以宇文融为御史中丞	杜甫十三岁。

（续表）

年代	唐朝大事记	杜甫生平
玄宗开元十三年（公元725年）	二月，以宇文融为户部侍郎。玄宗自选诸司长官有声望者十一人为诸州刺史。四月，改集仙殿为集贤殿，置学士直学士，以张说知院事	杜甫十四岁。开始出游翰墨场。与岐王范、崔尚、魏启心、李龟年等同游。有《壮游》"往昔十四五，出游翰墨场，其文崔魏徒，以我似班扬"和《江南逢李龟年》"岐王宅里寻常见，崔九堂前几度闻"为证
玄宗开元十四年（公元726年）	正月，命张说修《五礼》。四月，罢张说中书令，以李元纮同平章事。户部奏天下户口极盛	杜甫十五岁。虽与名流交游，而童心尚在，《百忧集行》："忆昔十五心尚孩，健如黄犊走复来。庭前八月梨枣熟，一日上树能千回。"
玄宗开元十五年（公元727年）	正月，吐蕃入寇凉州，河西节度使王君追击至青海西，破之。君以功迁左羽林大将军，玄宗由是喜边功	杜甫十六岁
玄宗开元十六年（公元728年）	正月，以宇文融充九河使。二月，以张说兼集贤院学士	杜甫十七岁
玄宗开元十七年（公元729年）	三月，朔方节度使信安王祎攻吐蕃，拔石堡城，拓地千余里。八月，以玄宗生日为"千秋节"	杜甫十八岁

年代	唐朝大事记	杜甫生平
玄宗开元十八年（公元730年）	二月，令天下百官休日选胜行乐。十月，吐蕃兵数败而惧，乃求和	杜甫十九岁。或因避水患而游郇瑕（今山西临猗县），结识韦之晋、寇锡等友人
玄宗开元十九年（公元731年）	二月，吐蕃使者称金城公主求《毛诗》、《春秋》、《礼记》，遂以诗书赐吐蕃。三月，置太公庙。十二月，玄宗如东都	杜甫二十岁。始游吴越，过金陵，下姑苏，渡浙江，泛剡溪
玄宗开元二十年（公元732年）	正月，以信安王祎为行军总管。十二月，玄宗还西京	杜甫二十一岁。游吴越
玄宗开元二十一年（公元733年）	十一月，左丞相宋璟致仕。分天下为十五道，置采访使。玄宗亲注《道德经》，令学者习之	杜甫二十二岁。游吴越
玄宗开元二十二年（公元734年）	正月，玄宗如东都。五月，以裴耀卿为侍中，张九龄为中书令，李林甫同平章事	杜甫二十三岁。游吴越
玄宗开元二十三年（公元735年）	十二月，册寿王妃杨氏为"太真"。玄宗注《老子》。考功员外郎孙狄知是年贡举于洛阳福堂观	杜甫二十四岁。自吴越归东都。举进士，不第。《壮游》"归帆拂天姥，中岁贡旧乡。忤下考功第，独辞京兆堂"为证

年代	唐朝大事记	杜甫生平
玄宗开元二十四年（公元736年）	旧制以考功员外郎知贡举，三月，议者以员外郎位卑不能服众，改以礼部侍郎知贡举。四月，张守珪遣平卢讨击使安禄山讨契丹，兵败，玄宗赦之，张九龄力争，上不听。十月，玄宗还西京。十二月，罢裴耀卿、张九龄左右丞相，以李林甫兼中书令，牛仙客同平章事。玄宗渐骄奢淫逸，怠于政事	杜甫二十五岁。游齐赵。时父杜闲为兖州司马。登兖州城楼。结识苏源明，共游赵王台、青丘。并结识高适、张玠等友人。《壮游》"放荡齐赵间，裘马颇清狂"是也
玄宗开元二十五年（公元737年）	正月，置玄学博士。四月，玄宗听信李林甫谗言，贬张九龄为荆州长史。废太子瑛、鄂王瑶、光王琚，三子同日赐死。十一月，宋璟卒	杜甫二十六岁。游齐赵
玄宗开元二十六年（公元738年）	正月，令州县里皆置学。三月，杜希望攻拔吐蕃新城，以其地为威武军。六月，张守珪大破契丹。立忠王玙为太子，改名亨	杜甫二十七岁。游齐赵
玄宗开元二十七年（公元739年）	八月，追谥孔子为文宣王，追赠弟子为公、侯、伯。盖嘉运大破突厥施于碎叶城，擒其王大吐火仙，送京师	杜甫二十八岁。游齐赵
玄宗开元二十八年（公元740年）	二月，张九龄卒于荆州任，年六十八岁。是时，连年丰收，京师斗米不满二百钱	杜甫二十九岁。游齐赵。这一时期的诗作有《登兖州城楼》、《望岳》、《题张氏隐居二首》、《与任城许主簿游南池》等

年代	唐朝大事记	杜甫生平
玄宗开元二十九年（公元741年）	八月，以安禄山为营州都督，充平卢军节度使。十一月，太尉宁王宪薨，谥曰"让皇帝"，其子汝阳王琎表述先志固让，不许。十二月，吐蕃入寇石堡城（今甘肃西宁县西南），盖嘉运不能御	杜甫三十岁。由齐鲁归东都。筑陆浑庄于偃师首阳山下。寒食日，作《祭当阳君文》，表明"不敢忘本，不敢违仁"的志向。与司农少卿杨怡之女结为夫妇。诗作有《房兵曹胡马》、《画鹰》、《巳上人茅斋》等
玄宗天宝元年（公元742年）	二月，改官名：侍中、中书令为左右丞相；丞相改为仆射；东、北都皆为京，州为郡，刺史为太守。李林甫为相后，嫉妒贤能，兵部侍郎卢绚、绛州刺史严挺之皆为其所忌，被贬。世谓李林甫"口蜜腹剑"。八月，以李适之为宰相。九月，两京玄元庙改为太上玄元皇帝宫	杜甫三十一岁。居东都洛阳。姑母万年县君卒于洛阳仁风里，杜甫亲自刻碑、作墓志。诗作有《李监宅二首》、《龙门》等
玄宗天宝二年（公元743年）	正月，安禄山入朝。李林甫领吏部尚书	杜甫三十二岁。在东京洛阳
玄宗天宝三年（公元744年）	三月，以安禄山为范阳节度使。召寿王妃杨氏太真入宫。李白赐金放还。秋，突厥乱，册回纥骨力裴罗为怀仁可汗，由是回纥尽得突厥之地，逐渐强大。是年，诏更定民十八岁以上为中男，二十三岁以上成丁	杜甫三十三岁。在东京洛阳，与李白相遇，并与李白同游梁宋，遇高适，三人同游。后高适南游，杜甫与李白到王屋山访华盖君，不得。《赠李白》"亦有梁宋游，方期拾瑶草"为证

（续表）

年代	唐朝大事记	杜甫生平
玄宗天宝四年（公元745年）	八月，册杨太真为贵妃。安禄山出击契丹，败之。以杨钊（后改名为国忠）为金吾兵曹参军	杜甫三十四岁。再游齐鲁。是时李之芳为齐州司马，夏日，李邕自北海郡来齐州，杜甫从游，陪宴历下亭及鹊山湖亭。秋后至兖州，时李白避归东鲁。杜甫与之同游，二人情好益密，共访范十居士、董练师。分别后，李白作《鲁郡东门送杜二甫》、《沙丘城下寄杜甫》以表思念
玄宗天宝五年（公元746年）	四月，左相李适之罢，以陈希烈知同平章事。玄宗以王忠嗣为河西、陇右节度使，兼朔方、河东节度使。与吐蕃战于青海、碛石，皆大捷；又讨吐谷浑，虏其全军而归	杜甫三十五岁。从鲁郡归东京，遂至长安。从汝阳王李琎、驸马郑潜曜游宴。诗作有《郑驸马宅宴洞中》、《冬日有怀李白》、《今夕行》等
玄宗天宝六年（公元747年）	正月，北海太守李邕被李林甫爪牙杖杀于任上，李适之惧，饮药死。诏天下通一艺者至京师。李林甫忌刻文士，令其全部落选，并上书说"野无遗贤"。十月，玄宗如温泉，改名华清宫。十一月，王忠嗣奏安禄山必反，贬为汉阳太守。以哥舒翰为陇右节度使。十二月，于骊山筑罗城，房琯为缮理。高仙芝为安西四镇节度使	杜甫三十六岁。与元结等参加了李林甫操控的"野无遗贤"的考试，落第。诗作有《赠特进汝阳王二十韵》、《奉寄河南韦尹丈人》、《春日忆李白》等

（续表）

年代	唐朝大事记	杜甫生平
玄宗天宝七年（公元748年）	四月，以高力士为骠骑大将军。河南尹韦济迁尚书左丞。十月，玄宗在华清宫，封贵妃三姊并国夫人，以杨钊判度支。十二月，哥舒翰筑神武军于青海上，吐蕃不敢进青海。玄宗自华清宫归京师	杜甫三十七岁。在长安，屡向韦济求汲引，然皆无果。诗作有《赠韦左丞丈济》、《奉赠韦左丞丈二十二韵》等
玄宗天宝八年（公元749年）	夏，安西四镇节度使高仙芝入朝。哥舒翰攻吐蕃石堡城，拔之，获吐蕃四百人，然唐士卒损失数万人	杜甫三十八岁。在长安，冬，间归洛阳。因高仙芝入朝，作《高都护骢马行》赞其功。在洛阳，谒玄元皇帝庙，观吴道子画，作《冬日洛城北谒玄元皇帝庙》
玄宗天宝九年（公元750年）	正月，诏封西岳。五月，封安禄山为东平郡王，唐将帅封王从此始。玄宗誉广文馆博士郑虔为"郑虔三绝"。杨钊改名为国忠。以鲜于仲通为剑南节度使	杜甫三十九岁。自东京洛阳至长安。与郑虔交往甚密
玄宗天宝十年（公元751年）	正月，朝献太清宫，朝享太庙，有事于南郊。以安禄山兼河东节度使。四月，鲜于仲通讨南诏，兵败。高仙芝击大食国，亦兵败。八月，安禄山讨契丹，再次兵败	杜甫四十岁。在长安，投延恩匦，献《三大礼赋》，玄宗奇之，命待奉集贤院。在杜曲安家，自称"少陵野老"、"杜陵布衣"。诗作有《乐游园歌》、《病后过王倚饮赠歌》、《示从孙济》、《杜位宅守岁》等

年代	唐朝大事记	杜甫生平
玄宗天宝十一年（公元 752 年）	安禄山击契丹，欲雪去年兵败之耻。五月，以杨国忠为御史大夫京畿采访使。秋，哥舒翰入朝。十一月，右相李林甫卒，以杨国忠为右相兼吏部尚书	杜甫四十一岁。在长安。去年虽诏试文章，但仍未谋得一官半职。秋，与岑参、储光羲、高适等游慈恩寺塔。代表作有《曲江三章章五句》、《同诸公登慈恩寺塔》、《兵车行》、《奉赠鲜于京兆二十韵》等
玄宗天宝十二年（公元 753 年）	二月，追削李林甫官爵，其子孙被流放于岭南及黔中，剖其棺，更以庶人礼葬之。京师霖雨，米贵，出太仓粟减粜以济民	杜甫四十二岁。作《丽人行》讽杨氏姐妹。加入领减价米的队伍。次子宗武出生。诗作有《丽人行》、《醉歌行》、《寄高三十五书记》等
玄宗天宝十三年（公元 754 年）	正月，安禄山入朝，加左仆射。二月，加杨国忠为司空。八月，陈希烈罢。秋雨成灾，关中大饥	杜甫四十三岁。在长安，仍赴太仓领减价米，有时卖米换酒与郑虔痛饮。欲投哥舒翰帐下，不成。春，将家人迁往杜曲。秋末，又携家迁往奉先。诗作有《醉时歌》、《秋雨叹三首》、《骢马行》等

年代	唐朝大事记	杜甫生平
玄宗天宝十四年（公元755年）	十月，玄宗如华清宫。十一月，安禄山于范阳起兵，安史之乱爆发	杜甫四十四岁。去年秋，将妻子送往奉先后，独自回长安。十月，授河西尉，不就，改任右率府兵曹参军。十一月，回奉先探望妻子，作《自京赴奉先咏怀五百字》，丧幼子
玄宗天宝十五年，七月改元，是为肃宗至德元年（公元756年）	正月，安禄山在洛阳自称大燕皇帝。六月，哥舒翰与叛军战于潼关，兵败，潼关失守。六月十二日，玄宗携贵妃姊妹、杨国忠及少量亲信逃往西蜀	杜甫四十五岁。五月，携家人逃往白水舅氏家。白水失陷，携家人逃往鄜州。途中九死一生，在彭衙遇好友孙宰款待。秋，将家安在鄜州后，独自前往行在，不料被叛军捉住，困于长安。诗作有《哀王孙》、《悲陈陶》、《悲青坂》、《得舍弟消息二首》、《月夜》等
肃宗至德二年（公元757年）	正月，安庆绪杀其父安禄山。二月，肃宗迁行在至凤翔。四月，以郭子仪为司空、天下兵马副元帅，后收复长安，十月，肃宗归还长安。十二月，玄宗自蜀郡还长安。史思明降	杜甫四十六岁。四月，间道窜归凤翔。五月十六日，拜左拾遗。是月，房琯得罪，杜甫抗疏救之。肃宗怒，诏三司推问，张镐、

年代	唐朝大事记	杜甫生平
		韦陟等救之，仍放就列。六月，同裴荐等四人荐岑参。闰八月，墨制放还鄜州省家。于是徒步出凤翔，至邠州，始从李嗣业借得乘马。归家卧病，作《北征》
肃宗乾元元年（公元 758 年）	四月，史思明杀范阳节度副使乌承恩以反。六月，房琯因贺兰进明进谗言被贬为邠州刺史。立成王俶为皇太子。十二月，史思明陷魏州	杜甫四十七岁。任左拾遗。春，贾至、王维、岑参皆在谏省，时共酬唱。时毕曜亦在京师，居公之邻舍。四月，肃宗亲享九庙，公得陪祀。六月，贬为华州司功参军。冬末，自华州归洛阳
肃宗乾元二年（公元 759 年）	三月，九节度兵败相州。史思明杀安庆绪，引兵还范阳。九月，李光弼移军河阳，史思明复陷东京。十月，史思明攻陷河阳，李光弼与战，大败之	杜甫四十八岁。自东都归华州（陕西华县），途中作"三吏"、"三别"、《洗兵马》。时属关辅饥馑。遂以七月弃官西去。度陇，赴秦州（甘肃天水）、同谷。年末，到达成都。是时有《梦李白二首》、《天末怀李白》、《寄李十二白二十韵》、《同谷七歌》及"发秦州"、"发同谷"等组诗

（续表）

年代	唐朝大事记	杜甫生平
肃宗上元元年（公元760年）	闰四月，以房琯为晋州刺史。七月，李辅国迁上皇于西内，高力士配流巫州。岁荒，斗米千钱，人相食。十一月，江淮都统刘展反	杜甫四十九岁。卜居浣花溪，在亲友帮助下，筑草堂。谒武侯庙。代表诗作有《卜居》、《堂成》、《蜀相》、《狂夫》等
肃宗上元二年（公元761年）	三月，史思明被其子史朝义所杀。四月，梓州刺史段子璋反，陷绵州，自称梁王，改元黄龙，以绵州为黄龙府。五月，西川节度使崔光远与李奂联合攻击段子璋，不日攻克。牙将花惊定以自己斩子璋有功，在东川肆意抢掠。十月，崔光远忧愤而卒。十二月，合剑南东西川为一道，以严武为成都尹兼御史大夫镇蜀	杜甫五十岁。居成都草堂，岁首曾至新津，归草堂后，得高适《人日寄杜二拾遗》诗。八月，茅屋为风所破。诗作有《绝句漫兴九首》、《江畔独步寻花》、《柟树为风雨所拔叹》、《茅屋为秋风所破歌》、《百忧集行》、《赠花卿》等
代宗宝应元年（公元762）	四月，玄宗、肃宗相继驾崩。玄宗享年七十八岁，肃宗享年五十二岁。太子豫即位，是为代宗。六月，上召严武还京师，高适暂代成都尹、西川节度使。七月，剑南兵马使徐知道反。八月，徐知道被部下李忠厚杀。诗人李白去世	杜甫五十一岁。杜甫自春至夏居草堂，先后与高适、严武唱和甚密。六月，送严武至绵州。因徐知道反，暂留绵州，后到梓州。代表作有《奉酬严公寄题野亭之作》、《戏为六绝句》、《苦战行》、《宗武生日》、《寄高适》、《九月登梓州城》等

（续表）

年代	唐朝大事记	杜甫生平
代宗广德元年（公元763年）	正月，以刘晏为吏部尚书、同平章事。闰一月，史朝义自缢而死。四月，李光弼镇压袁晁起义。七月，改元广德。十月，吐蕃进犯奉天、武功，京师震骇	杜甫五十二岁。正月在梓州，闻官军收河南河北，便欲还都，俄而复思东下吴楚。间尝至阆州（四川阆中），因游牛头、兜率、惠义诸寺。既归梓，又因送辛员外，至绵州。自绵归梓。又往汉州。夏，返梓州。初秋，复别梓赴阆。九月，祭房琯。秋尽，得家书，知女病，因急归梓。十一月，将出峡为吴楚之游，于是命弟占归成都检校草堂
代宗广德二年（公元764年）	正月，立雍王适为皇太子。二月，以严武为剑南东西两川节度使，罢章彝梓州刺史、东西川留后，后被严武杖杀。三月，以高适为左散骑常侍。六月，关中蝗雨成灾，斗米千钱。九月，严武破吐蕃七万众，拔当狗城	杜甫五十三岁。春初携家眷前往阆州。听闻严武重振川蜀，遂携家人回到成都草堂，出发前，拜别阆州房琯墓。进严武幕府，任校检工部员外郎。九月，听闻好友苏源明、郑虔去世的消息，作诗怀念之。弟杜颖前来探望

（续表）

年代	唐朝大事记	杜甫生平
代宗永泰元年（公元765年）	正月，左散骑常侍高适卒。加严武检校吏部尚书，四月，严武卒。后川蜀大乱，闰十月，汉州刺史崔旰率兵攻击郭英义，英义逃亡简州，后被普州刺史韩澄杀死。韩澄将郭英义的首级献给了崔旰。接着，邛州牙将柏茂琳、泸州牙将杨子琳、剑州牙将李昌夔又举兵讨伐崔旰	杜甫五十四岁。严武卒后，杜甫携带家眷离开成都。经过嘉州（四川乐山）、戎州（四川宜宾）、渝州（重庆）、忠州（四川忠县），后因病滞留云安（重庆云阳）
代宗大历元年（公元766年）	正月，以刘晏、第五琦分理天下财赋。以岑参为嘉州刺史。十月，以柏茂琳为夔州都督	杜甫五十五岁。春，仍居云安。暮春时离开云安，来到夔州。先居于半山腰的"客堂"，后移居西阁。游览了白帝城、先帝庙、武侯庙、滟滪堆、瞿塘峡等地
代宗大历二年（公元767年）	二月，郭子仪入朝。河北诸道节度使入朝。七月，以杜济为东川节度使，崔旰为西川节度使。十月，朔方节度使路嗣恭破吐蕃于灵州城下，吐蕃引去	杜甫五十六岁。在夔州，春，从西阁搬到了城东的赤甲山，夔州都督柏茂琳把瀼西的四十亩柑林给他。暮春时节，又迁入瀼西草屋。弟杜观来探望。将瀼西草屋让给友人吴郎住。深秋时节，公耳聋。十月，在夔州别驾元持家观公孙大娘弟子李十二娘舞剑器

年代	唐朝大事记	杜甫生平
代宗大历三年（公元 768 年）	二月，商州兵马使刘洽杀防御使殷仲卿，不久即讨平之。八月，吐蕃十万进犯灵武，京师戒严。九月，郭子仪将兵讨吐蕃，吐蕃退去，京师解严。十二月，西川破吐蕃万余众	杜甫五十七岁。元日前后，接到弟杜观来信，决定离开夔州。把瀼西四十亩果园赠给了吴郎后，遂带领家人出夔州，来到荆州（即江陵）。后离开江陵，来到公安。后又离开公安，来到岳阳，登岳阳楼。诗作有《秋日荆南述怀三十韵》、《遣闷》、《忆昔行》、《江汉》、《岁晏行》、《登岳阳楼》等
代宗大历四年（公元 769 年）	二月，杨子琳杀夔州别驾张忠，据其城。五月，以仆固怀恩女嫁回纥。七月，以崔瓘为潭州刺史湖南都团练观察使	杜甫五十八岁。离开岳阳，决定经潭州去衡州投奔韦之晋，不料未到衡州，韦之晋改任潭州刺史。不久，韦卒于任上。杜甫又携家人离开衡州，来到潭州。与家人寓居船上。结识苏涣。诗作有《南征》、《早发》、《哭韦大夫之晋》、《朱凤行》等

年代	唐朝大事记	杜甫生平
代宗大历五年（公元 770 年）	三月，鱼朝恩伏诛。四月，潭州刺史崔瓘被湖南兵马使臧玠所杀，潭州大乱。裴虬、阳济、杨子琳出兵讨玠，子琳取略而还。京畿大饥	杜甫五十九岁，是年卒。春，仍居潭州舟中。暮春，逢李龟年。四月，避乱入衡州（今衡阳）。游岳庙，为暴水所阻，旬日不得食。欲往郴州依舅氏崔伟，因至耒阳。耒阳令知之，赐公白酒、牛肉。公作诗向聂县令致谢，遂掉转船头北返潭州。冬，公抱病在床，作《风疾舟中伏枕书怀三十六韵奉呈湖南亲友》，不日，病死于舟中

参考书目

A

B

C

《沧浪诗话》，【南宋】严羽，中华书局，1985 年版。

D

《读杜心解》，【清】浦起龙，中华书局，2010 年版。

《杜诗镜铨》，【清】杨纶，上海古籍出版社，1998 年版。

《杜诗详注》，【清】仇兆鳌，中华书局，1997 年版。

《杜诗胥钞》，【清】卢世㴶。

《杜甫年谱》，四川省文史研究馆编，四川人民出版社，1958 年版。

《杜甫传》，冯至，人民文学出版社，1980 年版。

《杜甫评传》，陈贻焮，北京大学出版社，2003 年版。

《杜甫评传》，莫砺锋，南京大学出版社，1993 年版。

《杜甫大辞典》，张忠刚，山东教育出版社，2009 年版。

《杜甫批评史研究》，吴中胜，中国社会科学出版社，2012 年版。

《东坡全集》，【宋】苏轼，黄山书社，1997 年版。

E

F

G

《巩溪诗话》，【宋】黄彻，人民文学出版社，1986 年版。

《顾随诗词讲记》，顾随讲，叶嘉莹记，中国人民大学出版社，2010 年版。

H

《汉书》，【汉】班固著，【唐】颜师古注，中华书局，1962 年版。

I

J

《旧唐书》，【后晋】刘昫，中华书局，1974 年版。

K

L

《梁溪先生文集》，【宋】李纲。

《李白与杜甫》，郭沫若，人民文学出版社，1971 年版。

《李杜论略》，罗宗强，内蒙古人民出版社，1980 年版。

《历代诗话》，【清】何文焕编，中华书局，1981 年版。

《历代诗话续编》，丁福保编，中华书局，1983 年版。

《梁启超全集》，梁启超，北京出版社，1999 年版。

《鲁迅全集》，鲁迅，人民文学出版社，1981 年版。

M

《墨子分类译注》，谭介甫，中华书局，1981 年版。

《墨子间诂》，【清】孙诒让，上海书店出版社，1986 年版。

N

O

P

Q

《千古侠魂的现代回声——现代中国文学与侠文化专题研究》，陈夫龙，上海三联书店，2010 年版。

《钱注杜诗》，【清】钱谦益笺注，上海古籍出版社，1979 年版。

《全上古三代秦汉三国六朝文》，【清】严可均辑，中华书局，1958 年版。

《全唐诗》，【清】彭定求编，中华书局，1960 年版。

《全唐文》，【清】董诰等编，上海古籍出版社，1990 年版。

《全宋词》，唐圭璋编，中华书局，1999 年版。

《全宋文》，曾枣庄、刘琳，上海辞书出版社，2006 年版。

R

S

《诗比兴笺》，陈沆，上海古籍出版社，1981 年版。

《诗词散论》，缪钺，上海古籍出版社，1982 年版。

《史记》，【汉】司马迁，中华书局，1982 年版。

《十三经注疏》，【清】阮元校刻，中华书局，1980 年版。

《世说新语笺疏》，【刘宋】刘义庆撰，【南齐】刘孝标注，余嘉锡笺疏，中华书局，2008 年版。

《世界文明史·东方的遗产》，【美】威尔·杜兰特，华夏出版社 2010 年版。

《宋代杜诗阐释学研究》，杨经华，中国社会科学出版社，2011 年版。

《宋史》，【元】托克托编，中华书局，1985 年版。

《随园诗话》，【清】袁枚，人民文学出版社，1982 年版。

T

《谭嗣同全集》（增订本），【清】谭嗣同，中华书局，1981 年版。

《谈艺录》，钱锺书，三联书店，2007 年版。

《唐两京城坊考》，【清】徐松，中华书局，1985 年版。

《唐律》。

《唐诗汇评》，陈伯海，浙江教育出版社，1995 年版。

《唐诗杂论》，闻一多，中华书局，2003 年版

《唐宋诗醇》，乾隆十五年御选，吉林出版集团，2005 年版。

《苕溪渔隐丛话》，【宋】胡仔，人民文学出版社，1981 年版。

《通典》，【唐】杜佑，中华书局，1988 年版。

《苕溪渔隐丛话》，【南宋】胡仔，人民文学出版社 1962 年版。

W

《文心雕龙注》，【南齐】刘勰撰，范文澜注，人民文学出版社，

2006 年版。

《文选》，【梁】萧统编，【唐】李善注，上海古籍出版社，1986年版。

X

《新唐书》，【宋】欧阳修、宋祁，中华书局，1975 年版。

Y

《艺概》，【宋】刘熙载，上海古籍出版社，1978 年版。

《艺术哲学》，【法】丹纳著，傅雷译，敦煌文艺出版社 1994年版。

Z

《贞观政要》，【唐】吴兢编著，上海古籍出版社 1978 年版。

《资治通鉴》，【宋】司马光等撰，中华书局 1956 年版。

《中国历代文论选》，郭绍虞主编，上海古籍出版社，1979年版。

《中国诗学批评史》，陈良运，江西人民出版社，1995 年版。

《中国文化之精神价值》，唐君毅，江苏教育出版社，2006年版。

《中国武侠史》，陈山，上海三联书店，1992 年版。

《中国之武士道》，梁启超，吉林出版集团责任有限公司，2008年版。

《中国之侠》，【美】刘若愚著，周青霖译，上海三联书店，1991 年版。

《资治通鉴》，【宋】司马光，中华书局，1956 年版。

《朱文公文集》，【宋】朱熹，上海书店，1989 年版。

后　记

　　有人说，看完一个人的传记就好比自己活了一遍，之前，我还不大能体会这其中的含义，直到这部书快要杀青时，我才开始真正去领会这句话的个中深意。

　　接触杜甫不能说不早，读过的杜诗也不能算少，可是真正了解杜甫这个人却是从这一次才开始的。一位师长曾对我说，当你真正走进一位古人时，你会随他哭、随他笑，他的生命就和你的生命融为了一体。我不敢说自己真的已经走进了杜甫，可是，当写到他漫游齐赵、意气风发时，我的精神也为之一振；当写到他长安十年、仕途困塞时，我也变得一筹莫展；而当写到他漂泊西南、穷困潦倒时，我竟要潸然泪下了。事情就是如此奇妙，如果不是这次写作经历，我永远都不会想到，自己的情感竟会被一位逝去千年的古人如此牵绊。

　　作为中国文化领域最瑰丽的一道光彩，杜甫就好比是浩瀚的大

海，他的博大与精深足以让无数的后人"皓首穷经"，随便搜索一下，就会发现关于杜甫的著作早已浩如烟海。首先，这些著作为我提供了许多有借鉴意义的参考意见，尤其是一些优秀前辈学人的研究成果，为我的写作提供了充足的养料，他们敏锐的见识、严谨的治学态度还有流丽畅达的文风给我留下了深刻印象。在写作过程中，我也时刻注意学习他们的这些优点，如冯至先生的《杜甫传》文笔优美、言简意赅，陈怡焮先生的《杜甫评传》考据翔实、以诗解生平，而莫砺锋先生的《杜甫评传》涉及的问题则非常全面，结构也十分新颖，这些都让我受益匪浅。

但另一方面，这些汗牛充栋的相关著作也确实给我的写作提出一个老大的难题，那就是如何"不落窠臼"，有所创新。此书在尊重史料的同时，又将前辈学人中的一些思想亮点加以发扬光大，提出了许多较为新颖的观点，其中最突出的一点就是强调杜甫身上的"侠义精神"。以往我们提起杜甫时，往往只看重其身上的儒家精神，其实，早在清人卢世㴶那里，就已经发现杜甫身上所具有的"侠义精神"，当代一些学者对此也有所论述（如韩成武《杜甫新论》中就有专门论述）。本书对这些观点也都有所吸纳，不过与他人不同的是，本书的根本着眼点在于杜甫人格精神与"侠义精神"的相通之处。当然，由于笔者能力有限，在行文过程中，难免会有枝蔓琐碎之不足，希望读者诸君可以谅解。

本书在酝酿、构思还有写作的过程中，得到了丛书主编乔力老先生的真诚指导，先生严谨的学风、敏锐的眼力和到位的评点，往往使我受益匪浅。每当写作中思路不畅、难以行进时，我都会用老先生的精神来鞭策自己，非常感谢先生能给我这样一次深入了解中

国传统文化的机会，晚辈没齿难忘。此外，我也非常感谢原济南出版社副社长、总编丁少伦先生的颇多关照，还有其他为此书出版付出心血的工作人员，在此书即成之际，笔者在此一并躬谢。相信这次温馨而愉快的合作，会成为我一生都难以忘怀的经历。

孙玲玲

2013 年 12 月于中国人民大学

图书在版编目（CIP）数据

杜甫：儒风侠骨铸真情/孙玲玲著 . —济南：
济南出版社，2014.5 （2023.5重印）
（文化中国/乔力，丁少伦主编 . 永恒的话题 . 第4辑）
ISBN 978 - 7 - 5488 - 1279 - 1

Ⅰ . ①杜… Ⅱ . ①孙… Ⅲ . ①杜甫（712 ~ 770）—
人物研究 Ⅳ . ①K825.6

中国版本图书馆 CIP 数据核字（2014）第 091987 号

整体策划 丁少伦
责任编辑 吴敬华
装帧设计 侯文英

出版发行 济南出版社
地 址 济南市二环南路 1 号（250002）
发行热线 0531 - 86131731 86131730 86116641
编辑热线 0531 - 86131721 86131722
网 址 www.jnpub.com
经 销 新华书店
印 刷 肥城新华印刷有限公司
版 次 2014 年 6 月第 1 版
印 次 2023 年 5 月第 2 次印刷
规 格 150 毫米 × 230 毫米 1/16
印 张 18.75
字 数 201 千字
定 价 59.80 元

（济南版图书，如有印装错误，请与出版社联系调换。联系电话:0531 - 86131736）
法律维权 0531 - 82600329